U0467238

美团 美团研究院 Meituan Research Institute 智库丛书

数字时代的消费观察

美团研究院　著

图书在版编目（CIP）数据

数字时代的消费观察 / 美团研究院著 . -- 北京：中国商务出版社，2022.6

ISBN 978-7-5103-4286-8

Ⅰ . ①数… Ⅱ . ①美… Ⅲ . ①居民消费—研究—中国 Ⅳ . ① F126.1

中国版本图书馆 CIP 数据核字 (2022) 第 095795 号

数字时代的消费观察

SHUZI SHIDAI DE XIAOFEI GUANCHA

美团研究院　著

出版发行： 中国商务出版社
地　　址： 北京市东城区安定门外大街东后巷 28 号　　**邮　编：** 100710
网　　址： http://www.cctpress.com
责任编辑： 云　天
电　　话： 010-64212247（总编室）　010-64515163（事业部）
010-64208388（发行部）　010-64255862（直　销）
印　　刷： 北京印匠彩色印刷有限公司
开　　本： 787 毫米 ×980 毫米　1/16
印　　张： 17
版　　次： 2022 年 8 月第 1 版　　**印　次：** 2022 年 8 月第 1 次印刷
字　　数： 232 千字　　**定　价：** 88.00 元

序言

2021年，我国社会消费品零售总额达到44.1万亿元，比2019年增长8%，稳居全球第二大消费市场的位置。最终消费支出对经济增长的贡献率为65.4%，重回经济增长的主引擎地位。反映消费结构的全国居民恩格尔系数为29.8%，比2020年降低了0.4个百分点。人均服务性消费支出占居民消费支出的比重为44.2%，比2020年回升了1.6个百分点。消费对经济增长的基础作用更为显著。

消费复苏离不开数字经济的迅猛发展。自新冠肺炎疫情暴发以来，数字化消费已经成为市场恢复和扩容、新旧动能转换的巨大推动力之一。2021年，在线下消费受限的背景下，以网络购物、直播带货、社区电商、在线医疗等为代表的数字消费新业态、新模式持续发展，在居民日常生活中所占的地位日益重要。2021年，实物商品网上零售额达到10.8万亿元，比2020年增长12.0%，占社会消费品零售总额的比重达到24.5%。

数字经济优化供给，赋能传统消费升级。许多线下商家商圈加强信息化、智慧化改造，推出新产品，创造新业态、新模式。在微观主体层面，数字经济也使得餐饮外卖、养老托幼等多种家务劳动转向社会化生产，提供更多优质供给，扩大家庭的时间预算曲线。同时，数字经济激发需求，推动居民消费习惯转变。在数字技术的作用下，居民的信息资源获取能力增强、渠道拓宽，可选择的消费品类更趋丰富。尤其是过去受到地域、时间较大限制的广大农村地区消费者，在数字经济赋能下也可以获得更多更好的商品和服务，减少城乡居民消费水平和消费质量差距。

另一方面，当前有人对数字化消费存在一些认识上的偏差。数字化的快速发展，被有些人视为偏离实体经济的虚拟活动，所以有人认为电商平台发展冲击了传统商铺，更是对实体经济的冲击。这类看法在理论和实践上都是站不住脚的。然而，数字经济发展中面临的一些问题也不能忽视，数字技术如何与传统实体经济进行有效融合是当前的焦点问题。

在实体经济与虚拟经济关系的讨论中，有必要提出一个生产率标准，也就是说，在数字技术与实体经济融合中，凡是有利于提高生产率的，就是值得肯定和鼓励的；反之，则是需要质疑、否定和摒弃的。从这个角度看，需要关注一种被称之为“新型实体经济”的经济形态的发展。这种新型实体经济，通常是数字技术与实体经济深度融合的产物，具有数字技术领先、直接介入实体经济过程、重资产、就业人数多、供应链优化布局等特点，因而显著提高了生产率，形成较强的竞争优势。确切地说，这些新型实体经济也被称为数字化实体经济，体现为通过数字技术与实体经济的深度融合带动传统实体经济的转型升级。

应当明确，我们强调发展实体经济，并非简单回到传统的实体经济，不是仅重视发展物质形态生产，更不是把所谓的“硬科技”与“软科技”对立起来。事实上，传统实体经济已经大量过剩，再多生产未必有市场需求和竞争力。这样，我们面对的实际是两种不的同实体经济，一种是传统的竞争力下降、过剩严重的实体经济，另一种是数字化赋能、生产率大幅提升的实体经济。面临的真实挑战是如何推动前者向后者转型。

由此，我们需要深入讨论和明了几个相关的重要问题。

第一，不能把稳固制造业比重和提升服务业比重对立起来。近年来经常听到两种不大协调的说法：一种强调制造业是立国之本，比重不能再降低了，要保持在一定水平之上；另一种则认为服务业比重上升符合经济结构转型升级的规律。看起来两种说法都有道理，但难免有所掣肘。如果由表及里地分析，则不难发现，两者并非对立，而是相互支撑。服务业，尤其是直接为制造业提供服务的生产性服务业，包括研发、设计、物流、金融、信息、人力资源、法律商务服务等，最初都是大量包含在制造业之中的。随着这些业务的发展和专业化分工水平的提高，采取了外包服务等业态，被划入服务业领地。这些生产性服务业与制造业相互融合，相互高度依赖。一个地方生产性服务业发达，通常相对应的就是该地具有高水准的制造业。相反，如果一个地方生产性服务业落后，则其发展高水准制造业也恐是一厢情愿。一个很值得讨论的议题是，把制造业和为之直接提供服务的生产性服务业加总起来进行观察分析，相应地提出一个“制造和相关服务业”的统计概念，这样才能科学地看待和推动制造业与服务业的协同发展。

第二，服务业的数字化改造可以先走一步。服务业需要率先采用数字技术，才能与时俱进地为生产生活提质赋能。在众多场景下，与制造业相比，服务业实现数字化的门槛低，需求强，更易于接纳数字技术。例如，近年来数字化引领的金融科技、餐饮外卖、社区电商等都对社会发展产生了积极的影响。服务业通常被认为其生产率低于制造业，生产性服务业的数字化改造有可能改变这种局面，进而提升整个服务业效率。

第三，实体经济的数字化重心逐步转向人工智能。打一个不大贴切的比喻，与实体经济相比较，互联网相当于通道，5G技术是其中的高铁，大数据是原材料，云平台相当于仓储，而人工智能则是机器设备。其他技术主要是产生、运送、储存、连接数据，而人工智能则是用数据生产出信息量更大、更有价值的数据。电商、社交媒体平台等初期主要是通过数据连接来运转的。自然语言处理、图像识别、智能驾驶、算法推荐等技术的快速发展和应用显示了人工智能技术的巨大潜能。人工智能在实体经济中的应用，既可以表现为对生产能力配置的优化，也可以体现在对宏观经济、行业和具体产品市场运行的实时感知和预测决策，从而显著改进资源配置效率和经济运行的稳定性。

第四，数字技术助推绿色转型。“双碳”目标提出后，中国经济社会的绿色转型已成大势。绿色转型的实质是用绿色技术替代传统的非绿色技术。绿色技术的创新和推广，需要实现三个目标：高技术含量、生产率和附加价值；低排放乃至零排放；与传统技术相比较的低成本。在此过程中，数字技术将发挥重要或关键性的作用。数字经济和绿色经济相互赋能，成为经济社会转型升级新动能的两翼。我们所说的新型实体经济，也可在数字化、绿色化实体经济的意义上加以理解。

第五，实体经济数字化要处理好政府、企业和市场的关系。政府应把注意力放到制定规则、维护公平竞争、提供基础设施和基本公共服务、合理引导预期等方面，对具体技术路线不必过多干预，更多地由市场竞争和产业发展进程来解决。监管要跟上数字技术发展的步伐，平衡好与创新的关系，营造并维护有利于数字化、绿色化实体经济，有活力且可持续发展的环境。

第十三届全国政协经济委员会副主任
中国发展研究基金会副理事长

刘世锦
2020.4.8

目录 Contents

第一篇 消费新时代

促进服务消费升级　助力“双循环”发展

刘祥东　霍景东　刘佳昊　岳鸿飞

一、服务消费是构建“双循环”新发展格局的重要支点

当前，我国正在构建以国内大循环为主体、国内国际双循环相互促进的新发展格局。随着经济规模扩大和结构优化，我国经济对内需的依赖不断增强。2019年，消费对我国经济增长的贡献率达到57.8%，自2013年消费对经济增长的贡献率首次达到50%后，消费已连续7年成为经济增长的第一拉动力。从发达国家的发展路径来看，随着经济规模扩大、收入水平提高和服务业占比提升，国内生产总值中有更多部分将在国内“消化”，而服务消费则是重中之重。因此，构建“双循环”新发展格局需要抓住扩大内需这个战略基点，进一步扩大服务消费，使生产、分配、流通、消费等更多依托国内市场。

（一）扩大内需是构建“双循环”新发展格局的战略基点

1.“双循环”新发展格局的内涵

构建以国内大循环为主体、国内国际双循环相互促进的新发展格局，一是要充分发挥国内超大规模市场优势，通过繁荣国内经济、畅通国内大循环为经济发展增添动力，带动世界经济复苏。二是要提升产业链、供应链现代化水平，大力推动科技创新，加快关键核心技术攻关，打造未来发展新优势。三是要通过发挥内需潜力，使国内市场和国际市场更好地联通，充分利用国内国际两个市场、两种资源，实现可持续发展。从国内大

循环与国内国际双循环的关系看，国内循环是基础，国际市场是国内市场的延伸，国内大循环为国内国际双循环提供坚实基础。

2.扩大内需是构建“双循环”新发展格局的突破口

内需是“双循环”的战略支点。消费集中体现了人类经济发展的最终目的，正是为了满足消费者不断提高的消费意愿，才产生了持续解放生产力、发展生产力的终极动力。消费是社会大生产的终点和新起点，只有消费才能刺激生产者进行生产活动，才能引导生产者扩大生产，不断地推动生产者提高生产层次。因此，内需在社会大生产中具有基础性地位，是构建“双循环”新发展格局的核心环节和战略支点。

第一大消费市场正在形成。2014年以来，在拉动经济增长的“三驾马车”中，消费已逐步取代投资，成为我国经济增长最主要的需求侧要素。2019年，最终消费支出对我国经济增长的贡献率为57.8%，而资本形成总额、货物和服务进出口的贡献率分别为31.2%和11%。同时，2019年我国社会消费品零售总额达到411649亿元，按照2019年人民币兑美元平均汇率（6.8985：1）折算为59672.25亿美元，仅次于2019年美国的社会消费品零售总额（62375.57亿美元），我国已成为全球第二大消费市场，正在向全球第一大消费市场迈进。

国内需求拓展空间巨大。从居民消费占国内生产总值的比重来看，我国居民消费占国内生产总值的比重偏低，具有较强的发展潜力。美国、日本和韩国人均国内生产总值突破1万美元时，居民消费占国内生产总值的比例分别为60.5%、53.9%和51.8%，2019年我国人均国内生产总值已突破1万美元，但是我国居民消费占国内生产总值的比例仅为38.8%。目前，美国等西方发达国家居民消费占国内生产总值的比重接近70%，我国内需增长具有较大的空间。

3.构建“双循环”新发展格局需要解决的问题

完整的社会生产过程包括生产、分配、流通、消费等环节。生产出来的产品只有进入最后消费环节，整个生产过程才算完成，社会再生产才能顺利进行，经济循环才能得以继续。目前我国构建“双循环”新发展格局需要解决一些问题：一是需求不足问题。我国消费实际增速从2015年之前的两位数增长逐步下降，到2019年，我国社会消费品零售总额实际增长仅为6%，基本与国内生产总值增速趋同。二是供应链、产业链的很多核心技术和核心部件依赖于全球分工体系，关键技术环节存在“卡脖子”的情况。三是适应高技术、新经济形态的政策环境还没有形成。

（二）服务消费是扩大内需的重中之重

1.从功能看，服务消费是美好生活的基础

发展经济、创造财富的根本目的是让人们获得更多的福祉，从而享受经济社会发展的最终成果。当前，我国消费结构发生了巨大变化，在商品消费规模持续扩大的同时，消费热点由满足人民群众物质生活需要的实物消费逐步向体现人民美好生活需要的服务消费转变，如养老、养生、医疗、文化、体育、旅游等。

2.从潜力看，服务消费的地位逐步攀升

经济发展迈上新台阶，为服务消费奠定了坚实基础。2019年，我国人均国内生产总值达到10276美元，突破10000美元大关。进入21世纪以来，我国人均国内生产总值已提高了10多倍。从全球来看，2019年我国人均国内生产总值达到全球人均国内生产总值的90%；按照世界银行的标准（2019年），我国已经进入中等偏上收入国家的行列，而且接近高收入国家人均国内生产总值的下线12375美元（见表1–1）。同时，我国居民可支配收入快速增长，从2013年的18311元增长到2019年的30733元，年均复合增长率超过9%。其中，城镇居民可支配收入从2013年的26467元增长到2019年的42359元，年均复合增长率超过8%；农村居民现金收入从2013年的9430元增长到2019年的16021元，年均复合增长率超过10%（见图1–1）。

表 1–1　不同收入类型国家标准及状况

划分标准（2019）	经济体数量	人口（百万）	占总人口比重（%）	国民总收入（十亿美元）	占全球比重（%）
高收入（12375美元以上）	56	1184.09	15.59	52722.93	62.56
中等偏上（3996～12375美元）	56	2533.57	33.36	22543.11	26.75
中等偏下（1026～3995美元）	47	3022.91	39.81	6785.22	8.05
低收入（1025美元以下）	26	857.70	11.24	2228.71	2.64

数据来源：根据世界银行数据整理。

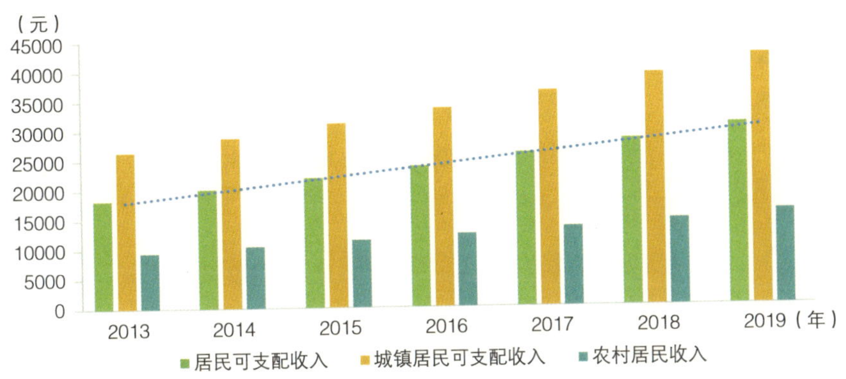

图 1–1　中国居民收入变动情况（2013—2019）

数据来源：国家统计局。

服务消费占居民消费支出的比重逐年攀升，服务消费需求的增长空间大。随着收入水平的提升，食品烟酒、衣着、生活用品及服务等商品消费支出占居民消费支出的比重逐步下降，分别从2013年的31.2%、7.8%、6.1%下降到2019年的28.2%、6.2%、5.9%，分别下降了3、1.6、0.2个百分点；而交通通信、教育文化娱乐、医疗保健等服务消费占居民消费支出的比重逐步上升，分别从2013年的12.3%、10.6%、6.9%上升到2019年的13.3%、11.7%、8.8%，上升了1、1.1、1.9个百分点（见图1–2）。

从国际经验来看，随着收入水平的提升，服务消费占比提升是大势所趋，如美国服务消费占居民消费的比重从1929年的43.4提升到2018年的68.8%，主要发达国家服务消费占最终消费的比重达到74%（见表1–2），服务消费是居民消费的主体。

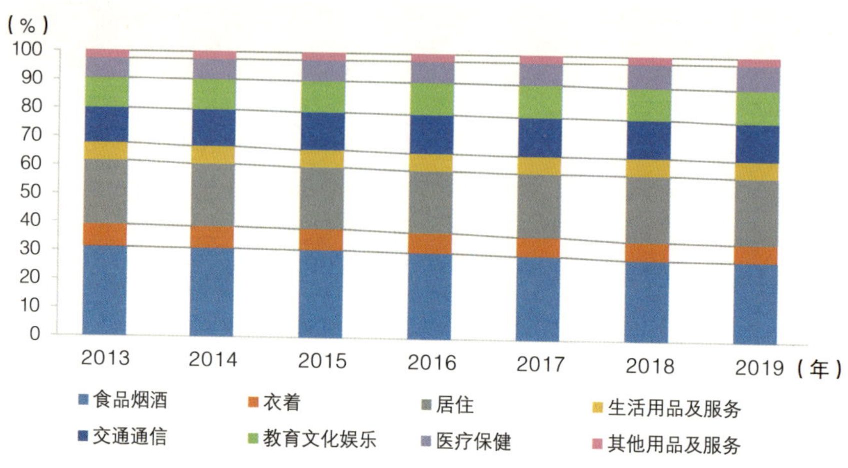

图 1-2 我国居民消费支出结构的变化趋势（2013—2019）

数据来源：国家统计局。

表 1-2 主要发达国家服务消费占最终消费的比重

单位：%

项目	澳大利亚	英国	日本	韩国	法国	德国	美国	算术平均
服务消费占总消费的比重	79.06	74.80	76.41	72.68	72.36	67.88	77.44	74.38
批发、零售贸易和汽车修理服务	12.11	20.82	13.27	8.42	15.01	16.02	14.63	14.33
运输和仓储	6.01	6.21	7.10	7.44	7.43	7.73	5.38	6.76
住宿和餐饮服务	5.03	6.09	9.78	15.34	7.05	4.89	8.02	8.03
出版、视听和广播活动	1.22	2.06	0.77	1.30	2.11	2.41	2.21	1.73
电信	1.93	2.06	4.71	2.60	4.65	3.61	2.85	3.20
信息技术和其他信息服务	0.70	0.24	0.32	0.82	1.00	0.58	0.89	0.65
金融和保险活动	9.76	9.44	7.85	10.04	11.49	9.76	8.97	9.62
房地产活动	32.39	33.34	27.95	20.88	28.14	27.02	16.71	26.63
其他商业部门服务	2.77	1.59	2.97	3.31	3.19	3.57	3.70	3.01
公共管理和国防；强制性社会保障	0.38	0.34	0.35	1.85	1.71	0.54	0.89	0.86
教育类	5.08	1.76	2.79	8.02	2.84	1.69	6.55	4.10
人类健康与社会工作	18.10	12.31	11.01	11.41	10.99	14.26	24.12	14.60
艺术、娱乐、娱乐和其他服务活动	4.54	3.74	11.12	8.57	4.40	7.92	5.08	6.48

数据来源：经济合作与发展组织。

3.从现实看，服务消费信心和意愿较强

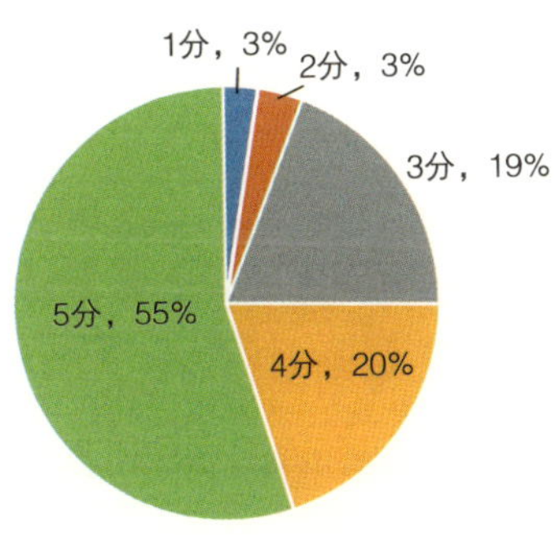

图 1-3 居民服务消费信心情况

数据来源：美团研究院调查数据。

根据美团研究院在2020年3月份开展的问卷调查，有54.9%的被调查者对未来的消费信心为5分，只有6%的被调查者选择了1分和2分。尽管受到新冠肺炎疫情的冲击，但是居民对未来服务消费充满信心（见图1-3）。

（三）服务消费促进“双循环”新发展格局的机理

1.服务消费可以带动有效投资，能使“有效投资—有效供给—有效需求”循环畅通

投资一端连着最终需求、一端连着供给，具有带动性强、关联度高等特征，是经济增长、结构调整的先导指标，不仅是消费的重要变量，也是供给的重要内容，对于稳定经济运行、激发内生动力和促进转型升级都具有重要意义。投资作为中间需求，其投资决策取决于最终形成的产能是否能够被消费。当前，我国经济面临的不确定因素较多，国际环境复杂多变，国内经济结构性、周期性问题相互交织，导致市场主体预期不稳，投资增长乏力。服务具有生产和消费同步性，服务消费具有“稳定性”，大力发展服务消费，对于稳定投资预期，带动有效投资增长具有重要意义。同时，服务消费能够满足人民对美好生活的需要，是有效需求，即投资形成的产能符合消费升级的方向，促进服务消费有助于实现“稳定的有效需

求—吸引有效投资—形成有效供给—满足有效需求”的循环。

2.服务消费带动高质量就业，推动形成“消费—供给—就业—收入—消费”循环

服务消费需求规模扩大和结构升级，会带动养老、养生、医疗、文化、体育、旅游等幸福产业发展。而服务业是高人力资本密集型产业，能够创造更多高质量就业机会，特别是随着数字经济与服务经济的融合发展，带动新就业形态和新职业发展。如2019年美团上的新业态交易额达到4837.4亿元，孕育了包括网约配送员、互联网营销师、老年人能力评估师、在线学习服务师等70多种新职业。2020年上半年，美团上的有单骑手数达到295.2万人。就业是收入的重要来源，就业有保障，则收入有保障，有了收入才可以进行消费，推动形成“消费规模扩大和结构升级—供给扩大和质量提升—高质量就业机会增加—居民收入增加—扩大消费”的循环。

3.服务消费为5G、人工智能等新基建提供有效应用场景，构建“新基建—新供给—新消费—新技术”循环

产业数字化是数字技术发展的关键。根据中国信息通信研究院的测算，2019年，我国数字经济占国内生产总值的比重达到36.2%，而服务业的渗透比例明显高于农业和工业，数字经济在服务业领域的渗透率达到37.8%，而在工业和农业领域的渗透率分别为19.5%和8.2%。服务消费，特别是新兴消费深入到社区、医院、学校、写字楼等场所，为5G技术、智能控制技术、机器人、无人技术、电器元器件等新兴技术拓展应用场景，扩大电子信息、科技行业的软件、硬件需求，助推新兴产业发展，构建“新基建—新供给—新消费—新技术”循环。

4.服务消费彰显文化软实力，助推“服务消费—文化软实力—国外市场开拓”循环

服务消费具有本土化特征，是国家文化软实力的重要载体和体现。推动服务消费发展和升级，可以将中华优秀传统文化、社会主义先进文化深度融入经济社会，以产业发展展示中国特色社会主义文化在国际交往中的

影响力和感召力，提升国家文化软实力，助推“服务消费—文化软实力—国外市场开拓”循环。

二、服务消费发展前景广阔

近年来，我国服务业快速发展，在国民经济发展中占有愈发重要的地位，居民服务消费支出也呈现持续增长态势。由于服务经济的非实体化特征，服务业在定义和测度、评价标准、生产和消费关系、数量和价值关系、劳动生产率变化等方面均与制造业有很大差异。与实物消费相比，服务消费具有无形性、异质性、生产与消费过程同一性、不可存储性等鲜明的特征。因此，对服务消费的概念进行定义和分析是对其进行深入研究的前提条件。

国家统计局将居民消费支出划分为食品烟酒、衣着、居住、生活用品及服务、交通和通信、教育、文化和娱乐、医疗保健、其他用品和服务等8个大类。服务消费被解释为居民全部消费支出中用于支付社会提供的各种文化和生活方面的非实物性的服务费用。按此定义，一般将居民消费支出中的交通通信、教育文化娱乐、其他商品和服务三大类消费项目算作服务消费。[①]

（一）服务消费发展现状

1.服务业逐渐成为发展新引擎

改革开放以来，我国产业结构不断优化，经济增长由主要依靠第二产业带动转向依靠三次产业共同带动，服务业逐渐成为第一大产业和经济增长的主要动力。1978年至2019年，我国服务业增加值从905亿元增至

① 有学者将服务消费进一步细分扩展，如夏杰长等（2014）将服务消费定义为食品加工服务、衣着加工服务、居住服务、家庭服务、医疗保健、交通通信、文化娱乐与教育服务、其他服务八类。详见《中国城镇居民消费服务研究》。本研究仍主要参照国家统计局的定义及分类标准。

534233亿元，年均实际增长10%以上，超过国内生产总值的年均实际增速。三次产业结构由27.9：47.88：24.2调整为7.1：39.0：53.9，服务业占国内生产总值的比重持续上升。服务业对国民经济增长的贡献率从1978年的28.4%上升至2018年的59.4%（见图1–4）。

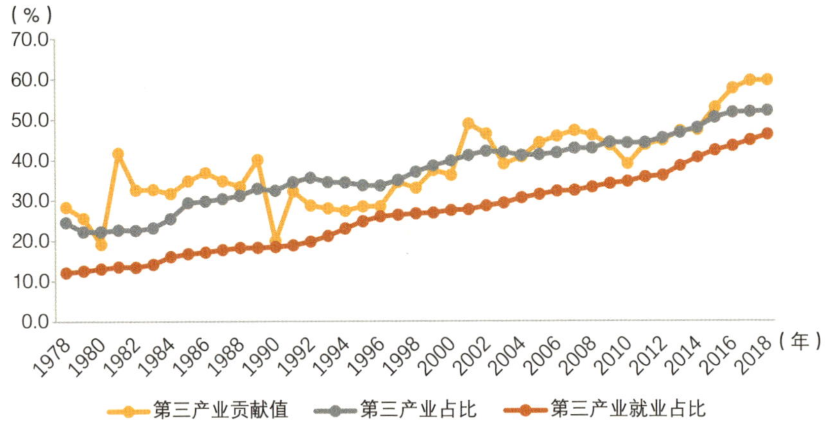

图 1–4　改革开放以来我国服务业主要指标变化（1978—2018）

数据来源：国家统计局。

服务业成为吸纳就业的主要渠道。1978年至2017年，我国服务业从业人员由4890万人增长到34872万人，年均增长5.2%。2019年底，我国服务业就业人员占全部就业人员的比重为47.4%，占比连续5年上升，高出第二产业19.9个百分点。

服务业也是财税增长的重要来源。1978年至2017年，我国税收收入年均增长16.1%，服务业在税收中的比重稳步提高，从2002年的39.8%上升到2017年的56.3%。①近年来，我国服务业实力不断增强，传统服务业加快升级，新兴服务业蓬勃兴起，以服务业为主导的经济发展新格局逐渐形成，服务业正成为我国经济社会发展的新引擎。

---

① 数据来源：新华网，改革开放以来我国服务业快速发展，http://www.xinhuanet.com/2018 09/10/c_1123 408566.htm;《中华人民共和国2019年国民经济和社会发展统计公报》《2019年度人力资源和社会保障事业发展统计公报》。

2.服务消费支出占比快速增长

伴随着第三产业重要性的不断提升，服务消费支出占比也在快速提升。目前，我国服务消费的占比已经超过商品消费，消费结构显著升级，成为经济增长与结构升级的新动能。

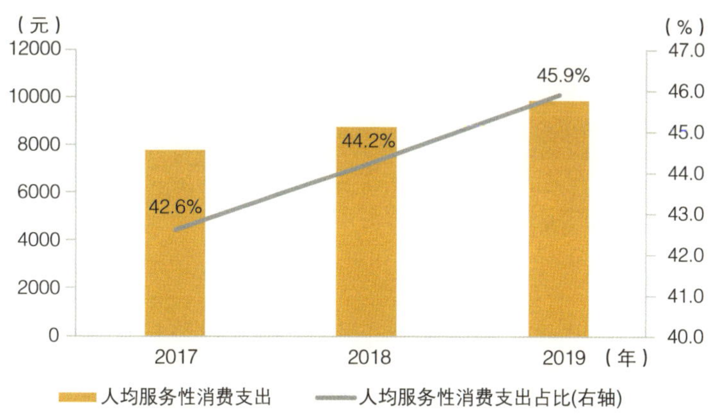

图 1–5　人均服务性消费支出变化（2017—2019）

数据来源：国家统计局。

从居民消费支出结构来看，2019年，全国居民人均服务性消费支出9886元，占全国居民人均消费支出的比重为45.9%，比2017年提高了3.3个百分点（见图1–5）。

从居民最终消费结构来看，根据投入产出数据，居民最终消费中服务消费的占比逐步攀升，从2002年的44.1%上升到2015年的50.9%，占比首次超过50%，到2017年进一步上升到53.2%，相比2013年，提高了9.1个百分点（见图1–6）。

从产业发展和消费形势看，我国已进入服务经济时代，服务业的快速发展与服务消费占比的提升也符合国际规律与趋势。[①] 依照国际经验，随着收入水平的提升，服务消费占比提升是大势所趋，如美国服务消费占居民消费的比重从1929年的43.4%提升到2018年的68.8%（见图1–7）。服务

① 江小涓．中国进入服务经济时代[N]. 北京日报，2018-08-27（014）.

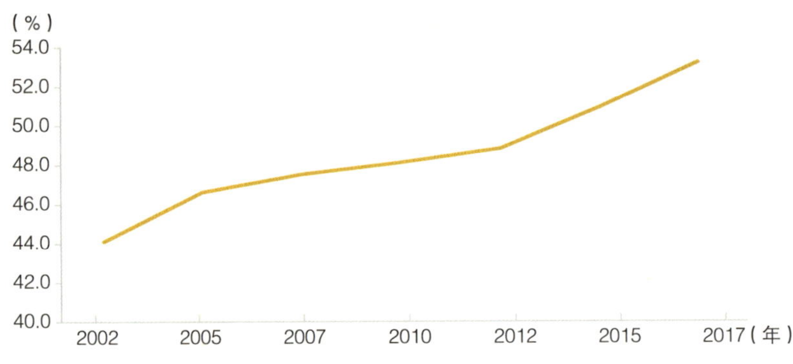

图 1-6　我国服务消费占居民最终消费的比重

数据来源：根据投入产出表整理。

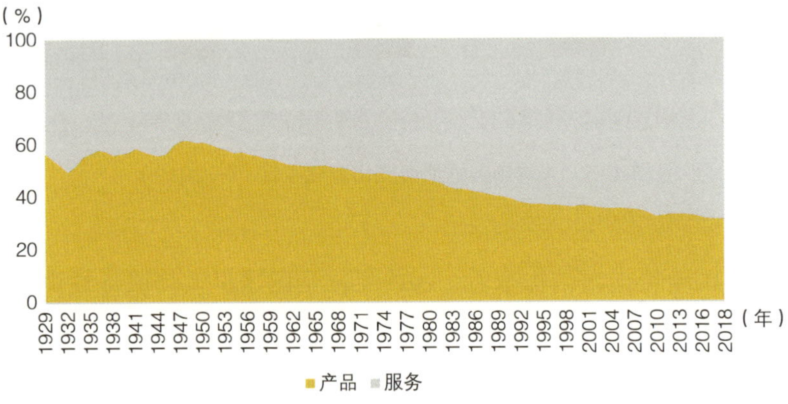

图 1-7　美国居民消费结构变迁（1929—2018）

数据来源：根据BEA数据整理 。

需求的上升带动服务价格指数的攀升，美国生活服务、医疗服务、交通服务、外出饮食（餐饮）服务价格指数的涨幅明显高于耐用品、非耐用品、服饰服务价格指数的涨幅（见图1-8）。

3. 服务消费结构升级持续进行

伴随着服务业高质量发展和服务消费总支出的不断上升，我国服务消费结构升级也在持续进行。这一过程主要体现在两个方面，一是在总的服务消费支出结构中，食品、衣着等生存型支出的占比不断下降，而休闲娱

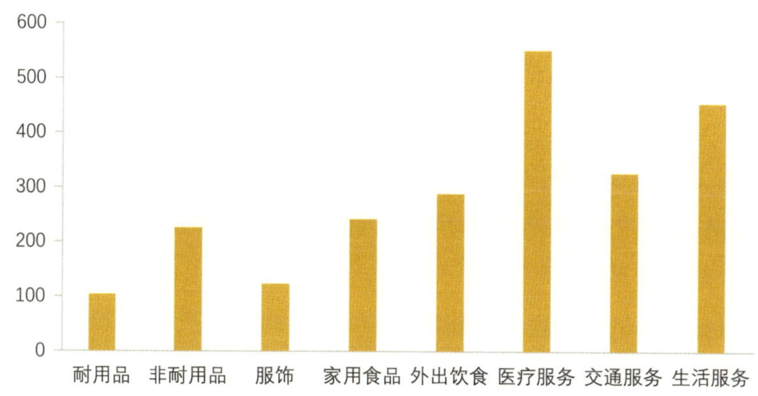

注：1982—1984为100。

图 1-8　美国不同商品价格指数（2019）

数据来源：根据BEA数据整理。

乐、文化、医疗保健等发展型消费支出的占比持续上升；二是在细分的服务消费项目中，消费品质化升级不断发生。

首先，我国居民服务消费重心沿着“衣食—住行—康乐”的路径变化。2019年，我国居民人均消费支出达到21559元，首次超过20000元；食品烟酒、衣着、生活用品及服务等生存型消费支出占消费总支出的比重逐步下降，而交通通信、教育文化娱乐、医疗保健等发展型消费占消费总支出的比重逐步上升，我国居民生活服务水平进入富足阶段。

其次，在具体的服务消费类目中，消费品质升级持续发生。如在旅游业中，2020年国庆假期四星级、五星级酒店订单量占比均有所提升①，游客高端消费的意愿和能力进一步显现，古北水镇高端民宿、海南等地的高星酒店出现供不应求的状况，部分环游西北的高价旅游产品也被用户争相抢订。在生活美容服务业中，高端养护类项目愈发受到消费者的青睐，根据美团数据，与2018年相比，2020年养发的客单价提升了26.4%。② 就餐饮

① 美团研究院，《2020年中秋国庆假期旅游预测报告》，2020。

② 美团研究院，《网络在线营销提升消费体验 多元化消费需求加速市场细分——中国生活美容服务业发展报告（2020）》，2020。

业看，近年来小吃人均消费价格逐步提升，消费升级趋势明显。2019年，交易均价为31元以上价格区间的小吃商户数实现了正增长，而交易均价为10元以下价格区间的小吃商户数下降了37.6%。[①] 米其林、黑珍珠等高端餐饮榜单上榜餐厅的客流量也在不断提升。客单价的提升、高端服务产品需求量和供给量的双向增加说明产业内部的结构调整正在持续进行，服务消费升级趋势明显。

4. 服务贸易的重要程度不断提升

全球已进入服务经济时代，全球服务贸易规模与比重不断扩大，2005—2017年，世界服务贸易交易额占贸易总额的比重从20.66%升至23.69%。图1-9数据显示，近年来我国服务贸易平稳发展，2019年，我国全年服务进出口总额54153亿元，比上年增长2.8%。2020年1—10月，我国服务进出口总额37257.8亿元，同比下降16.1%，尽管受新冠肺炎疫情等因素叠加影响，2020年服务贸易规模下降，但呈现趋稳态势，服务出口表现明显好于进口，服务贸易逆差下降51.1%，至6278.8亿元，同比减少6569.4亿元。服务贸易的高质量发展是促进服务消费、满足消费升级的

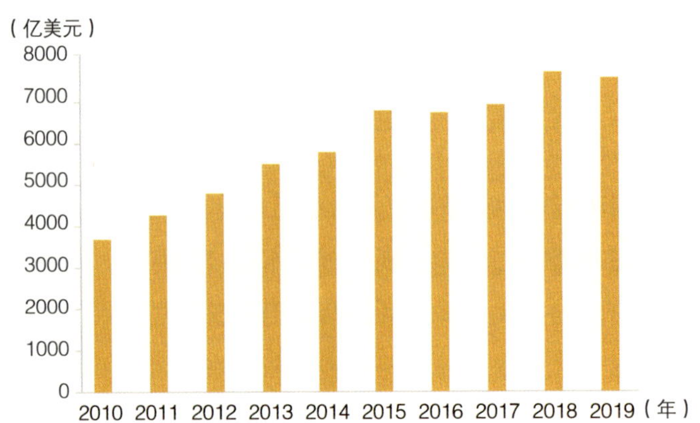

图 1–9　中国服务贸易进出口总额变化

数据来源：国家统计局。

---

① 美团研究院，《2019—2020年中国小吃产业发展报告》，2020。

重要途径，服务消费已成为推动我国由贸易大国向贸易强国迈进的关键因素。

首先，服务贸易有助于改善服务供给质量，满足多元化服务消费需求。当前国内的服务消费升级与服务供给并不完全匹配，我国在医疗、教育、文化等行业中仍存在较为明显的有效供给不足的情况，服务贸易的高质量发展能够拓宽大众消费选择范围，提供优质服务产品供给，更好地满足大众对美好生活的向往；同时，国际领先的服务供应商也对国内市场主体产生“示范效应”，通过模仿和学习，国内服务提供者能够提高供给质量，国内消费者也形成了更加多元的消费需求。①

其次，服务消费有利于促进服务贸易发展。一方面，国内服务消费规模的扩大，有利于国内服务提供商加速扩大经营规模，在降低平均成本的同时，提升专业化程度，使其更有能力参与国际竞争。另一方面，我国庞大的中产阶级群体和持续进行的消费结构升级，为吸引服务业跨国投资提供了广阔市场，进一步提升了服务业供给规模和供给水平。

未来，随着政策红利的持续释放、服务业产业基础不断增强以及网络数字技术的广泛应用，我国服务贸易发展的内生动力将不断积聚，服务贸易与服务消费的相互促进作用将更加显著。

5.服务消费的政策环境明显改善

“十三五”期间，国家高度重视发展生活性服务业，促进服务消费。自2015年以来，国务院先后出台了《关于加快发展生活性服务业促进消费结构升级的指导意见》《关于积极发挥新消费引领作用加快培育形成新供给新动力的指导意见》《以新业态新模式引领新型消费加快发展的意见》等一系列涉及促进服务消费发展的政策文件，各行业主管部门也出台了多项政策，促进体育、文化、旅游、养老、家政等具体服务行业的消费发展。

相关文件主要从改善消费环境、优化政策支撑体系、扩大有效供给、

① 沈鸿，张捷，张媛媛.国内服务消费与服务贸易国际竞争力相关性的实证研究[J].经济问题探索，2016(07)：128-136.

完善要素市场配置、促进新技术新模式应用、加强组织制度保障等多个方面促进服务消费，逐步消除服务业发展的障碍，多措并举降低服务消费交易成本，不断提升消费便利程度，为服务消费发展营造了良好的政策环境。

（二）服务消费发展趋势

1. 居民收入提升成为服务消费增长的核心动力

现有的研究表明，我国服务业的名义增长与真实增长并行，在多个地区，服务价格而非收入水平的上升是导致居民服务消费支出比重上升的重要因素。促进服务消费，应加快服务业真实增长，提升居民收入水平。

近年来，我国城乡居民收入水平不断提升。2019年我国人均国内生产总值达到10276美元，突破了10000美元大关（见图1-10）。从发达国家的发展经验来看，人均国内生产总值达到10000美元后，以发展、享乐为主的教育、娱乐、旅游等服务消费支出的比重会快速上升。随着我国人均国内生产总值和人均可支配收入的提升，居民服务消费总量和消费结构也会发生重大变化，居民可支配收入的提升正成为服务消费增长的主要推动力。

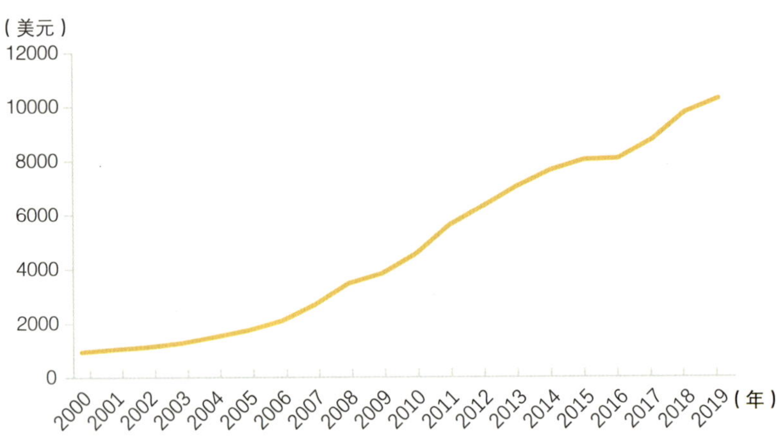

图 1-10　中国人均国内生产总值变动趋势（2000—2019）

数据来源：国家统计局。

2. 人口结构梯度特征扩大服务消费需求

相关研究表明，家庭的人口学特征对于消费模式存在显著影响[①]，一方面，不同年龄人群的收入来源存在明显的阶段性特征；另一方面，居民消费需求也会随年龄产生变化，因此，不同年龄段人群的消费理念和消费方式存在差异。随着我国逐步进入老龄化社会，人口结构的梯度特征会对居民消费支出产生明显的影响（见图1-11）。

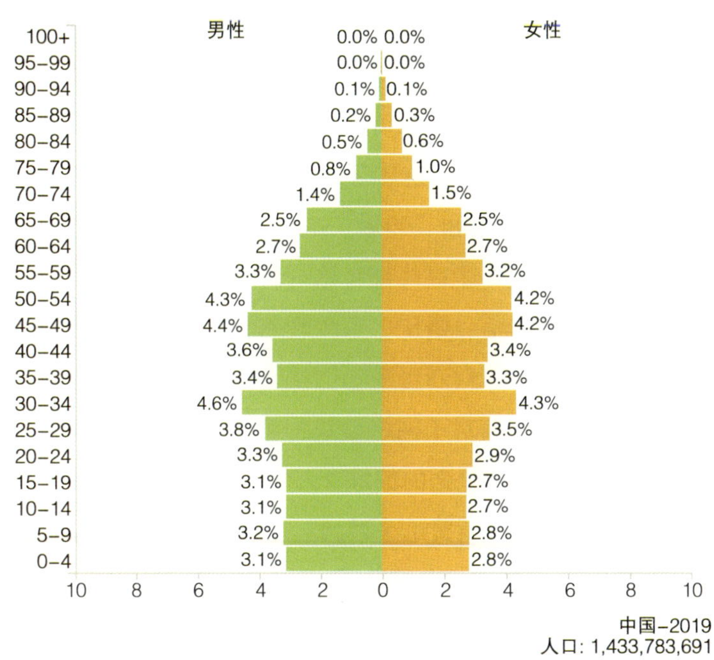

图 1-11 中国人口结构金字塔（2019）

数据来源：https://www.populationpyramid.net/。

第一个特征是老龄化消费愈发重要。根据民政部公布的最新预测数据，到“十四五”期末，即2025年，我国将进入“中度老龄化”社会，60

① Eguia B，Echevarria C A. Population age structure and private consumption in Spain[J]. International Economic Journal，2004，18（3）: 299-319.

岁及以上老年人口规模达到3亿人。[①] 当期的人口老龄化进程反映了历史上的人口出生变动状况。新中国成立以来，1950年至1958年、1962年至1968年是我国两次明显的生育高峰，这批人将于“十四五”期间逐步进入老年期，推动老龄化进程的加速。据预测，“十四五”期间60岁及以上老年人口的规模年均增长约1000万人，远高于“十三五”期间年均700万人的增幅。[②]老龄化进程的加快带来劳动力结构的迅速变化，也促进医疗保健、家庭服务、健康养生、娱乐休闲等服务消费的增长。从国家统计局数据来看，55～64岁人群的患病率和就诊率分别为25.2%和22.8%，而55岁以下的人群相应数据为10.9%和11.6%，45～54岁年龄段的人群在保险方面的支出是各年龄段中最高的，这体现出老龄人群服务消费的差异性。[③]

第二个特征是“80后”和“90后”成为新兴消费的主力。1981年至1990年是我国人口出生的一个高峰期，这一时期出生的群体目前处于婚育高峰期，对住房、交通通信、婚庆、家政服务、婴幼儿教育等生活服务消费需求旺盛。同时这一群体对新鲜事物的接受程度高，对于服务消费新业态新模式有较强需求，尤其对于网络游戏、文化旅游、娱乐演艺、个性化餐饮等休闲类服务消费具有更强的偏好。

3.城镇化发展促进服务消费迅速增加

城乡二元结构的长期存在是我国有别于美日欧等发达国家的显著特征，改变城乡二元经济结构、加速推进城镇化可以有效提升居民的服务消费水平。相关研究表明，城镇化发展会通过“收入效应”“示范效应”等

---

① 根据联合国的划分标准，当一国60岁及以上人口比例超过10%或者65岁及以上人口比例超过7%，则认为该国进入“老龄化”社会；当这两个指标翻番（即60岁及以上人口比例超过20%或65岁及以上人口比例超过14%）的时候，则认为该国进入“老龄”社会，也可以说是“中度老龄化”社会。按照这一标准及人口预测结果，我国2000年进入“轻度老龄化”社会，2025年将进入“中度老龄化”社会。

② 杨舸.“中度老龄化”社会，我们准备好了吗？.光明日报，2020-10-29(02).

③ 夏杰长，瞿华，张颖熙等.中国城镇居民服务消费研究[M].北京：经济管理出版社，2014.

路径促进服务消费需求的增加。

一是城镇化体现出“收入效应”。一方面，城镇化的快速发展促进了农村居民向城市的“迁移”，为农村转移人口带来了更多就业机会，显著提高了居民的收入水平。如前所述，随着人们收入水平的提高，大众对服务消费的需求将不断增加。另一方面，城镇化发展通过户籍制度改革等举措加快推进市民化进程，促进了农村居民的“转化”①，降低长期以来对农村迁移人口的就业、福利和身份上的不平等，实现农村迁移人口和城市居民的权利平等和社会融合，降低农村家庭的预防性储蓄动机，提高消费倾向。

二是城镇化体现出“示范效应”。我国长期存在的二元经济结构决定了城乡互动是社会发展的典型特征。在城镇化的进程中，农村居民向城市居民转化的过程，也是前者的消费习惯和消费方式向后者趋同化的过程，这势必会带来传统消费结构的升级。相关数据显示，城市居民消费结构中服务消费的比重显著高于农村居民，在城镇居民消费的“示范效应”下，城镇化也会提高居民服务消费水平。②

4.数字技术为服务消费升级创造有利条件

数字技术的广泛应用，尤其是互联网企业的发展，也有助于促进服务业真实增长，缓解“鲍莫尔成本病”的影响，进而为服务消费升级创造有利条件。我国进入服务经济时代后恰逢数字经济蓬勃发展，数字化为服务业导入数据和技术等要素，不仅极大地便利了居民生活，也不断推动服务业及相关产业变革。在消费侧，线上化、数字化促进了生活服务消费需求，通过延伸生活服务消费场景、优化消费者购物决策、改善消费体验，为服务消费提质扩容创造了有利条件。在供给侧，服务业数字化提高了生活服务业的生产效率，加速了服务业线上线下融合，帮助行业提质增

① 易行健，周利，张浩.城镇化为何没有推动居民消费倾向的提升？——基于半城镇化率视角的解释[J].经济学动态，2020(08):119-130.

② 夏杰长.城镇化对中国城乡居民服务消费影响的实证分析——基于2000—2011年省际面板数据[J].学习与探索，2014(1):101-105.

效，使供给更有效地与服务消费需求相匹配。数字技术还通过向行业多个领域、多类主体渗透，催生服务业新业态新模式，创造显著的经济社会效益。未来，5G、人工智能等新一代数字技术将更加广泛地应用于生活服务消费的各场景，虚拟现实、增强现实等体验式技术的发展以及无人配送等业态的更多应用，也会为服务消费新业态新模式的发展提供更多支撑。

三、服务消费的新发展特征

“顺应消费升级趋势，提升传统消费，培育新型消费”已成为“双循环”背景下，我国立足“扩大内需”这一战略基点的核心要求。特别是伴随着人民生活水平的日益提高，以及数字化技术赋能和新业务模式的渗透，我国的服务消费市场无论是在消费场景、消费秩序、消费群体、消费品质，还是在消费领域等方面均表现出许多鲜明的新特征。

（一）线上线下融合催生居家消费的新风向

“十三五”时期，我国服务消费数字化进程取得了重大进展，线上线下融合的全新消费模式，正悄然改变着传统外出式的消费场景，甚至改变着人们既有的生活方式。数字技术在服务业供需两侧的双向渗透，使消费者可以足不出户地实现各种消费场景的自由切换，进而也催生出以居家消费为代表的消费新风向。

1.移动智能终端带来“指尖生活”

信息通信技术的加速迭代与智能移动终端的快速普及，正以前所未有的速度和规模改变着人们的消费模式。以智能手机为代表的移动终端，现已成为人们不可或缺的生活必需品，各类手机应用的开发和应用使人们可以快速地实现工作、生活、社交、文娱等场景的自由切换，极大地增加了个体与外界的“连接力”，同时也丰富了人们的“指尖生活”。

中国互联网络信息中心公布的数据显示，截至2020年6月，中国网民规模已达9.4亿，相当于全球网民的五分之一。其中，网络支付用户规模达8.05亿，在线教育用户规模达3.81亿，在线医疗用户规模达2.76亿，远程办公用户规模达1.99亿，网上外卖用户规模达4.1亿，网约车用户规模达3.4亿。[①] 另有数据显示，截至2019年底中国移动网民人均安装手机应用总量达到60款，手机应用每日人均使用时长已达到5.1小时[②]，而微信的最新数据显示，2020年每天平均有7.8亿用户进入朋友圈，4亿用户使用小程序，依托移动智能终端的"指尖生活"正在成为主流。

线上服务消费的日益完备，加速了全社会在线生活方式的形成，特别是伴随着以青年为代表的"原生网民"群体的更迭，依托移动智能终端的"指尖生活"正在成为主流，进而也驱动着消费模式和消费场景的变更。

2. 生活服务类居家消费点燃"宅经济"引擎

"指尖生活"最鲜明的表现就是人们借助手机等移动终端，可以足不出户地完成生活所需的基本操作和娱乐需求。线上线下业务的融合，促使人们愈发习惯于通过生活服务电子商务企业实现购物、外卖点餐、买菜到家、跑腿闪送、送药上门等线上生活服务。与此同时，视频直播、数字电影、在线教育、电竞游戏等线上服务也越来越便捷，使得一些消费者倾向于居家休闲。这些数字化的居家消费模块，已彻底点燃了我国"宅经济"的消费引擎。

截至2019年底，我国电子商务交易规模为34.81万亿元，已连续多年占据全球电子商务市场首位；网络支付交易额达249.88万亿元[③]，"宅经济"的消费潜力由此可见一斑。而除传统的外卖餐饮外，生活超市、生鲜果蔬、医疗健康等非餐品的线上订单也在日益提升，生活服务类电子商务已支撑起"万物皆可外卖"的新发展趋势。

"宅经济"的井喷态势，折射出传统外出消费场景正在实现向居家消

① 中国互联网络信息中心（CNNIC），第46次《中国互联网络发展状况统计报告》，2020年9月。

② 极光 Aurora Mobile，《2019年第四季度移动互联网行业数据研究报告》，2020年2月。

③ 中国互联网协会，《2020中国互联网发展报告》，2020年7月。

费场景切换的趋势。居家消费无论是在消费规模上，还是在增长潜力上，都代表了我国未来服务消费的新风向。而这一风向的出现，一方面是数字化技术普惠所引致的必然结果，另一方面也是“双循环”背景下，我国居民消费结构升级趋势所呈现出的时代新特征。

3.疫情常态化催生居家消费需求

疫情常态化防疫要求助推了居家消费的增长。美团研究院2020年4月开展的问卷调查显示，新冠肺炎疫情期间高达71.7%的居民选择通过外卖点餐，这一比重超过线下消费的比重（53.7%）；41.6%的居民选择通过美团买菜、美团跑腿等电子商务企业购买生活必需品；使用闪购、到家业务的消费用户的占比达到24.2%，通过网络视频看电影的消费用户的占比达到21.5%[①]（见图1–12）。疫情对线下服务消费的冲击，促使更多居民通过电子商务服务企业满足日常生活的基本需求。

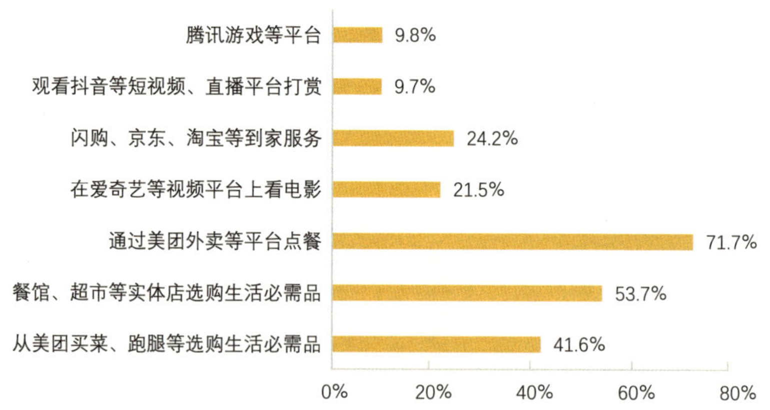

图1–12　疫情期间我国居民生活服务消费方式选择

资料来源：美团研究院调查数据。

新冠肺炎疫情期间外出的减少，也催生了许多新型居家娱乐方式。例如，居家钻研厨艺越来越成为全民休闲娱乐的新方式。数据显示，2020年

① 美团研究院，《疫情后我国服务消费的发展趋势及促进消费回补的政策建议——基于3101份调查问卷的数据分析》《2020春节宅经济大数据》。

春节期间，美团外卖上烘焙类商品的搜索量增长了100倍，酵母/酒曲类商品的销量增长了近40倍，香菜以接近百万的销量成为了“国民蔬菜”。此外，云旅游、家庭KTV、线上桌游吧等新型居家娱乐方式相继成为主流。这些新型居家娱乐方式的出现，进一步夯实了我国居家消费的新趋势和新特征。

（二）生活服务电商支撑预约消费的新风尚

面对全球新冠肺炎疫情的大流行和日益复杂严峻的发展环境，实现“发展”与“安全”的统筹协调，已成为我国构建“新发展格局”的核心要义和高质量发展的基本要求。“安全发展”直接关系着我国“双循环”新发展格局的构建与“扩大内需”战略基点的纵深推动。在这一新要求下，依托生活服务电子商务企业所支撑的预约消费将有效地促进我国新消费秩序的形成，确保安全消费。

1.预约消费满足我国“安全发展”的新要求

伴随着国际发展环境的日趋复杂，以及全球不稳定、不确定因素的明显增强，我国提出了以“构建新发展格局”应对百年未有之大变局的对策思路。其中，“安全发展”成为我国“十四五”发展规划的重要导向。例如，在“十四五”经济社会发展的重要原则中，我国提出实现发展规模、速度、质量、结构、效益、安全相统一，新增“安全”原则；在设计和确认发展目标时也提出“更高质量、更有效率、更加公平、更可持续、更为安全”的目标阐述，新增“安全”目标。

“安全发展”的时代需求，无疑将促进以“预约消费”为代表的新消费秩序的形成。从安全运行角度看，推动预约消费是改善消费秩序的有力抓手。例如，许多到店综合类的服务店铺设立在商场和写字楼里面，有的设立在街边门市铺当中，这些店面的接待能力相对有限。此外，网红的餐厅饭店、特色小吃街、旅游打卡地、节假日的庙会等常常出现人流拥挤、无序的消费场面。通过提前预约避免消费人群拥挤，聚集性滞留等人流过载问题的出现，能够减少和消除不必要的现场混乱和拥堵。推广预约消费有利于改善全社会整体的消费秩序，对营造安全有序的消费环境大有裨益。这既是服务消费安全运行的发展要求，也是消费环境变化所引致的时代需要。2020年11月由文旅部等十部门联合印发的《关于深化“互联网+旅游”推动旅游业高质量发展的意见》要求“国有旅游景区应于2021年底前全部提供在线预约预订服务。”随着大众接受程度的不断提升以及线上预约功能的日益完备，“在线预约预订、分时段预约游览”将逐步成为常态。

2.预约模式助力服务消费数字化转型与高质量发展

除“安全”的发展需求外，预约消费也是推动服务消费实现数字化转型和高质量发展的有力支点。

预约消费的核心是对数字化技术的行业应用。通过预约消费模式的发展，将有效促进商品和服务供给侧的新型基础设施建设，倒逼服务业线上化率的提升，进而形成更加有序、高效、便捷的数字化服务消费市场。与此同时，预约消费本身也是对传统店家和商户的线上宣传，可以起到服务推广和促进消费的作用。

预约消费模式通过电子商务企业广泛地连接了消费者与商户，实现了市场供需双方的信息畅通，缓解了传统消费市场的信息不对称，减少了交易摩擦，降低了消费者的决策成本。预约所产生的消费前置信息，也可以帮助商户更早地了解消费需求，做好经营准备。从这一意义上看，以预约消费为代表的新消费秩序，既是应对新冠肺炎疫情的应急之举，同时也是促进服务业数字化转型和高质量发展的有效手段。

3.预约消费在我国已呈兴起之势

新冠肺炎疫情的暴发在一定程度上促进了以预约消费为主要特征的新消费秩序的形成。伴随着数字技术的迭代和数字化服务企业业务的完备，预约消费的便利度和可及性不断提高。近年来，我国服务业中“食、住、行、游、购、娱”等主要消费板块的预约功能开通率持续攀升。美团数据显示，近年来在线开通预约功能的KTV、密室、足浴、酒吧、健身中心、轰趴馆、私人影院等商户的比例快速上升。

从旅游业的发展情况看，伴随着各类生活服务电子商务企业的业务支撑，门票在线预约系统逐渐成为国内景区的“新标配”，“无预约不出游”的旅游模式自2019年以来逐渐成为国人出行的新风尚。2020年国庆中秋假期期间，使用美团门票预约旅行的订单量与2019年同期相比增长72.2%，其中二线城市使用美团门票预约旅行的订单量同比增长更是高达96.1%。截至2020年9月，美团已经为国内超过90%的5A景区提供了在线预约系统以及客流管控综合解决方案。在预约系统的支持下，景区不仅可以帮助游客完成信息查询、网上购票、自助取票、验票入园的整个流程，还能实现实时信息更新、客流远端管控、近端客流疏导、营销场景互通等功能。[①]

（三）青年群体引领个性化消费的新风潮

服务消费的特征在很大程度上取决于消费群体的特质，而伴随着消费群体的更迭，以“85后”“90后”甚至“00后”为代表的新一代消费人群，正以其特有的消费观带动着服务消费理念的变革，进而引领未来消费市场个性化消费的新风潮。

1. 新一代消费力的崛起与消费理念的更迭

伴随着网络消费基数的扩大，我国主力消费人群开始呈现年轻化的特点。在我国网民的构成中，20～29岁、30～39岁网民的占比分别为19.9%和20.4%，显著高于其他年龄群体（截至2020年6月）[②]，另有研究表明，64%的“95后”每天都会通过电子商务企业产生消费。[③]在外卖领域，年

① 美团研究院，《2020年中秋国庆假期旅游消费分析报告》《2020年端午节我国旅游消费的主要特征》《后疫情时代发展预约旅游的必要性与措施建议》。

② 中国互联网络信息中心（CNNIC）发布第46次《中国互联网络发展状况统计报告》，2020年9月。

③ 艾瑞，《95后时尚消费报告》；CBNData，《2019中国互联网消费生态大数据报告》，2020。

轻群体已正式接班成为消费主力，“90后”“00后”外卖群体的用户数量占比超过60%，且两个群体贡献的外卖订单量占比高达七成以上。“85后”“90后”人群已成为服务消费市场的主力军。

消费主流人群的变化，直接推动了消费理念的更迭。作为互联网的原住民，青年群体对消费的选择更加敏锐、更加挑剔也更加个性，展现出重视体验、追求差异和特立独行的特征。例如，在外卖消费中，一个值得关注的现象是“一人食”消费场景明显增多。“90后”“00后”用户单人用餐的比例分别为65.4%和73.7%。“一人食”的消费场景呈现出新一代消费人群独立、个性、多元、差异的消费理念。代际变迁成为推动消费理念变化的重要原因。

新一代群体“不将就”的生活状态，化繁为简的生活方式，独立自主的生活习惯，个性张扬的生活态度，正引领着我国新一代消费理念的形成。与此同时，新一代群体的消费行为，也在潜移默化地影响着上一代人和下一代人的消费行为。

2.个性化的消费观激发多品位的消费风潮

新一代青年人注重消费价值的实现和自我内心的感受，这使得与消费对等的不仅是商品价值，更是自我个性的表达。个性化消费观的兴起，将顺势引致个性化产品和服务的供给，进而也促进了消费产品品类的细分，带动多品位的消费升级。

研究表明，近年来嘻哈风、街头风、工装风、中性风、复古风、摇滚风的搜索量不断增加，热度迅速增温，青年人通过自身的消费主张和审美品位，促进了多元化、个性化的消费市场。与此同时，个性化的产品设计也成为消费引流的重要方式。无线立体集成插座、永恒微笑苍蝇拍等众多新品成为爆款，进一步证明对于独特、个性的产品设计，青年消费群体更愿意为其付费。

除产品外，个性化的服务体验也成为当前新一代追捧的热点。以2019年“五一”假期为例，美团数据显示，假期中主题乐园、动植物园等亲子类主题景区产品持续走俏，在摩天轮上仰望星空等“小资式”服务消费受到“90后”“00后”等年轻群体的特别青睐。个性化的消费观，多品位的消费风潮，使我国服务市场焕发出新的生机与活力，这一特征也显著地促进了我国服务消费的创新与供给迭代。

3.“颜值经济”正在焕发强劲消费动力

除追求产品的外观外，以“美妆”“美业”为代表的“颜值消费”正演变为社会广大群体的消费新风潮，“颜值经济”成为未来不可忽视的重要消费领域。

根据美团研究院的综合测算，2020年我国生活美容服务行业（不含上游美容品制造业）的市场规模已超过6000亿元，并呈快速上升态势。预计到2025年，行业市场规模将超过8000亿元。在这一市场规模中，青年群体成为支撑行业消费和从业的主要人群。在美团的调查结果中，40岁以下群体成为生活美容服务业从业者的主力军，其中“90后”“95后”群体的占比接近48%。而从消费侧看，在美团生活美容业消费的订单中，活跃用户年龄分布主要集中在21～35岁的年龄段。女性的生活服务消费能力更强，以美发行业为例，2020年女性平均客单价为137元/单，较男性平均客单价高出30.6%。①

在“颜值经济”的崛起中，一个需要关注的新风潮即男性“颜值”消费的迅速成长。伴随着社会个性与多元化的发展，“颜值经济”不再是女性群体独占的领域，男性群体也开始愈发关注自我形象管理。欧睿咨询的数据分析显示，近年来越来越多的男性开始接受美容、美妆概念，2016—2019年间中国男性美容市场的零售额年均增长13.5%，远高于全球平均5.8%的增长水平。艾瑞咨询的研究报告也显示②，当前医美人群中，30%为男性，越来越多的新白领男性逐渐走进医美消费领域。“颜值经济”的发展在一定程度上折射出社会基本需求的提升，也预示了未来我国服务消费

① 美团研究院，《2020年中国生活美容服务业发展报告》，2020。

② 艾瑞咨询，《2020年中国新白领消费行为研究报告》，2020年。

将更加偏向“以人为本”和“悦己欲求”的消费理念。今后，随着物质水平的提高和人的全面发展，会有更多的消费新需求涌现。快速把握消费热点，以需求升级引领消费升级，将成为我国坚持扩大内需这一战略基点的重要前提和基本路径。

（四）美好生活愿景激发出品质消费的新风口

根据国家统计局的数据，2019年我国人均国民总收入（GNI）首次突破10000美元大关，居民恩格尔系数连续8年下降，并已达到联合国20%～30%的富足标准。人均国民收入水平的提高，加速了人们对美好生活追求的脚步，以品质消费承载品质生活，愈发成为国人的共同行动。

1.品质消费承载人民对美好生活的向往

2019年我国居民人均可支配收入达到30733元，同比实际增长5.8%；全国居民人均消费支出21559元，同比实际增长5.5%，其中农村居民人均消费支出增速快于城镇居民。[①]国内人均可支配收入的稳步提升，使人们更有条件追求高品质的生活。

美团“必系列”榜单近年来成为本地综合性品质生活的代名词。根据美团数据，2020年5月1日，“必住榜”上榜酒店的浏览量比2018年同期增长逾80%，入住间夜量同比增长逾105%。5月2日，“必玩榜”上榜景区的浏览量、门票销量同比分别增长逾60%和70%。[②]另有调研表明，对于线上购物，近一半用户愿意高价购买高品质产品，34.3%的用户喜欢通过专业的电子商务企业购买专业性的产品。[③]

这些国际品牌和榜单产品的销量增长，直接反映出当前我国服务消费市场对品质的需求，以及国内消费升级的大趋势。随着中等以上收入人

---

① 数字来源：国家统计局，2020。

② 美团研究院，《我国居民消费的发展新趋势及相关政策建议》，2020。

③ 极光调研：《2020品质生活消费洞察报告》，2020。

群[①]的扩大和主流化，高品质消费已逐渐从原来的奢侈品变为大宗品，甚至刚需品。人们对美好生活不断向往和追求的行为，正在通过消费品质的提升得以显现。

2. 健康服务的消费需求不断扩大

与品质生活和品牌消费并行的，是人们对自身健康的关注。近年来，我国的健康产业及市场规模迅猛发展，国家卫健委卫生发展研究中心的研究数据显示：2018年全国健康产业增加值为6.4万亿元，同比增长约12.4%，占国内生产总值的比重为7.08%。《"健康中国2030"规划纲要》明确指出，到2030年健康服务业总规模要达到16万亿元。而伴随着健康产业政策红利的持续释放，以及居民消费结构的不断升级，我国健康服务的消费需求仍将不断扩大。

美团研究院《2020春节宅经济大数据》显示，仅在2020年春节期间人们通过美团外卖就购买了近20万份维C类产品。[②]此外，空气净化器、消毒柜、除菌洗碗机、按摩器材、血氧仪、制氧机等健康类产品的搜索量和购买量均显著增长，跑步机、椭圆机、划船机、杠铃等健身器材也都是畅销产品。

在生活服务电商企业业务的支撑下，"互联网+医疗健康"消费模式已开始走进千家万户。有数据表明，截至2019年年底，平安好医生总注册用户数达3.15亿人，期末月活跃用户数和期末月付费用户数分别同比增长22.3%和26%。[③]美团买药已可实现平均23分钟的送达时效，而在2020年第三季度美团闪购单季药品订单同比上年同期增加逾两倍，入驻美团的药店已近10万家。

---

① 国家统计局《2020中国居民收入等份表》将14亿人以20%分位间距分成低收入组、中间偏下收入组、中间收入组、中间偏上收入组、高收入组5组，每组均为2.8亿人。其中，中等偏上收入组和高收入组被列为中等以上收入人群。

② 美团，《2020春节宅经济大数据》，2020。

③ 健康消费驶入快车道[N]. 人民日报，2020-03-18（019）.

老龄化社会和全民养生时代的到来，使得健康领域成为未来服务消费的重要风口。“互联网+医疗健康”概念的落地，打开了健康消费的新渠道，有力缓解了看病难、买药难的社会症结。需求的增加与渠道的便捷，双向助力了健康消费领域的增长，而拥有健康才拥有品质的生活理念，也成为未来驱动健康消费的长效动力。

3.高品质消费向下沉市场延伸

下沉市场[①]蕴含巨大的消费增长空间。一方面下沉市场拥有占全国超过七成的人口数量，另一方面下沉市场的消费人群也拥有更长的休闲时间和生活品质提升需求。这些特质使得下沉市场有潜力成为未来引领服务消费增长的引擎。

随着人均可支配收入的增长和数字技术的渗透，近年来我国下沉市场表现出两大新发展特征。第一是下沉市场的线上购物规模不断增加。有研究表明，2020年“双十一”期间，头部电子商务企业超过60%的新增用户来自下沉市场。[②]第二，下沉市场的消费标准从最初的中低端消费，甚至是山寨盗版消费开始向品质消费方向发展。例如，2020年以来低线城市居民对于品牌家装的热情比大城市更为高涨，品牌的居家品类在四至六线城市的成交额同比均高于一至三线城市，智能马桶品类、智能指纹锁类等产品在三线以下城市的用户数同比增长数倍。

长久以来，下沉市场缺乏中高端消费品供给，造成三四线城市日益增长的品质消费需求难以得到满足。互联网平台向下沉市场的业务延伸和布局，有效地支撑了下沉市场的品质需求。释放“双循环”消费潜力的发展战略，就是要彻底激活我国全方位的经济增长潜力，并由此前的供给侧升级，向供需互动的方向发展。品质消费向下沉市场延伸的趋势，其背后承载的正是我国尚未被充分释放的国民消费力。庞大的人口基数与品质消费

① 下沉市场一般是指一二线（包括新一线）城市以外的，即三四线城市及以下的市场。

② 申万宏源证券，《下沉市场：电商巨头新战场》，2020。

空间，使得下沉市场的品质消费有必要成为未来内需挖掘的重点。

（五）互联网和数字化带动多元化新型消费的新风采

互联网和数字化的应用，让信息流和物质流实现跨地域无缝融合。原本碎片化的小众消费门类，借助数字技术的传播力和连接力可以实现与目标消费者的高效对接，进而使小众消费逐渐走向大众，演变为被社会认可的新型消费项目。

1. 体验式消费成为消费市场的新宠

随着新一代消费群体的崛起和新技术的支撑，消费者不仅仅追求消费和购物本身，同时也追求消费和购物所带来的体验感。近年来，一系列“快闪店”“概念店”“主题餐厅”“网红打卡地”的诞生，预示着泛娱乐、重体验消费的时代来临。

根据美团研究院的统计，仅在美团上体验类的生活服务业态就多达47个，其中不仅包括蹦床、漂浮、冲浪、跳伞、滑翔伞等运动型体验项目，也包括如油画、花艺、国学、戏曲培训、开蚌等文娱类体验项目。例如，在开蚌DIY手工坊里，消费者可以体验从选蚌、开蚌到珍珠打孔等一系列和大自然结合的手作乐趣。室内冲浪馆，使得不会游泳也能玩转滑板冲浪这一新奇运动。

各类新型的体验消费场景，在电子商务企业的支撑下，已全方位走进人们的生活。服务消费成为人们丰富经历、体验新鲜感的重要途径，且这一趋势在未来仍将延续。

2. 情绪消费逐渐成为人们的新刚需

城市生活的快节奏，使人们愿意为精神的愉悦和情绪的缓解付出更多的成本。以获取情感效用为目标的情绪消费受到人们的青睐，甚至在一定程度上成为都市人群的消费新刚需。

近年来，以萌宠互动馆、轰趴馆、蹦床馆、发泄吧、健心坊、换装自拍馆、轻极限运动体验馆等为代表的情绪消费项目快速兴起，从正面印证了人们对情绪消费的需求。以上海的室内萌宠互动体验馆“冲鸭俱乐部”为例，柯尔鸭、小香猪、非洲迷你小刺猬等各类新奇萌宠成为“镇店神兽”。在小动物的“营业时间”内，每位消费者只要支付一杯咖啡的费用，就可与萌宠度过2小时互动体验时间，满足解压、治愈的新需求。美团数据显示，当前上海的萌宠互动体验馆数量位居全国第一。

此类情绪消费反映出当前社会上对悦己消费和精神生活的需求。从物质消费品向精神消费品的转变，成为时代发展和演进的重要标志。以消费为基点畅通国内国际的“双循环”，理应把握这一新出现的客观需求，顺应好未来情绪消费的新趋势。

3.新业态带来新消费与新动能

体验式消费与情绪类消费的快速发展，直接催生了我国新业态的形成与兴起。在电子商务企业的催生下，近年来，国内生活服务业新业态如雨后春笋般快速兴起。

根据美团研究院的测算，2019年，美团上的新业态交易额达到4837.4亿元；从2016年到2019年，美团上的新业态交易额增长了2.7倍，年均增长率达到55.1%（见图1–13）。[①]生活服务业新业态的发展已经成为引领中国数字经济发展的新生力量。

这些新兴的服务消费业态借助电商的数字化赋能，不断承接起新一代消费群体的个性化消费需求，细化消费门类，加速业务迭代。以具有代表性的付费自习室、萌宠互动馆和汉服照相馆为例，2019年这些细分行业在美团上的交易额增速分别达到22.6倍、13.8倍和5.8倍，成为年轻人消费，甚至创业的热门领域。

新业态催生的“新型消费”，无疑成为未来我国在“双循环”背景下消费增长的重要动能。把握新业态的发展需要，鼓励新业态和新消费的发展，对“十四五”时期我国消费市场、就业市场，乃至“双循环”下的整

① 美团研究院，《2020年生活服务业新业态和新职业从业者报告》，2020。

个经济社会发展都大有裨益。全社会应以更加开放、包容的眼光看待新业态，积极培育新消费增长动能。

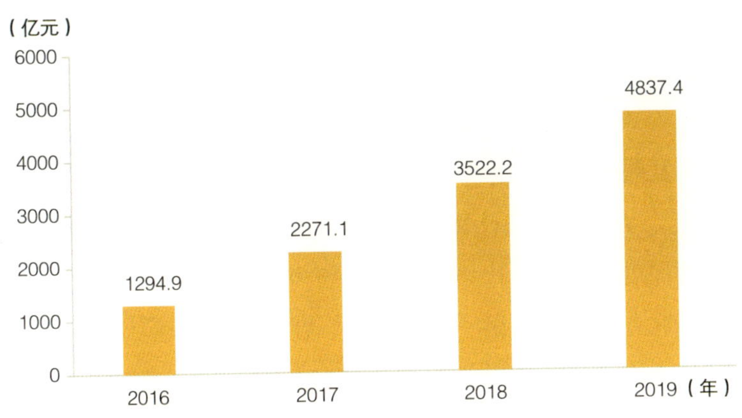

图 1–13　美团上的生活服务业新业态交易额

数据来源：美团研究院。

四、促进服务消费升级，助力构建“双循环”新发展格局的政策建议

“双循环”覆盖了经济领域的生产、流通、消费、分配的全流程，扩大内需，加快构建完整的内需体系是形成“双循环”新发展格局的内在要求。在此背景下，服务消费的升级和发展是扩大内需的关键环节。在未来相当长一段时期内，我国政府要在供给、需求、连接和制度层面全方位推进服务消费升级，有效扩大国内需求，带动国际消费复苏，助力形成以国内大循环为主体、国内国际双循环相互促进的新发展格局。

（一）大力推进服务消费供给侧改革，引导消费需求

1. 鼓励服务业自主创新，提升服务效率

鼓励服务业自主创新，加大对于服务业科技创新的研发投入，倡导先进技术在服务业中的灵活运用，加强服务业的融合创新，促进服务业转型升级，引领新型消费需求，提升服务业全要素生产率。一是发挥财政资金

的引领与导向作用，强化税收政策对服务业创新的激励效应。二是加强金融机构对服务业创新的支持力度，不断创新服务业的投融资方式，拓展服务业投融资渠道，完善服务业投融资支持体系。三是加强服务业创新人才的培养，构建专业化的人才培养体系，重视服务领域创新人才的培养与引进。四是完善知识产权保护体系，营造鼓励创新的环境和氛围。

2. 大力发展消费新业态新模式，培育消费热点

利用5G、大数据、云计算、物联网等数字技术，加快实现线上和线下服务消费的深度融合，加快培育新业态新模式。一是发展在线教育、在线医疗和医美服务、在线旅游、在线文娱、在线体育、餐饮外卖、城市即时配送、共享充电等新业态，探索发展智慧超市、智慧餐厅等新零售业态。二是大力支持电子商务企业向线下延伸拓展业务，加快线下业态数字化改造进程；引导实体企业开发数字化产品和服务，鼓励实体商业通过直播带货、社交营销开启“云购物、云逛街、云走秀、云体验”等新模式；推动产品和服务融合、互动发展，延长服务消费链条。三是鼓励国内电子商务、数字服务等企业走出国门，加快推进现代国际物流供应链体系建设，重点开拓“一带一路”沿线和亚太国际市场业务，培育若干具有国际竞争力的电子商务企业和物流供应链企业，依托新型消费促进国际国内市场的循环畅通。

3. 完善服务标准制定，着力提升服务质量

一是从提升服务品质入手，加快国内外服务业的标准对接，以提升服务体验为终极导向，实现国内外高品质服务标准的无缝衔接。二是加快制定和完善家政、餐饮、养老等行业的服务标准，健全服务质量标准体系，鼓励优质服务企业率先应用标准。三是加快发展第三方质量检验检测和认证服务，在家政、餐饮、养老、教育、医疗等重点领域开展服务认证示范工作，强化标准贯彻执行和推广。

4. 营造安心消费环境，增加个性化和品质化服务供给

利用移动互联和大数据技术做好新冠肺炎疫情的精准防控，实时动态

掌握各地居民出行的相关信息，及时迭代有效的疫情防范措施，制定并实施不同消费场景下的安全消费举措。一是积极布局和建设5G网络、充电桩等硬件设施，大力推进物联网、人工智能等新科技融入服务管理过程，全方位营造安全、舒心的消费环境。二是大力培育本土具有国际影响力的服务业品牌，推进服务业国内标准与国际标准的对标，促进国际消费回流。三是依托先进技术和标准化管理降低服务成本，激发下沉市场消费活力。四是适时开展旅游节、消费月等新型促消费活动，同时鼓励假日经济和夜间经济发展，延长服务供给时段，增加个性化、品质化服务供给，覆盖更广消费需求。

（二）增加居民收入，增强消费信心，扩大服务消费需求

1.稳步恢复生产，扩大就业，增加居民收入

鼓励和支持中小服务业企业发展，加大税收、金融支持力度，同时加强对中小企业员工的职业技能培训，提供适度的就业补贴，提升中小企业的就业吸纳能力。加快推进服务业的转型升级，积极利用服务业的新业态新模式创造新的就业机会，如网约配送员、互联网营销师、老年人能力评估师、在线学习服务师、数字化运营师、互联网在线教育培训师、密室设计师、收纳师、社区电商团长、版权购买师、虚拟现实（VR）指导师等。强化创业扶持理念，加大创业支持力度，完善创业服务体系，加强创业培训。鼓励和支持灵活就业和灵活用工，加大对新就业形态和灵活就业从业者的培训力度，建立新就业形态和灵活就业从业者的职业发展通道。

2.完善财税金融配套政策，增加居民的可支配收入

深化社会保障制度改革，加快推进全民参保计划，扩大社保覆盖范围，加快推进省级乃至全国范围内的社保基金统筹，逐步缩减区域间的社保差距，完善城乡社会保障制度。一是针对新产业新业态从业人员和各种灵活就业人员需要，开发合适的医保产品和补充养老保险产品，确保外来就业人员能够享受到与当地市民相当的医保、社保待遇，加强对于失业保

障、就业援助的支持力度，完善困难人群的兜底保障制度。二是优化收入分配体系，在以按劳分配为主体的基础上，完善多种分配方式并存的分配制度，通过市场机制逐步健全劳动、资本、土地、知识、技术、管理、数据等生产要素在分配体系中的考量，强化转移支付等手段的再分配调节力度。三是继续深化个人所得税体制改革，逐步降低个人所得税综合所得最高边际税率，调整税率级次，建立有利于社会创新的个人所得税制。

3. 大力开拓城乡市场，扩大服务消费需求

围绕新型城镇化和新农村发展战略，因地制宜，加快布局城乡服务消费市场，满足日益增长的多元化服务消费需求。一是加快完善一、二线城市多层次服务消费载体，分层次培育国际型、全国型、区域型消费中心城市，分类配置品牌、品类等消费资源，以步行街、特色商圈为载体，建设集购物、餐饮、文化、休闲、娱乐等于一体的消费集聚区与示范区，加强商品消费和服务消费的深度融合，打造消费中心城市消费地标，提升城市群消费活跃度。二是大力支持消费中心城市发挥示范作用，强化其对下沉市场服务消费的带动和引领，鼓励消费中心城市的大中型服务业企业利用其品牌、技术、管理、人才等优势，结合下沉市场居民注重日用品、教育和可选消费（如旅游、外出就餐、耐用品、医疗）等特点，积极向下沉市场拓展业务，助力其服务业快速健康发展。三是完善下沉市场中城市和乡村商业网络布局，发挥各类市场主体的积极性，提升农村物流服务网络覆盖率，畅通城乡双向流通渠道。

（三）推进服务业数字化和基础设施建设，畅通服务消费供需端的连接

1. 加快服务业数字化进程，推动服务效率和质量的提升

全面统筹，加强顶层设计，加快推进服务业数字化进程，提升服务效率和质量，助力我国服务经济转型升级和高质量发展。一是从“双循环”的宏观视角加强顶层设计，推进服务业全产业链的数字化、消费互联网和

工业互联网的深度融合发展，以及服务业数字化的全球接轨。二是探索解决服务业数字化发展中的关键问题，借助互联网、大数据、云计算等现代信息技术，搭建各类社会综合治理和公共服务平台，提升社会服务的精准化程度，实现治理数字化。三是大力支持服务业数字技术的研发和创新，突破服务业数字化的关键核心技术，加速推进生活服务数字化进程。四是通过财政补贴等方式大力支持高校、职业技校、电商企业等开展数字化人才的培训项目，加大对相关行业人才的吸引力度，厘清服务业数字化建设专业人才目录，强化专业技术资格认定。五是深度参与服务贸易的国际合作，探索符合国情的服务贸易规则，积极参与服务业数字化相关的国际规则和标准制定，着力为服务业数字化的全球化发展贡献中国智慧和解决方案。

2.加大服务业基础设施建设，助推服务业转型升级

全面审视服务业生产、分配、流通、消费的各环节，明确服务业基础设施建设的具体内容，统筹制定相关指导意见和行动计划，加强服务业基础设施建设，助推服务业转型升级。一是加大新型网络基础设施建设，包括扩大5G基站建设，推进高带宽固网建设，推动卫星互联网、车联网和工业互联网建设。二是大力推进数据智能基础设施建设，加强计算型数据中心、云边端设施、大数据平台、人工智能基础设施、区块链服务平台和数据交易设施的建设。三是着力打造智慧应用基础设施，重点推动智慧景区和餐饮等生活服务业应用、智慧生产线和车间等工业应用、智慧城市应用、智慧民生应用、智慧政务应用等示范建设。四是有序开放社区、学校、医院、养老机构、景区等公共区域的空间资源，合理规划，推广智能取餐柜、智能外卖柜等服务终端，促进生活服务业数字化发展。

3.倡导预约消费模式，提升供需两端连接效率

秉承有序、高效、人性化的服务理念，倡导预约消费模式，提升供需两端的连接效率，推动各类服务消费的有序运行。建议一是多渠道加大对预约消费的宣传力度，强化社会认知，多措并举鼓励居民预约消费，鼓

励通过提前预约的优惠定价、履约激励和爽约惩罚等方式，加速全社会形成预约消费的习惯。二是加快推进服务业线上线下业务的有机融合，制定相关政策引导和支持服务业企业提供预约的数字化接口，提高预约接口的“可及性”“全面性”和“便利度”，助力服务业各细分行业的数字化转型升级。三是加强对产业链上下游合作的正向引导，鼓励社会资本参与预约消费大数据的资源整合，加快构建服务业产业链的预约体系，提升服务消费的便捷度和连接效率。

4. 支持生活服务电子商务企业发展，畅通服务消费供需端连接

我国生活服务业拥抱数字化的意愿较强，但基于行业“散、小、弱、差”的发展现状，生活服务企业普遍缺乏自我数字化改造的能力，需要生活服务电子商务企业提供成本低、易上手、见效快的数字化服务。电子商务企业连接了数百万的企业、商户和数亿消费者，积累了大量有价值的数据，可以为生活服务企业提供信息技术服务、营销服务、配送服务、经营服务、供应链服务等一站式、一体化数字化服务。一方面，电子商务企业可以为企业提供流量支持、人才培训、外卖配送、智慧运营、大数据分析等支持，帮助其吸引客流、增加收入、降低成本。另一方面，电子商务企业还可以帮助商户提升数字化运营能力，如美团推出的餐饮商户线上经营体系（Restaurant Operation System，ROS），在线上产品设计、智能优惠、门店信息数字化、精准推介和消费者洞察等方面帮助企业提升线上经营能力。今后要充分发挥生活服务电子商务企业的枢纽作用，加速数字经济和服务经济的深度融合，打造覆盖范围更广、受众面更大、运行效率更高的新型服务消费生态体系。一是发挥生活服务电子商务企业的市场连接功能，降低企业和商户的运营成本，扩大服务消费半径，提高服务效率，尤其是为小众、低频的服务业态培育个性化服务消费市场。二是发挥电子商务企业对生活服务业数字化转型的推动作用，支持生活服务电子商务企业的硬件投入和软件开发，联合电子商务企业共同赋能生活服务企业和商户。三是鼓励生活服务电子商务企业利用流量的优势，打造各个品类独具

特色的服务消费品牌，强化对服务消费的品牌和相关文化的宣传，激发消费活力，形成线上线下融合互动、双向繁荣的局面。四是发挥生活服务电子商务企业精准助力经济政策落地的功能，如向商户发放消费券和各类补贴，对商户进行授信等，均可通过对电子商务企业大数据分析和电子商务企业通道的使用，实现政策的精准触达。

（四）深化体制机制改革，推动服务消费健康有序发展，助力形成“双循环”新发展格局

1.完善服务消费市场体制，加快建立统一开放、竞争有序的市场体系

加快完善服务消费市场体制，深入推进劳动力、土地、资金、技术、知识产权、数据等要素市场化改革，加快构建统一开放、竞争有序的市场体系。一是坚持“两个毫不动摇”方针，积极营造公平竞争的市场环境，确保各类市场主体能够依法平等使用各类要素资源。二是逐步放宽对外资进入健康医疗、金融服务、商务等特定服务业的限制，持续改善对外投资的便利化水平，积极推动服务业“引进来”与“走出去”平衡发展，完善服务贸易管理体制，推动形成服务业更大范围、更高水平开放新格局。三是大力支持服务消费领域科技和产业创新发展，加大对知识产权的保护力度，加强消费产品和服务标准制定，努力营造超一流的营商环境。四是稳步推进要素市场化配置改革，通过完善相关规则有效规范市场行为，强化市场决定要素价格的运行机制，努力打造“市场决定，有序流动”的基本规则，畅通要素流动渠道。

2.继续秉持包容审慎监管方式，支持服务消费新业态新模式发展

从全球数字经济发展趋势、数字经济全球竞争格局的视角，建立更加良性的产业竞争机制、适配的竞争治理规则和政府、企业、用户互动的治理模式，继续秉承包容审慎的监管方式，支持服务消费新业态新模式的发展。一是对服务消费领域的新技术、新业态、新模式，按照鼓励创新的原则，分类量身定制监管规则和标准，建立包容审慎监管目录库并进行动态

调整，实现包容审慎下的精准有效监管。二是全面推行负面清单的准入方式，取消不合理准入限制。按照国家市场准入负面清单和各省、直辖市的新增产业禁止限制目录，查找有关部门和各区设置的不合理准入限制，全面梳理与行政审批相关的评估、评审、核查等环节中的隐性管理问题，分类分批清理影响市场主体准入和经营的各种不合理隐性壁垒，探索在生活服务行业实行“一照多址”，进一步简化优化证照办理流程。三是强化服务消费领域信用体系建设，构建公正、科学、公开的信用评价体系，通过政企共治、社会监督等方式发挥信用对服务消费领域各市场参与主体的激励约束作用，营造安全健康的消费环境。

3. 完善支撑服务消费的流通体系，畅通国内国际双循环

优化支撑服务消费的流通网络布局，打通堵点、补齐短板，建设更为完整、高效、快捷的现代商贸流通体系，畅通国内国际商品流通和服务贸易，形成更高水平供需动态平衡，提高国内国际双循环水平。一是优化流通领域营商环境，建立开放、公平的市场秩序，强化竞争政策的作用，加快完善国内统一大市场，兼顾与国际市场的接轨。二是加快建设集仓储、运输和配送于一体的综合、高效、安全的物流体系，打造统一开放、竞争有序的交通运输市场；积极探索无人配送等新技术新科技赋能方式，着力解决配送“最后一公里”问题。三是深化商贸流通行业供给侧结构性改革，加快完善支撑服务消费的现代商贸流通体系，培育一批具有国际竞争力的现代流通企业，补齐软硬件设施短板，推进数字化、智能化改造和跨界融合，加强标准化建设和绿色发展。

新发展阶段下生活服务消费运行情况分析

刘祥东　来有为

一、疫情影响生活服务消费仍在持续

2021年以来，面对新冠肺炎疫情等多重因素的影响，我国居民消费增速下滑。国家统计局公布的数据显示，2021年1—10月，我国社会消费品零售总额为358511亿元，两年平均增长3.5%，远低于经济总量的增速（三季度国内生产总值的两年平均增速为4.9%）。国家统计局的数据显示，2021年1—10月餐饮收入两年平均增长0.4%，远低于历史均值；文旅部的数据显示，2021年1—9月国内旅游消费为2.37万亿元，仅恢复到2019年同期的54.4%。

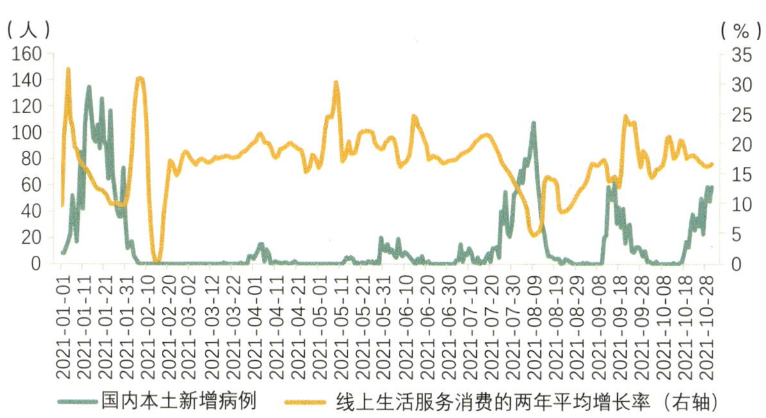

图 1-14　国内本土每日新增病例数量及线上生活服务消费的两年平均增长率走势

数据来源：Wind和美团研究院调研数据。

从线上服务消费情况看，疫情也造成明显的影响，美团研究院的调研数据显示，每当本土新增新冠肺炎病例数量大幅增加时，线上生活服务[①]消费的两年平均增速[②]都会出现显著的下滑（见图1–14）。美团研究院调研固定数量商户的数据显示，2021年1—10月线上生活服务消费同比增长49.9%，两年平均增长17.2%。分季度来看，一季度、二季度、三季度线上生活服务消费的两年平均增长率分别为15.7%、19.8%、15.3%，增长有所回落。

疫情影响人流往来，使得异地服务消费下降更为严重。美团研究院的调研数据显示，2021年1—10月，全国生活服务异地消费的占比为17.1%，比2020年同期提升2%，但比2019年同期下降5.9%。在一些疫情突发的月份，如2021年2月、8月、10月异地消费占比明显走弱。

从细分行业看，旅游业和住宿业的异地消费占比较高，2021年1—10月的异地消费占比均为51.5%；而餐饮业和休闲娱乐业的异地消费占比较低，2021年1—10月的异地消费占比分别为12.2%和16.1%（见图1–15）。疫情对旅游业异地消费的影响最大，从2021年8月8日至8月31日多地疫情散发期间，旅游异地消费占比的均值为28.3%，比全年的均值下降了23.2%；此外，在此期间，住宿业、休闲娱乐业和餐饮业异地消费占比也分别比全年均值下降了5.9%、2.1%和1.1%。

疫情影响下，非刚需的夜间生活服务消费的占比也明显下滑。美团研究院调查数据显示，2021年1—10月，全国的线上生活服务夜间消费占比为49.2%，比2019年同期下降1.7%。从月度情况来看，本地新增病例数量较多的1月和8月，线上生活服务消费的夜间占比相比于2019年同期下降

①这里统计的生活服务业包括但不限于餐饮、旅游、住宿、休闲娱乐、运动健身、学习培训、亲子、美容美发、家居家装等行业。

②这里采用美团平台每日活跃的前200万商户的在线销售额来测算线上生活服务消费的增速，2021年每日的线上生活服务消费的两年平均增长率计算公式为$\left(\sqrt{\frac{\text{2021 年近 7 日日均消费额}}{\text{2019 年同期近 7 日日均消费额}}}-1\right)*100\%$，各个行业线上消费的两年平均增长率采用相同的计算原理。

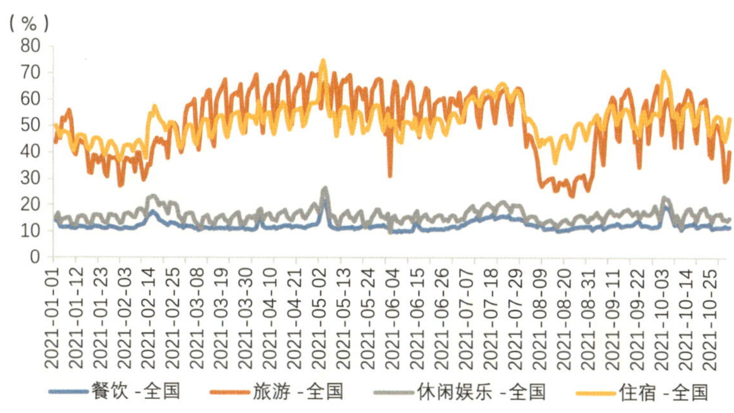

图 1–15　全国生活服务细分行业异地消费占比走势

数据来源：美团研究院调查数据。

较为明显，分别下降2.2%和3%（见图1–16）。从各个行业夜间消费情况来看，2021年1—10月到店餐饮业、到家餐饮业、旅游业、休闲娱乐业的夜间消费占比分别为59.0%、38.2%、20.1%、47.1%（见图1–17）。相比于2019年同期，到家餐饮业和到店餐饮业的夜间消费占比分别提升了1.7%和0.7%，而旅游业和休闲娱乐业的夜间消费占比分别下降了10.8%和1.6%。

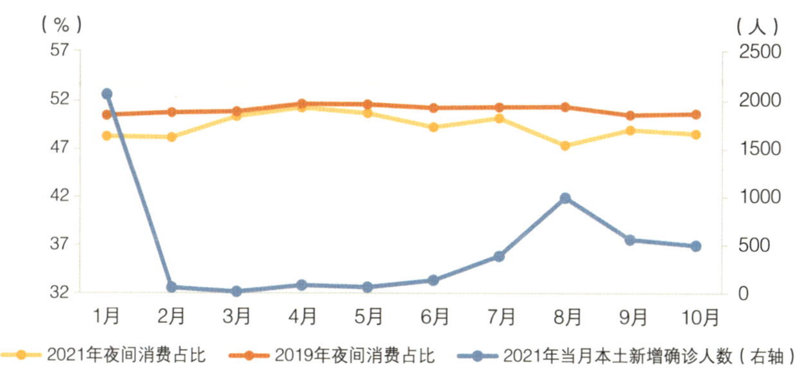

图 1–16　2021 年夜间消费占比与本土新增新冠病例走势

数据来源：美团研究院调查数据。

但必须指出的是，在数字技术的助力下，服务消费的信息匹配效率大幅提升，居民服务消费半径有效扩大，因此，线上生活服务消费在疫情之下展现出较强的韧性，由于生活服务消费本身具有线上线下一体化特征，在线交易增长势必带动线下的生活服务消费，成为稳定居民生活服务消费的有力工具。

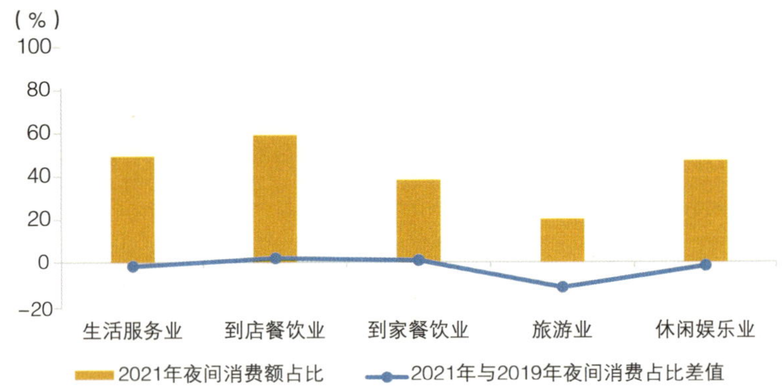

图 1-17　2021 年 1—10 月生活服务各细分行业夜间消费占比

数据来源：美团研究院调查数据。

二、我国线上生活服务消费的新发展趋势

（一）基于即时配送的“万物到家”消费快速增长

疫情之下，“无接触配送”的相关标准和服务应运而生。在此背景下，通过即时配送实现的“即时零售”购物方式成为一种新型消费潮流，一方面更好地满足了广大居民的消费需求，居民可以足不出户在短时间内获取急需商品；另一方面也实现仓店融合，促进传统零售，借用在线销售方式提高经营效率，实现数字化转型。美团研究院调研部分区域商户数据显示，2021年1—10月，到家餐饮、植物花卉消费、药品消费的两年平均增长率分别为29.3%、113.9%、210.6%。

（二）核心城市群服务消费成为国内消费的中流砥柱

城市群是在地域上集中分布的若干特大城市和大城市集聚而成的庞大的、多核心、多层次城市集团，也是推动国家重大区域战略融合发展的重要基地。截至2019年2月18日，国务院共先后批复了10个国家级城市群，具体包括：长江中游城市群、哈长城市群、成渝城市群、长江三角洲城市群、中原城市群、北部湾城市群、关中平原城市群、呼包鄂榆城市群、兰西城市群、粤港澳大湾区。此外，京津冀城市群是涵盖首都北京，并跨省域的重量级城市群。值得注意的是，这11个城市群的消费在全国总消费中的占比达到70%左右，在内循环中发挥了举足轻重的作用。具体来看，2021年1—10月，11个城市群在全国外卖餐饮、到店餐饮、住宿业、休闲娱乐业和旅游业消费中的占比分别为72.8%、75.3%、67.4%、76.8%和69.1%（见图1-18），其中，休闲娱乐业、到店餐饮和外卖餐饮消费的全国占比分别比2020年同期提升1.3%、0.6%和0.1%，住宿业和旅游业消费的全国占比分别比2020年同期下降1.5%和0.4%。休闲娱乐业和餐饮业消费在全国占比的提升，反映出核心城市群具备稳健的消费潜力。

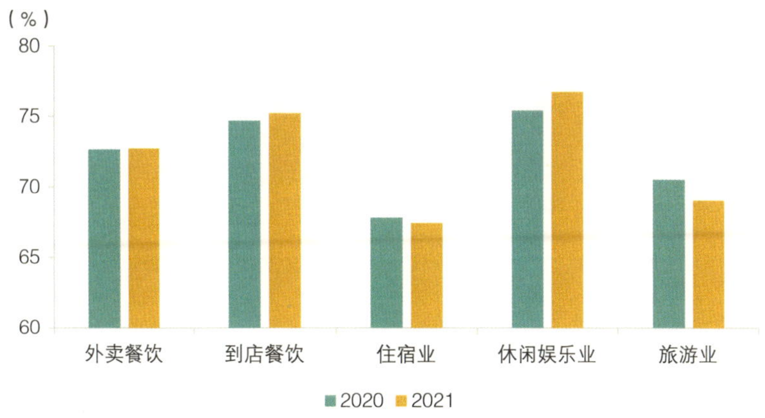

图1-18　11个核心城市群线上生活服务消费在全国的占比

数据来源：美团研究院调研数据。

各个城市群的消费增速差异明显。其中，2021年1—10月，粤港澳大湾区、北部湾城市群、长江中游城市群、成渝城市群、长江三角洲城市群、中原城市群的外卖餐饮消费的两年平均增长率排名靠前，分别为26.8%、23.1%、22.5%、21.3%、18.3%、18.3%。

（三）低线城市线上用户数量快速增长，高线城市服务消费增速更快

疫情之下，更多居民选择加入线上消费的大军。2021年以来，各个线级城市的线上消费用户数量大幅增加。美团研究院调研部分城市的线上用户数据显示，2021年1—10月，一线、新一线、二线、三线、四线、五线城市线上消费用户数量分别同比增长45.4%、43.8%、48.8%、64.1%、65.7%、66.1%（见图1-19）。其中，相比于高线城市，低线城市线上消费用户数量的同比增速更快，低线城市居民的健康消费意识和消费方式也在悄然发生改变。

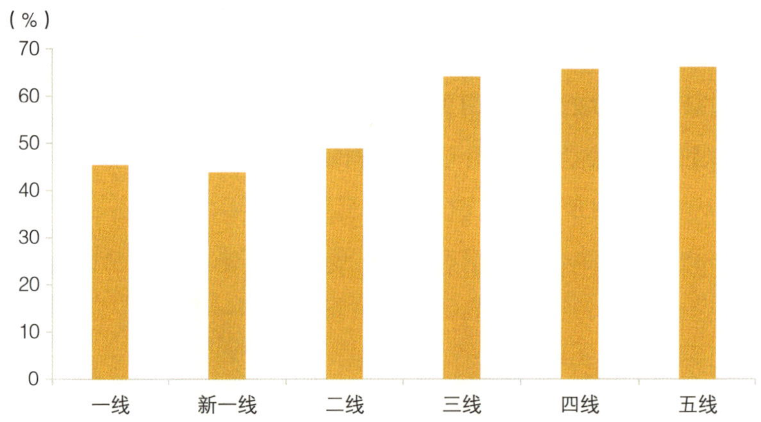

图1-19　2021年1—10月各线级城市用户同比增长率

数据来源：美团研究院调研数据。

而一线城市的消费规模增长则仍然更为强劲。美团研究院调研部分城市的线上用户数据显示，2021年1—10月一线城市的到家餐饮、外卖餐饮、住宿业、休闲娱乐业、旅游业消费分别同比增长50.2%、53.0%、68.3%、70.8%、53.9%，新一线城市的到店餐饮、外卖餐饮、住宿业、休闲娱乐业消费分别同比增长43.7%、51.0%、71.0%、53.8%、50.8%（见图1-20）。

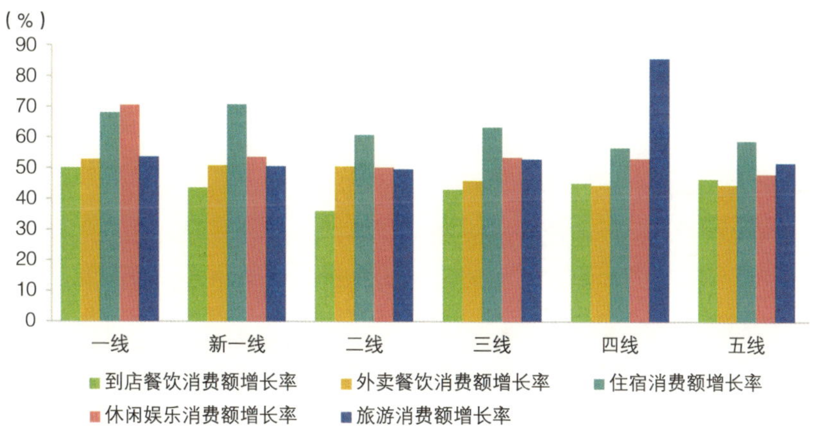

图 1-20　2021 年 1—10 月各线级城市各个品类消费同比增长率

数据来源：美团研究院调研数据。

（四）生活服务的节假日消费带动效应更加显著

2021年的清明节、劳动节、中秋节、国庆节的消费均对居民的生活服务消费产生了显著的带动效果，节假日消费的两年平均增长率分别为19.9%、20.5%、20.6%、18.3%，比节前和节后一周消费的两年平均增速分别高1.1%、1.4%、1.6%、3.7%（见图1-21）。

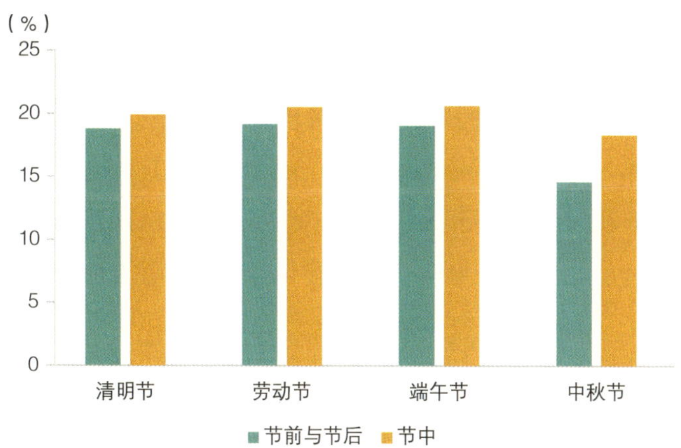

图 1-21　2021 年节假日、节前与节后线上生活服务消费的两年平均增长率

数据来源：美团研究院调查数据。

节假日消费的带动效应对异地生活服务消费也有显著的促进作用，如2021年的情人节、清明节、“五一黄金周”和“十一黄金周”等节假日期间，全国线上生活服务异地消费的占比均出现大幅提升（见图1-22）。

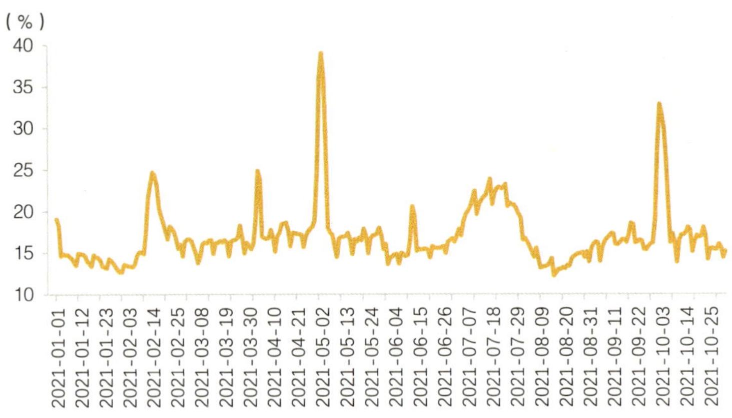

图1-22　全国线上生活服务异地消费占比走势

数据来源：美团研究院调研数据。

三、促进服务消费的政策建议

在疫情联防联控下，为了更好地助力生活服务消费增速的稳步回升，建议重视下述方面的工作。

（一）增加本地服务供给，提升服务品质，完善本地服务链条

2021年下半年新冠肺炎疫情在全国多地散发，居民的异地消费受限，这对本地服务供给提出了更高的要求。建议一是各地结合当地特色，打造“国风”“民族风”等特色服务供给，出台相关政策吸引并支持外地品质化服务供给在当地落户和发展，增加本地服务的品质化、个性化供给，形成品类丰富、品质可靠、富有特色的新型服务供给体系。二是继续加强服务业标准体系建设，扩大服务标准覆盖范围，加快推进生活性服务业以及社会管理和公共服务领域重点标准的修订工作，解决急需标准缺失的矛盾；鼓励通过标准化生产来保障服务质量，提升服务效率，克服服务业“鲍莫

尔成本病”；注重媒体宣传和舆论导向的效果，通过主流媒体倡导居民践行绿色、健康、安全的品质消费。三是以本地多类景区为焦点，完善配套的“吃、住、行、游、购、娱”服务链条，形成服务消费的生态闭环；明确“一刻钟便民生活圈”的公益属性，通过财政补贴等方式鼓励社会力量参与相关建设，逐步完善各地的“一刻钟便民生活圈”。

（二）大力推动服务业数字化建设，鼓励线上带动线下消费

新冠肺炎疫情之下，线上生活服务消费展现出较好的韧性。建议一是从资金、技术、人才等方面全方位加大对生活服务业数字化转型升级的政策支持力度，鼓励生活服务的线上线下深度融合发展，通过线上带动线下消费。二是联合生活服务电商平台，通过发放消费券等方式带动“下沉市场”的线上消费，提升数字技术在供需两端的渗透率，扩大居民服务消费半径，降低交易成本，推动普惠性数字技术在服务消费中健康有序发展。三是加快建设服务业数字化智能服务终端，有序开放社区、学校、医院、养老机构、景区等公共区域的空间资源，合理规划，创新金融方式，鼓励多类市场主体参与智能取餐柜、智能外卖柜等服务终端建设，助力无接触配送在全国的推广和落地。

（三）支持新业态新模式发展，带动更多居民就业，保障居民服务消费时间

新业态新模式领域的消费在新冠肺炎疫情期间保持了快速增长态势，成为带动我国生活服务消费的重要引擎。与此同时，居民的服务消费需要有消费时间的保证，节假日的消费带动效应非常显著。为此，建议一是继续秉持包容审慎的监管方式，鼓励生活服务新业态新模式的蓬勃发展，通过新业态新模式创造新型工作岗位，带动更多居民就业。二是设定法定休假制度落实率目标，积极敦促企业落实带薪年休假和法定节假日休假制度；配合最新生育政策，适当增加新生儿父母双方的带薪产育假期。

（四）加大政策支持力度，促进低线城市服务消费均衡发展

针对低线城市线上用户数量增长较快，而高线城市线上消费增长稳定，以及城市群中各城市间消费占比存在巨大差异的现象，建议一是加强城市群中低线城市的基础通信设施建设，助力生活服务企业和商户的数字化转型；联合生活服务电商平台鼓励更多用户参与线上生活服务消费，以便更好地在疫情联防联控下满足各地居民的消费需求；二是加快完善城市间、城乡间的现代流通体系，保障商品在不同区域间低损耗、高效率流通，为品质服务提供基础性物资需求；三是发挥高线城市在生活服务业发展中的带动和示范作用，通过税收优惠、金融支持等方式促进低线城市的服务业发展，逐渐化解城市间服务消费不均衡的矛盾。

大力发展生活性服务业　有效促进消费和就业

许宪春　王洋　雷泽坤　唐雅　靖骐亦　刘祥东

2012年以来，除受新冠肺炎疫情影响的2020年，最终消费支出对我国经济增长的贡献率都维持在50%以上，消费需求对我国经济增长的拉动作用显著。随着居民收入和生活水平的提高，我国城乡居民的消费重心开始从实物商品消费向服务消费转型，服务消费内容也从生存型消费向旅游、休闲娱乐、运动健身等发展型、享受型消费升级。服务消费成为消费者追求品质生活和消费升级的主战场，生活性服务业中的新消费、新技术、新业态蓬勃发展。生活性服务业主要满足人们日常生活需要，领域宽，范围广，涉及人民群众日常生活的方方面面，与我国经济社会发展密切相关，对于吸纳社会就业人口、稳定经济增长的作用十分突出。

一、生活性服务业促进消费和就业的机理分析

近些年来，我国生活服务业呈现蓬勃发展之势，2019年全国体育服务业、文化批发和零售业、文化服务业、住宿和餐饮业、旅游及相关产业增加值分别达7615亿元、4342亿元、28121亿元、18040亿元和44989亿元，占国内生产总值比重分别达0.77%、0.44%、2.85%、1.83%和4.56%。总体来看，我国生活性服务业发展呈现出三个特点：一是总体稳定发展，为经济增长提供重要支撑；二是新业态、新模式不断涌现；三是政策环境不断优化，支持力度逐渐加大。

生活性服务业的发展离不开经济的不断发展，而生活性服务业的发展

本身也为经济增长、经济结构升级带来不竭动力。从根本上看，生活性服务业的发展能够有效促进居民的消费和就业。一方面，新发展阶段中，居民消费将在更大范围、更宽领域、更深层次实现向发展型、享受型的转型升级，这是经济高质量发展的内在要求。在此背景下，生活性服务业的发展势必顺应居民消费升级的时代发展趋势，通过增加生活服务供给、提升生活服务品质等方式，竭力满足并引领居民不断提升的生活服务消费需求，从而带动生活服务消费的不断增长。另一方面，生活性服务业具有以人为本的专业化、社会化细致分工、就业普适性等特点，这些特点决定生活服务业天然是居民就业的蓄水池，并且，伴随着生活服务业的不断发展，其对就业的容纳能力也将持续增强，在带动居民就业中发挥着越来越重要的作用。

值得注意的是，网络时代的生活性服务业发展离不开平台的支撑。平台经济有力推动了生活性服务业的数字化转型和消费市场的全面升级，有效促进了居民消费。首先，平台连接了数百万企业和数亿消费者，积累了大量有价值的数据，可以为生活服务企业提供信息技术服务、营销服务、配送服务、经营服务、供应链服务等一站式、一体化数字服务，有力助推生活服务企业数字化转型，降低生活服务企业经营成本，提高服务生产效率。其次，平台经济具有的突出特征是网络外部性，通过建立消费者与消费者、消费者与生产者、生产者与生产者之间的信息交流桥梁，能够有效减少由信息不对称带来的交易摩擦，优化消费体验，提高消费质量和效率。

平台在推动生活性服务业的数字化转型中创造了大量新就业形态和就业岗位，促进社会就业率的提升。首先，平台经济催生了大量工作时间相对灵活的就业机会，能够有效吸纳更多社会就业，如平台经济中的配送物流人员已经成为我国零工经济的重要组成部分，为促进就业做出了贡献。其次，平台通过发挥其整合信息资源的优势，实现产业链资源整合，促进了其上下游全产业链就业市场的发展，同时，平台在推动供需两端数字化生态建设中，也创造了大量就业岗位。最后，网络平台建立高效、敏捷的培训体系，帮助普通及灵活就业人员提升职业技能，稳定乃至拓展其就业机会。

二、生活性服务业对最终消费增长的贡献率

本研究以《生活性服务业统计分类（2019）》为基础，结合《全国投入产出表（2017）》《全国投入产出表（2018）》，建立生活性服务业行业分类与投入产出表部门分类之间的对照关系，确定生活性服务业的统计口径和统计范围；进一步结合支出法以国内生产总值中最终消费支出核算和投入产出表为数据，以业务量、行业特征等为基础，确定生活性服务业中各细分行业的分劈系数，测算生活性服务业的最终消费支出以及对消费增长的贡献。

按照宽口径[①]计算，2018年生活性服务业对最终消费增长的贡献率为64.54%，对居民消费增长的贡献率为81.49%。其中，对农村居民消费增长的贡献率为71.67%，对城镇居民消费增长的贡献率为84.77%，生活性服务业对城镇居民消费增长的贡献率大于对农村居民消费增长的贡献率。生活性服务业对政府消费增长的贡献率为29.50%，生活性服务业对政府消费增长的贡献率低于对居民消费增长的贡献率。

按照窄口径[②]计算，2018年生活性服务业对最终消费增长的贡献率为33.74%，对居民消费增长的贡献率为50.77%，其中，对农村居民消费增长的贡献率为48.74%，对城镇居民消费增长的贡献率为51.44%。生活性服务业对政府消费增长的贡献率为负1.45%。

分行业来看，2018年卫生行业带动的消费在生活性服务业的消费中占比最大，其次是房地产行业，再次是餐饮行业。从各行业对生活性服务业消费增长的贡献及拉动来看，房地产行业的消费对生活性服务业消费增长

① 本研究定义的宽口径，即将生活性服务业涉及的35个投入产出部门的全部最终消费支出数据纳入考虑，未进行分劈。下文同。

② 本研究定义的窄口径，即对生活性服务业涉及的35个投入产出部门最终消费支出数据进行了分劈。下文同。

的贡献率最高，为38.84%，拉动生活性服务业消费增长4.6个百分点；其次是餐饮消费行业，对生活性服务业消费增长的贡献率为20.79%，拉动生活性服务业消费增长2.46个百分点。

三、生活性服务业对促进就业的贡献

首先，根据国家统计局公布的《生活性服务业行业分类（2019）》和《国民经济行业分类》（GB/T 4754–2017），确定生活性服务业的统计口径和统计范围。其次，结合《全国投入产出表（2017）》《全国投入产出表（2018）》以及相关产业部门的增加值、业务量和行业特征，确定生活性服务业中各细分行业的分劈系数。最后，根据国家统计局公布的各年份城镇单位就业人员数与私营企业和个体就业人员数，借助分劈系数测算生活性服务业及内部各细分行业的就业人员数和贡献率。

从宽口径测算结果来看，我国生活性服务业的就业人员数逐年上升，对就业的拉动作用不断增强。我国生活性服务业就业人员数由2014年的24134万人上升至2019年的35858万人，期间增加了10978万人。生活性服务的就业人数占全国就业人数的比重逐年递增，由2014年的60.65%上升至2019年的70.63%，增加了9.98个百分点。在此期间，生活性服务业就业人数的平均增速为8.24%，高出全国均值3.25个百分点，平均每年拉动全国就业人数增长5.31个百分点。可见，生活性服务业领域宽、范围广，在吸纳就业上发挥了重要的“稳定器”作用。

从窄口径测算结果来看，生活性服务业对吸纳人员就业发挥着显著作用。2014年以来，我国生活性服务业就业人员数逐年递增。2014年生活性服务业就业人员数为10967万人，2019年为17059万人，期间增加了6091万人。其中，批发和零售业增长最为显著，增加了2684万人；住宿和餐饮业增加了1723万人；居民服务、修理和其他服务业增加了1164万人。从生活性服务业就业占比来看，2014年生活性服务业就业人员数占全国的比重为27.56%，2019年上升至33.60%，期间上升了6.04个百分点。

总体来看，生活性服务业对就业增长的贡献率不断上升，从2015年的49.32%上升至2019年的59.52%，2015年至2019年对就业增长的平均贡献率为55.49%；生活性服务业对全国就业的拉动率呈明显的上升趋势，2015年生活性服务业拉动我国就业人员数增长2.79个百分点，2019年拉动我国就业人员数增长2.86个百分点。

分行业来看，批发和零售业、住宿和餐饮业、居民服务、修理和其他服务业的贡献率较高。生活性服务业中对就业贡献率最高的行业是批发和零售业，2015—2019年的年均贡献率高达24.65%；其次是住宿和餐饮业，贡献率达到15.66%；排在第三的是居民服务、修理和其他服务业，贡献率为10.51%。上述三个行业对就业增长分别拉动1.23、0.78和0.53个百分点。

四、案例分析：美团对消费和就业的影响

美团在促进服务消费方面发挥了良好的作用。从投入产出表数据来看，2017—2020年，美团餐饮外卖业务占全国餐饮消费支出的比重逐年上升，从2017年的8.6%上升至2020年的21.8%。美团餐饮外卖业务对全国餐饮消费支出增长的贡献率也呈上升走势，2018年美团餐饮外卖业务对全国餐饮消费支出增长的贡献率为25.7%，全国餐饮消费支出增长21.9%，美团外卖业务拉动全国餐饮消费支出增长5.6个百分点。2019年美团餐饮外卖业务对全国餐饮消费支出增长的贡献率为48.4%，全国餐饮消费支出增长9.4%，美团外卖业务拉动全国餐饮消费支出增长4.5个百分点。2020年，受新冠肺炎疫情影响，全国餐饮消费支出下滑15.4%，美团餐饮外卖业务逆势上扬，交易额增长24.5%。2017—2019年，美团到店、酒店及旅游业务占全国住宿、旅游、休闲娱乐消费支出的比重维持在15%～20%之间，美团到店、酒店及旅游业务对全国住宿、旅游、休闲娱乐消费支出增长的贡献率有所上升。2018年美团到店、酒店及旅游业务对全国住宿、旅游、休闲娱乐消费支出增长的贡献率为8.1%，全国住宿、旅游、休闲娱乐消费支出增长27.7%，美团到店、酒店及旅游业务拉动全国住宿、旅游、休

闲娱乐消费支出增长2.2个百分点。2019年，美团到店、酒店及旅游业务对全国住宿、旅游、休闲娱乐消费支出增长的贡献率为46.2%，全国住宿、旅游、休闲娱乐消费支出增长9.2%，美团到店、酒店及旅游业务拉动全国住宿、旅游、休闲娱乐消费支出增长4.2个百分点。

从占全国餐饮收入的比重来看，2016—2020年，美团餐饮外卖交易额占全国餐饮收入的比重逐年上升，2016年美团餐饮外卖交易额占全国餐饮收入的比重为1.3%，2020年上升至9.9%，提升了8.6个百分点。2017—2020年，美团餐饮外卖业务对全国餐饮收入增长的贡献率呈先升后降的趋势，贡献率在2018年达到峰值（29.1%），拉动全国餐饮收入增长2.3个百分点。

美团在带动就业方面发挥的作用很明显。通过美团交易额、国家相关行业收入以及国家相关行业就业人数推算美团带动的就业人数，可以发现，2017—2020年，美团带动的住宿和餐饮业就业人数逐年上升，从2017年的245.61万人上升至2020年的797.07万人。美团带动的休闲娱乐和旅游业的就业人数总体呈上升趋势，从2017年的1.39万人上升至2019年的4.72万人；2020年受新冠肺炎疫情的影响，美团带动的休闲娱乐和旅游业的就业人数下降至4.5万人。

外卖成为就业蓄水池，有效发挥了稳就业的作用。外卖骑手作为“互联网+服务业”和“智能+物流”的关键环节，是伴随平台经济的发展而产生的庞大就业群体。2019年，通过美团获得收入的骑手总数达到398.7万人，同比2018年增长了23.3%；在美团平台就业的外卖骑手中，有25.7万人是建档立卡的贫困人口，占骑手总量的6.4%。其中，已有25.3万人实现脱贫，脱贫比例高达98.4%。2020年，通过美团获得收入的骑手总数达到470万人，同比2019年增长了17.9%。截至2020年年末，在美团平台注册并获得收入的骑手数量累计达到950万，其中从美团平台获得收入的脱贫地区骑手累计占比达到24%。

五、推动我国生活性服务业健康发展的相关政策建议

（一）完善社会消费品零售总额统计，全面纳入与居民生活息息相关的服务消费品类

一是逐步建立全国层面社会消费商品和服务零售总额统计体系，顺应居民消费升级的新趋势，全面纳入与居民生活息息相关的服务消费品类。一方面明确商品零售和服务性消费的标准和分类，把社会消费品零售总额划分为商品零售总额和服务性消费额；另一方面，结合新发展阶段中居民服务消费的实际内容，把餐饮服务消费、住宿服务消费、旅游服务消费、电影服务消费、宠物服务消费、生活服务消费、教育服务消费、婚庆服务消费、丽人服务消费、亲子服务消费、休闲娱乐服务消费、运动健身服务消费、交通邮政服务消费、医疗和社会服务消费、信息服务消费等纳入服务性消费额的统计。

二是加快对于新业态新模式的摸底和分类，将与新业态新模式相关的服务和商品消费纳入社会消费商品和服务零售总额统计。一方面，以《国民经济行业分类》（GB/T 4754–2017）为基础，对服务业和商品零售领域的新业态新模式进行梳理，确定所属行业，为将零售及服务新业态新模式纳入社会消费商品和服务零售总额统计奠定基础；另一方面，建立行业分类动态调整机制，使得行业分类能够及时涵盖经济社会不断涌现的新业态新模式。例如，在体育运动中，蹦床、漂浮等新型运动方式不断涌现，可以考虑将其纳入体育服务行业。在宠物消费中，相关服务种类日趋多样化，宠物医疗、寄养等也初具规模，可以考虑将其纳入已有的服务行业，或增设新的行业分类。

三是充分利用生活服务电商平台企业的数据，完善我国餐饮收入统计。

（二）加大生活服务相关设施建设，助推服务业转型升级

一是加大新型网络相关设施建设，扩大5G基站建设，推进高带宽固网建设，推动卫星互联网、车联网和工业互联网建设。大力推进物联网、人工智能等新科技融入服务管理过程，全方位营造安全、舒心的消费环境。

二是大力推进数据智能相关设施建设，加强计算型数据中心、云边端设施、大数据平台、人工智能、区块链服务平台和数据交易设施的建设。

三是着力打造智慧应用，重点推动智慧景区和餐饮等生活服务业应用、智慧生产线和车间等工业应用、智慧城市应用、智慧民生应用、智慧政务应用等的示范。

四是有序开放社区、学校、医院、养老机构、景区等公共区域的空间资源，合理规划，推广智能取餐柜、智能外卖柜等服务终端，促进生活服务业数字化发展。

（三）继续秉持包容审慎监管方式，支持服务消费新业态新模式发展

一是对服务消费领域的新技术、新业态、新模式，按照鼓励创新的原则，分类量身定制监管规则和标准，实现包容审慎下的精准有效监管。

二是全面推行负面清单的准入方式，取消不合理准入限制。按照国家市场准入负面清单和各省市的新增产业禁止限制目录，取消不合理准入限制，全面梳理与行政审批相关的评估、评审、核查等环节中的隐性管理问题，分类分批清理影响市场主体准入和经营的各种不合理隐性壁垒，探索在生活服务行业实行“一照多址”，进一步优化证照办理流程。

三是强化服务消费领域信用体系建设，构建公正、科学、公开的信用评价体系，通过政企共治、社会监督等方式发挥信用对服务消费领域各市场参与主体的激励和约束作用，营造安全健康的消费环境。

（四）重视数字化宣传推广，打造各地品牌消费服务

一是借力地方卫视、生活服务电商等媒体和平台的传播与推广优势，宣扬各地文化特有的底蕴和魅力，借助“国潮风”等消费趋势，塑造各地的品牌消费和文化消费。例如，美团打造的“必吃榜”“必玩榜”“必住榜”等“必系列”产品愈发成为本地服务消费的品牌项目，吸引了大量的消费者。

二是大力发展生活服务消费的数字化预约模式，多渠道加大对预约消费的宣传力度，强化社会认知，多措并举鼓励居民预约消费，通过提前预约的优惠定价、履约激励和爽约惩罚等方式，培育预约消费的习惯。

三是适时开展旅游节、消费月等新型促消费活动，同时鼓励假日经济和夜间经济发展，延长服务供给时段，增加个性化、品质化服务供给，覆盖更广消费需求。

新发展阶段下完善社会消费品零售总额统计的若干思考

刘祥东　来有为

1980年以来，社会消费品零售总额由国家统计局每月按时公开发布，成为观察我国消费状况最常用的宏观经济指标。按照国家统计局的定义，社会消费品零售总额是指企业（单位）通过交易售给个人、社会集团非生产、非经营用的实物商品金额，以及提供餐饮服务所取得的收入金额。按最新统计口径的消费类型来分，社会消费品零售总额包含餐饮收入和商品零售，其中商品零售基本涵盖居民日常生活所需的常见商品，包括粮油、食品类、饮料类、烟酒类、服装鞋帽、针纺织品类、化妆品类、金银珠宝类、日用品类、家用电器和音像器材类、中西药品类、文化办公用品类、家具类、通讯器材类、石油及制品类、汽车类、建筑及装潢材料类商品。

一、社会消费品零售总额统计口径的局限性

在改革开放初期，居民的可支配收入较低，居民消费的主要内容为生存型消费，包括餐饮消费和日常生活用品的消费。随着我国经济的不断发展，消费的供给端和需求端都发生了一系列显著的变化。在供给端，限额以上商户数量及占比发生了重要变化；在需求端，居民消费的内容由最初单一的生存型消费逐渐增加了发展型消费和享受型消费。鉴于消费供给和需求两端的变化，国家统计局对社会消费品零售总额中商品消费的统计口径做过一些调整。例如，2015年国家统计局基于第三次经济普查结果对

2014年的社会消费品零售数据进行了修订，2018年国家统计局根据第三次全国农业普查结果对2017年的数据再次进行了修订。

在这两次调整中，国家统计局均未披露口径调整的细节，但由于新公布的社会消费品零售总额及同比增速均基于调整后的口径计算，因此，可以利用现有数据对新口径下历史数据的变化情况进行推算。从推算的结果看，在口径调整之后，2014年的社会消费品零售总额较原有数据整体调高，而经过2018年的调整后，2017年的社会消费品零售总额较原有数据总体调低。这两次口径调整对基数的修订方向相反。从企业规模来看，第一次口径调整中，基数调升主要由规模以下单位贡献；而第二次调整中，基数的调降则主要来自于规模以上单位的贡献。两次调整中，规模以上单位的社会消费品零售总额数据大多被调低，而规模以下单位社会消费品零售总额数据大多被调高。

尽管如此，社会消费品零售总额的统计一直未改变对服务消费的统计口径，几十年来仅持续统计服务消费中的餐饮消费。随着我国经济的持续快速发展，现行的社会消费品零售总额的统计口径未能及时跟进城乡居民在服务消费方面的升级和变化，已经不能有效反映当前的居民实际消费情况，在实际应用中存在下述方面的局限性。

一是社会消费品零售总额统计口径中的服务消费所涵盖的品类严重不全，不能切实反映居民服务消费情况。目前，纳入服务消费统计的只有餐饮服务，其中，餐饮消费在整体社会消费品零售总额中的占比为11.0%左右。然而，服务消费的统计并没有考虑包括交通通信、文化、医疗、教育、艺术、保险、金融中介、住房中介等消费。值得注意的是，这些消费在现阶段居民消费中占据了相当高的比重。例如，国家统计局的数据显示，2020年全国居民人均交通通信消费支出2762元，占人均消费支出的比重为13.0%；人均教育文化娱乐消费支出2032元，占人均消费支出的比重为9.6%；人均医疗保健消费支出1843元，占人均消费支出的比重为8.7%。

二是社会消费品零售总额所涉及销售商品的用途超出了居民消费的

范畴，而部分居民自产商品的消费又没被纳入社会消费品零售总额。一方面，社会消费品零售总额中商品消费包括销售给城乡居民建房用的建筑材料，而居民建房支出属于固定资本形成总额，居民购买建房用的建筑材料是居民建房支出的成本构成，因而属于固定资本形成总额，而不属于最终消费支出。另一方面，社会消费品零售总额不包括居民自产自用产品，如农民自产自用的农林牧渔产品，而最终消费支出则包括对这些产品的消费。

三是社会消费品零售总额统计的销售对象为居民个人和社会集团，而社会集团的零售额并非完全进入最终消费。社会消费品零售总额除了统计居民消费外，还统计销售给居民和企业部门的零售额，而企业部门的零售额不一定属于最终消费支出。例如，社会消费品零售总额包括销售给政府部门的小轿车、面包车、工具车、卡车等交通工具和电讯设备、电影器材等机器设备，在国内生产总值核算中，这些交通工具和机器设备的购买属于固定资本形成，不属于最终消费。

四是当前关于社会消费品零售总额的统计完全是针对消费的供给端进行的，而实物型电商平台的运营，造成了商品供给端和需求端在地理位置上的分离，这对于各个地区社会消费品零售总额的统计可能会产生一些偏差。

上述关于社会消费品零售总额统计口径方面的局限性，造成了一些值得我们关注的经济社会影响：首先，社会消费品零售总额对居民消费情况的统计不完整，不利于政府部门动态、全面地了解各地的消费形势，并有针对性地调整经济政策。其次，社会消费品零售总额和最终消费的统计口径错位，不利于我国科学、完整的国民经济统计体系的构建，也容易引发社会舆论对国家统计数据的质疑。最后，当前的社会消费品零售总额统计口径不能适应“双循环”新发展格局下服务消费升级的政策导向，不利于国家全面促进服务消费发展。

二、统计系统对社会消费品零售总额的修正工作

改革开放以来，中国经济经历了40多年的中高速增长，城镇居民人均

年度可支配收入由1978年的343.4元增至2020年的43834元，出现几何式倍增，居民消费能力随之大幅提升，消费内容也发生了重要改变，最显著的变化是由生存性消费向发展型消费、享受型消费的过渡，且居民对服务消费的需求大幅增加。这种消费内容的变化在经济更为发达的一线城市表现得更为明显。为了客观地反映这种消费特征的变化，北京、上海等省市的统计部门已经尝试对社会消费品零售总额的统计口径进行一些修正。

例如，为全面反映北京市场总消费的规模、结构和变动情况，及时准确地获取相关消费数据，为政府部门研究制定促消费政策、推进消费结构转型升级提供决策依据，国家统计局北京调查总队、北京市统计局早在2014年就在全国率先探索建立服务消费额的相关统计标准，并据此定期开展服务性消费统计监测与分析。2017年4月12日，北京市统计局在官网正式发布了《北京市市场总消费统计办法（试行）》，根据文件中的定义，服务性消费额是指本地区企业（单位）通过交易直接提供给个人、社会集团用于最终消费的服务的总价值，反映的是北京市服务消费市场规模。服务性消费包括七大消费：交通邮政服务消费、居住服务消费、教育服务消费、医疗和社会服务消费、居民服务消费、信息服务消费及文化娱乐服务消费等（见表1–3）。

2015年以来，北京市统计并发布全市的商品消费和服务消费情况，帮助政府和社会各界全面、及时、准确地了解北京市消费形势和发展趋势。值得注意的是，北京市新的商品消费和服务消费的统计口径确立于2014年，而随着近几年北京市经济社会的快速发展，居民消费的内容发生了一系列新的变化，特别是数字化催生了上百种细分的新业态、新模式，促使居民消费方式发生了新的变革，这些新业态、新模式在2014版本的商品消费和服务消费统计口径中并未得到全面体现，未来仍需要结合城乡居民的实际消费情况进一步完善。

此外，上海市统计局近几年也开始尝试在内部调整社会消费品零售总额的统计口径，修正后的统计口径形成三级指标体系。其中，一级指标分

表 1–3　北京市市场总消费统计范围

类别名称	商品性消费	服务性消费
1. 食品烟酒	粮油食品类 饮料类	
	烟酒类 其他食品烟酒类	
2. 衣着	服装、鞋帽类 其他衣着类	洗染服务（793） 鞋和皮革修理（8092）
3. 居住	煤炭及制品类 建筑及装潢材料类 其他居住类	（居住服务） 房地产开发经营（701）#（利用居民家庭自有住房折算租金测算） 物业管理（702）#（利用居民家庭物业管理费支出测算） 房地产中介服务（703）#（利用居民家庭房屋租赁费支出测算） 电力、热力生产和供应业（44） 燃气生产和供应业（45） 水的生产和供应业（46） }（利用居民家庭水电燃料及其他支出测算）
4. 生活用品及服务	针纺织品类 化妆品类 日用品类 五金、电料类 家用电器类 家具类 其他生活用品类	兽医服务（7493） （家政服务）家庭服务（791）#（利用居民家庭家政服务消费支出测算） 托儿所服务（792） 理发及美容服务（794） 洗浴服务（795） 婚姻服务（797） 殡葬服务（798） 其他居民服务业（799） 日用电器修理（8032） 家具和相关物品修理（8093） 其他未列明日用产品修理业（8099） 其他服务业（81）

续 表

类别名称	商品性消费	服务性消费
5.交通和通信	通讯器材类 石油及制品类 汽车类 其他交通和通信类	铁路旅客运输（5310）* 城市公共交通运输（541） 公路旅客运输（5420） 客运汽车站（5441） 公路管理与养护（5442） 航空旅客运输（5611）* 邮政基本服务（6010）* 快递服务（6020） 电信（631）*
		互联网接入及相关服务（6410）* 互联网信息服务（6420）* 汽车摩托车修理与维护（801） 自行车修理（8091）
6.教育文化和娱乐	音像器材类 体育、娱乐用品类 书报杂志类 电子出版物及音像制品类 文化办公用品类 其他教育文化和娱乐类	有线广播电视传输服务（6321）* 旅行社及相关服务（727）* 摄影扩印服务（7492） 自然保护区管理（7711） 野生动物保护（7712） 野生植物保护（7713） 公园和游览景区管理（785） 计算机和办公设备维修（802） 家用电子产品修理（8031） 教育（82） 新闻和出版业（85） 广播（8610）
		电视（8620） 电影和影视节目发行（8640） 电影放映（8650） 录音制作（8660） 文化艺术业（87） 体育（88） 娱乐业（89）

续 表

类别名称	商品性消费	服务性消费
7.医疗保健	中西药品类	保健服务（796）
	医疗保健器械类	卫生（83）*
	其他医疗保健类	
8.其他用品和服务	金银珠宝类 化工材料及制品类 机电产品及设备类 棉麻类 其他用品类	住宿业（61）* 法律服务（722）* 社会工作（84） 社会保障（93） （银行服务）货币金融服务（66）* （保险服务）保险业（68）*

注：1.标*的行业仅有部分活动属于市场总消费统计范围。

2.标#的行业从居民家庭支出消费端统计，其他行业从企业和行政事业单位供给端统计。

为社会消费商品总额和服务消费总额。二级指标分为商品零售总额和服务消费总额。在三级指标里面，服务消费总额分为线上服务消费总额和线下服务消费总额；服务消费总额进一步按照类值进行分类：餐饮、交通、通信、卫生、教育等。值得注意的是，在修正后的社会消费品总额和服务消费总额中，餐饮消费的计入指标发生了变化，由原来计入到商品零售总额转至新增加的服务消费总额。

总之，从一线城市修正社会消费品零售总额的实践来看，伴随着经济社会的发展，居民消费在商品消费和服务消费方面都发生了一些深刻的变化，未来无论从国家层面还是从区域层面，根据居民消费的变化情况完善社会消费品零售总额统计体系是大势所趋。

三、关于完善社会消费品零售总额统计的思考

2020年10月，中国共产党的十九届五中全会正式通过《中共中央关于制定国民经济和社会发展第十四个五年规划和二〇三五年远景目标的建议》，提出“加快建设现代化经济体系，加快构建以国内大循环为主体、

国内国际双循环相互促进的新发展格局，推进国家治理体系和治理能力现代化”。在新发展阶段，扩大内需是构建“双循环”新发展格局的战略基点，而服务消费可以带动有效投资和高质量就业，是扩大内需的重中之重。为了更好地顺应服务消费升级，助力“双循环”新发展格局的形成，亟需对服务消费统计指标体系进行必要的调整。根据前文对社会消费品零售总额统计口径局限性的分析，建议未来在完善相关的统计体系时重视下述方面的工作。

一是顺应居民消费升级的新趋势，把与居民生活息息相关的服务消费品类全面纳入社会消费品零售总额的统计体系。具体而言，一方面结合试点地区的统计经验，明确商品零售和服务性消费的标准和分类，把社会消费品零售总额划分为商品零售总额和服务性消费额；另一方面，结合新发展阶段下居民服务消费的实际内容，把餐饮服务消费、住宿服务消费、旅游服务消费、电影服务消费、宠物服务消费、生活服务消费、教育服务消费、婚庆服务消费、丽人服务消费、亲子服务消费、休闲娱乐服务消费、运动健身服务消费、交通邮政服务消费、医疗和社会服务消费、信息服务消费等纳入服务性消费额的统计。

二是推动社会消费品零售总额最大限度地与国内生产总值中最终消费支出保持统一口径，确保两者在统计范围上具有高度的一致性，为政府及时、全面、客观地了解居民消费情况，以及消费对经济增长的贡献，提供更加真实、准确的统计数据。一方面，在服务性消费额的统计中纳入间接计算的金融中介服务、保险服务和居民自有住房服务，同时，通过抽样调查在统计范围中纳入居民自产自用产品，如农民自产自用的农林牧渔产品；另一方面，在商品消费的统计中，剔除属于固定资本形成总额而不能形成最终消费的部分内容。例如，取消商品消费中关于建筑材料的统计，取消商品消费中针对企业部门的不能形成最终消费的零售额的统计。

三是加快对于新业态、新模式的摸底和分类，将与新业态、新模式相关的服务和商品消费纳入社会消费品零售总额的统计。一方面，依据国家统计局最新的行业分类口径对服务业和商品零售领域的新业态、新模式进行梳理，在可行范围内尽早确立这些新业态、新模式的归口行业，以便将其纳入社会消费品零售总额的统计范围；另一方面，鉴于当前服务新业态层出不穷，要积极研究出台与之相适应的行业分类方法，动态调整。涵盖不断涌现的新业态、新模式。例如，体育运动既包括原有的传统体育设施与服务，也要把蹦床、漂浮、冲浪、跳伞、滑翔伞等新型运动消费涵盖入内。宠物消费、服务种类日趋多样化，宠物医疗、寄养等也初具规模，应该在统计中有所体现。

四是加强对消费需求侧用户的调查和测算，更加客观地反映各个区域的消费情况。一方面，加强对于电商平台消费需求侧信息的梳理和分类，对于跨地区消费、企业和居民消费进行明确的划分归类，按照消费者的属地原则和形成最终消费原则对相应的消费商品和服务进行统计。另一方面，作为对电商平台消费数据的有益补充，加强对家庭住户的商品和服务消费调查，通过用户调查数据，辅以合理的统计理论推导，测算各个区域居民消费的真实情况。

第二篇 消费面面观

中小外卖商户经营现状与发展观察

王珺　刘佳昊

一、我国餐饮和外卖产业的发展特征

新冠肺炎疫情前，我国餐饮和外卖产业发展态势良好，在扩大服务消费、满足居民消费升级需求、助力构建“双循环”新发展格局过程中发挥了重要作用。然而，2020年突如其来的新冠肺炎疫情对我国餐饮业发展产生了巨大冲击，当年我国餐饮收入同比下降15.4%。餐饮行业通过多种方式抗击疫情，寻求复苏。

（一）疫情前我国餐饮业保持较好的增长态势

一方面，我国餐饮业规模不断扩大。国家统计局公布的数据显示，2010—2019年我国餐饮业收入的年复合增长率达到11.43%，高于同期人均国内生产总值增速（见图2-1），至2019年，餐饮业收入达到46720亿元，占国内生产总值的比重达到4.7%。另一方面，在居民消费升级需求带动下，我国餐饮业结构转型进程加快。近年来，人均收入的上升及家庭结构的逐渐小型化，推动我国居民的餐食外部化率不断提升。2013—2019年，全国居民人均现金消费支出中饮食服务支出与食品烟酒总支出的比值由16.8%上升至23.1%[①]（见图2-2），居民在外就餐需求的提升，为餐饮业带来重要变革机遇，也带动外卖产业快速增长。

① 关于家庭生产的社会化转型趋势，详见美团研究院调查研究报告《家庭生产社会化是促进经济发展和居民消费的重要动力》。

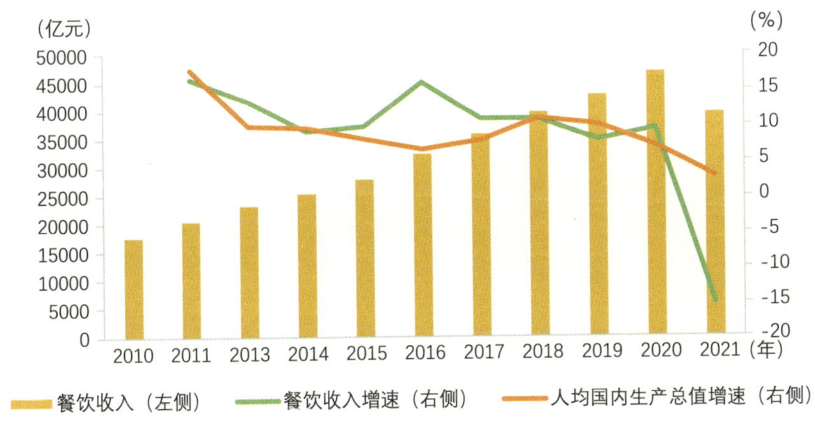

图 2-1 我国餐饮业收入及增速走势（2010—2020）

数据来源：国家统计局。

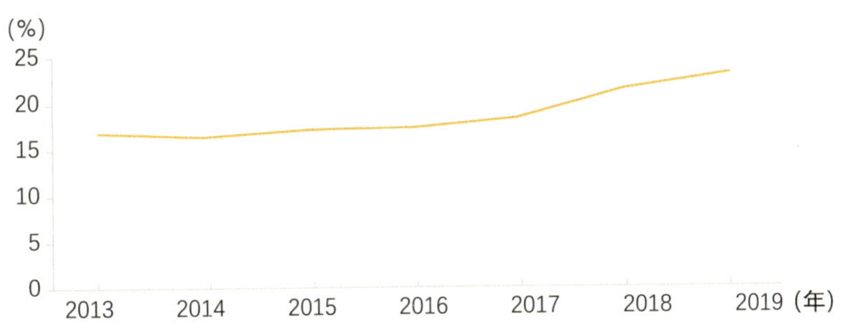

图 2-2 我国居民餐食外部化率

数据来源：国家统计局，美团研究院。

（二）疫情对行业形成冲击，外卖助力餐饮业逐步恢复

2020年，受新冠肺炎疫情影响，我国全年餐饮收入仅为39527亿元，同比下降15.4%，为近十年来首次出现下降，餐饮行业通过多种方式抗击疫情，寻求复苏。疫情期间，外卖因其无接触配送、低安全风险等特征，成为更多消费者解决日常就餐需求的重要选择。根据央视财经数据，2020年中国外卖市场规模达到8352亿元，同比增长14.8%，中国外卖用户规模已接近5亿人，外卖对整体餐饮行业的渗透率超过20%。美团研究院的调研数据显示，2020年的外卖消费呈现出较为明显的“U”型复苏态势，

2021年第一季度的外卖消费同比2019年的复合增长率更是稳定在10%以上（见图2-3），外卖成为助力餐饮业实现复工复苏和疫后发展的重要渠道。

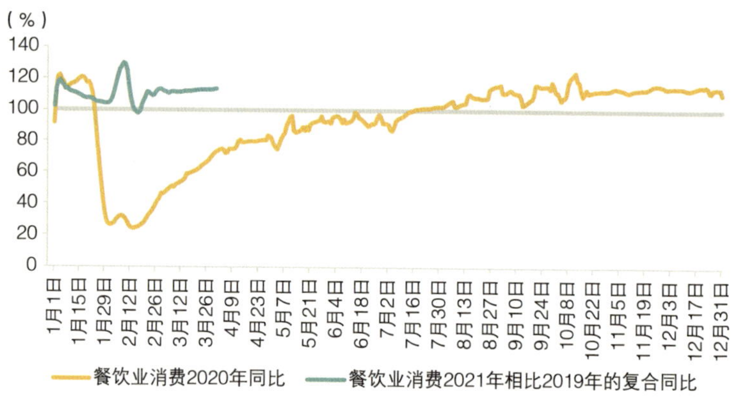

图2-3　全国餐饮外卖行业消费同比走势

数据来源：美团数据。

（三）疫情期间消费者黏性增强

在美团研究院2020年11月针对平台外卖消费者的问卷调查中，32.37%的受访消费者每天外卖消费超过1单（见图2-4）。疫情也改变了受访者的消费动机，37.21%的用户认为自己更加依赖外卖服务，33.38%的用户在疫情之后开始使用外卖，34.89%的用户将品质和安全保障放在价格因素之上（见图2-5）。

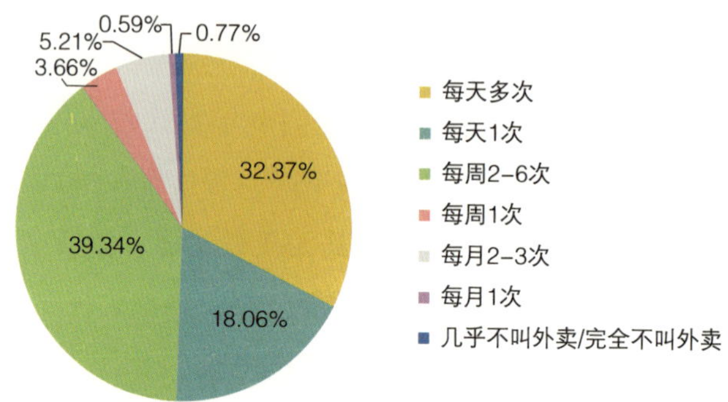

图2-4　消费者外卖频次分布情况

数据来源：美团研究院问卷调查。

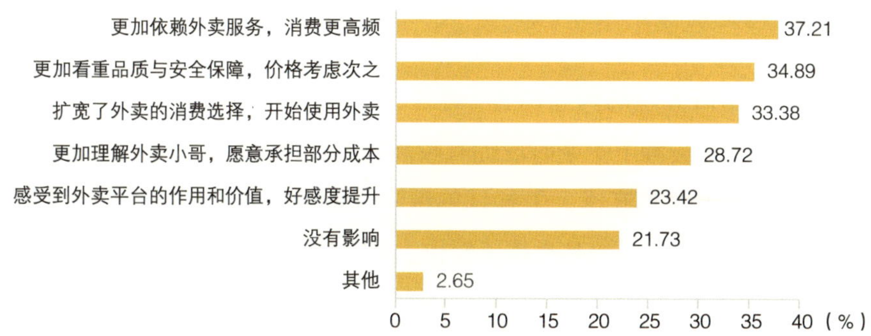

图 2–5　疫情对用户外卖服务动机意愿影响

数据来源：美团研究院问卷调查。

（四）新消费群体的崛起加速外卖产业发展

2020年外卖行业的快速增长，既有疫情推动消费向线上转移的原因，也与新一代消费者崛起和家庭结构小型化等因素密切相关。根据2020年2月美团研究院的问卷调查结果（见图2–6），从订单数量看，“90后”和“00后”是外卖最大的消费群体，占比超过50%，也远高于其他年龄段消费群体。单从客单价看，“70后”“80后”的消费能力更强，单均30元以上的外卖消费比例远高于“90后”。随着外卖消费高频次的年轻人群迈入社会后收入的不断增加，外卖市场规模正在进入加速增长周期。

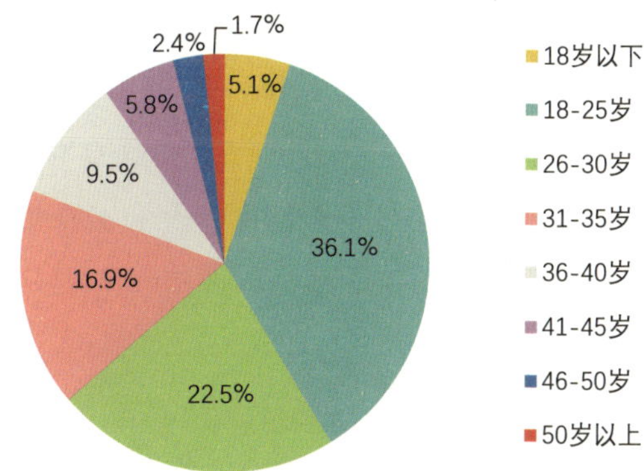

图 2–6　外卖消费者的年龄分布

数据来源：美团研究院问卷调查。

二、餐饮外卖中小商户洞察

根据美团研究院的问卷调查，中小商户构成了我国外卖产业生态主体，特别是在早餐和下午茶时段拥有较高的市场份额。从时间分布看，冬季为全年的外卖订单旺季，午餐订单量为全天的峰值。从品类趋势来看，小吃快餐、火锅、饮品等品类增速较快。

（一）中小商户构成外卖生态主体

根据美团研究院的问卷调查结果，约有81.41%的餐饮商户年交易额（包含外卖和到餐）不足20万元。年交易额在20万以内的中小商户构成了平台生态的主体，餐饮行业整体连锁化和集中化程度比较低，经营主体数量多、规模小特征明显。2020年平台所有外卖订单中，30元以下的低价订单的占比约为64%，美团对这部分低价订单普遍收取低于配送成本的保底佣金，平台通过对中小商户和消费者的双向补贴，推动了外卖行业整体规模的增长。

（二）中小商户分布更加下沉

中小商户在门店体量、经营模式和分布地域上，均与餐饮外卖商户整体存在一定差异。根据美团研究院的问卷调查结果，中小商户开展外卖业务时间平均为1.17年，比全部商户开展外卖业务的平均时间短0.17年；中小商户平均用工人数为3.29人，为全部商户平均值的88%；中小商户日均订单为9.19单，是所有商户平均订单数的40%左右。在地域分布上，中小商户更多分布在低线城市（见图2–7）。

（三）冬季为外卖订单全年旺季

从中小商户外卖订单量在2019—2020年各个月份的分布情况（见图2–8）来看，除2020年2月因疫情原因订单量大幅下降之外，可以明显看出冬季为全年外卖订单的旺季。造成这一现象的一个重要原因是人们在春秋等气温适宜季节更倾向于外出就餐，冬季受天气等因素的影响更倾向于点外卖。

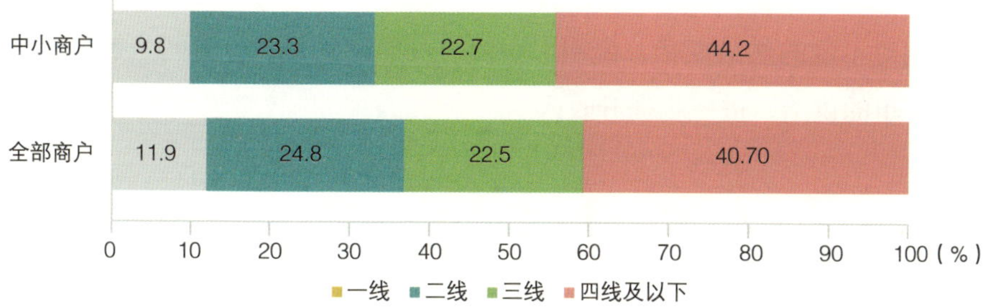

图 2–7 餐饮外卖中小商户地域分布

数据来源：美团研究院问卷调查。

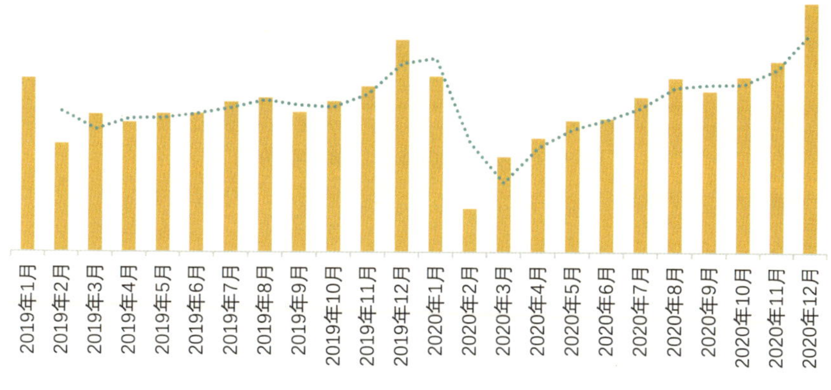

图 2–8 平台上中小商户外卖订单按月分布

数据来源：美团数据。

（四）全天时间分布上呈现双驼峰特征

从2020年中小商户外卖订单全天时间分布来看，具有明显的“双驼峰”时间分布特征，即午餐和晚餐为全天订单分布最密集时段（见图2–9）。其中午餐时段是全天最高峰，11—13时的订单在全天订单中的占比为29.15%，其次是晚餐，17—19时的订单的占比为25.26%。观察中小商户在整体餐饮外卖大盘中的表现情况，中小商户在早餐时段的外卖订单占所有商户订单的比重超过35%，下午茶时段的外卖订单占所有商户订单的比重超过26%，这是中小商户相对优势的两个时段，集中在早餐、小吃、水果和饮品等品类，而在夜宵期间（23时至次日5时）的比重小于20%。夜宵相对不足的供给现状，说明中小商户可通过延长营业时间，加强夜宵外卖订单的供给，进一步提升收入。

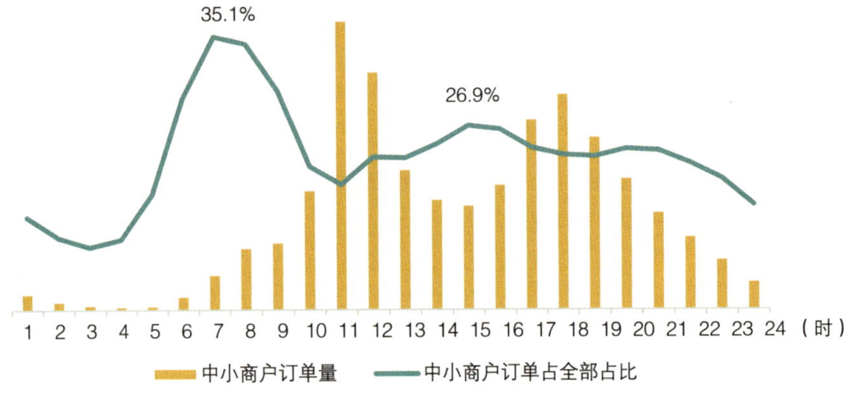

图 2–9 中小商户外卖订单时间分布

数据来源：美团数据。

（五）小吃快餐、火锅、饮品等品类增速最快

2020年餐饮外卖中小商户主要集中在小吃快餐、饮品、烧烤、川菜、面包甜点等品类（见图2–10）。交易额占比前20位的品类占全部交易额的98.25%。这些品类既是适合餐饮外卖中小商户开展经营的赛道，在2020年也出现了不同程度的市场规模变化。其中小吃快餐整体交易额的占比为56.22%，较上一年增长5.57%。增长最快的细分品类为火锅（同比增长29.33%）、饮品店（同比增长22.93%）、川菜（同比增长21.09%）等，下降最明显的品类为西餐（同比下降28.52%）、西北菜（同比下降49.77%）和云贵菜（同比下降37.47%）等。

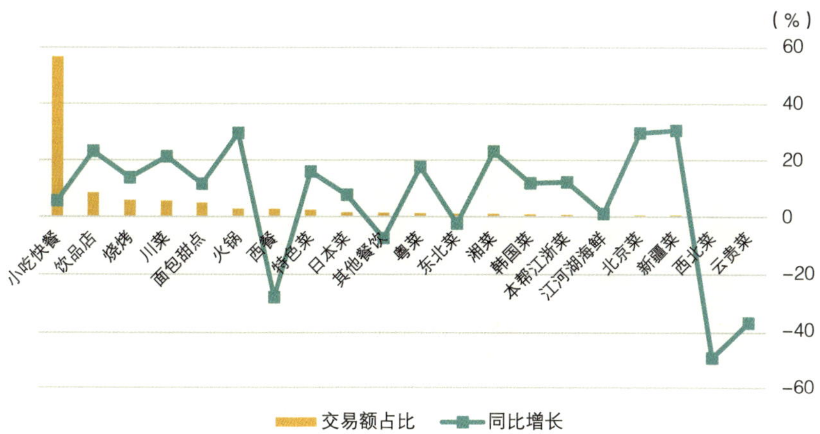

图 2–10　平台中小商户外卖订单品类分布

数据来源：美团数据。

三、外卖平台多渠道助力中小商户发展

新冠肺炎疫情以来，中小商户通过外卖平台扩大了市场份额，满足大众市场日常就餐需求，稳定了社会就业，是外卖餐饮行业的主力群体。外卖平台也通过扩大店铺获客范围、降低运营成本、提升经营效率等措施助力餐饮外卖中小商户发展。

（一）外卖平台扩大中小商户的获客范围

传统中小餐饮门店的服务半径约为500米左右，外卖平台通过创新线上营销与获客渠道，帮助中小商户扩大服务半径，平台上中小商户平均外卖订单配送距离为987米，扩大了近一倍。根据美团研究院2020年11月的问卷调查结果，有82.97%的受访消费者认为外卖平台帮助自己扩大了餐馆选择范围（见图2–11）。

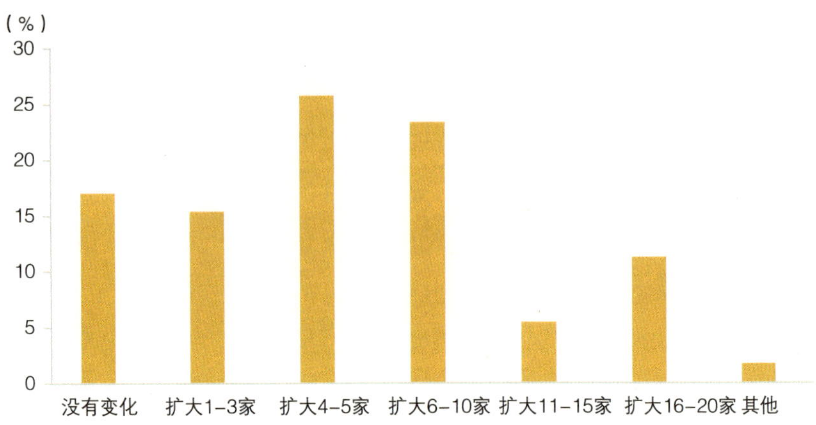

图 2-11　外卖平台增加消费者餐馆选择范围情况

数据来源：美团研究院问卷调查。

（二）外卖平台降低中小商户运营成本

外卖平台可以帮助中小商户从开店到经营的各个阶段降低成本。根据美团研究院2021年5月的问卷调查结果，有64.58%的商户认为外卖可以帮助其降低日常经营成本，包括宣传推广（商户占比26.79%）、店铺租金（商户占比29.94%）、人工成本（商户占比18.79%）、门店装修（商户占比14.07%）等。

（三）外卖平台提升中小商户经营效率

根据美团研究院2020年2月开展的调查问卷，有83.4%的中小餐饮商户经营者认为开通外卖服务后店铺收入有所增加（见图2-12）。外卖平台从坪效、人效和时效三方面提升了店铺经营效率。根据美团研究院2021年5月的问卷调查结果，以外卖为主的餐饮店铺，平均坪效和平均人效比以堂食为主的店铺分别高12.06%和13.32%，有50.96%的受访商户认为外卖平台可以帮助店铺延长有效营业时间，平均延长了1.35个小时。

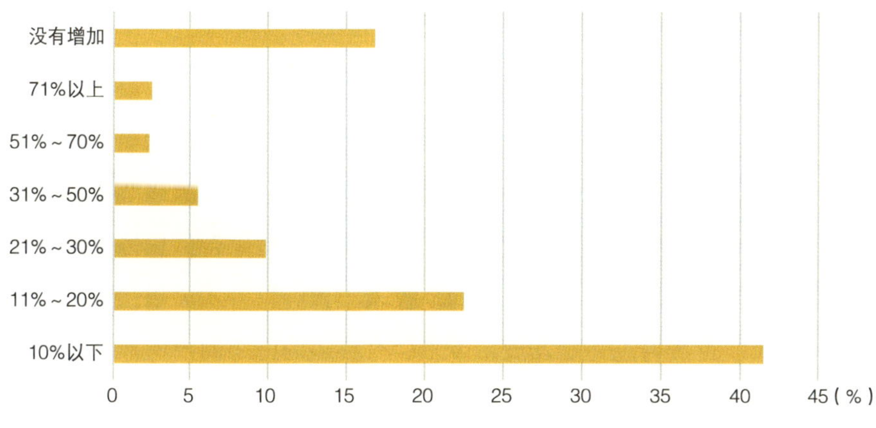

图 2-12 外卖对中小商户营收增加贡献比例

数据来源：美团研究院问卷调查。

四、餐饮外卖中小商户的发展趋势

随着消费升级的持续深化，餐饮零售化、快餐连锁化、门店数字化等趋势越发凸显，餐饮外卖中小商户身处大众需求最前端和产业链条毛细血管的交汇处，拥抱最新趋势、提升自身竞争力是商户实现可持续发展的必由路径。

（一）行业数字化进程加快，外卖成为必备单元及能力

新消费形势下，消费者使用外卖、大众点评频率的提高以及网红店铺的崛起都体现出运用互联网和数字化为消费者带来更好消费体验的重要性。新冠肺炎疫情期间，餐饮线下消费受到影响，很多中小餐饮商户开始谋求线上突破，外卖帮助中小商户增加营业收入，摊薄固定成本，撑过难关。在此过程中，中小商户的数字化运营能力得到了锻炼，人才的数字化水平得到了提升。未来，外卖将成为中小餐饮商户的必备能力。中小商户将通过数字化平台，掌握进货、订单、库存、流转等一系列动态信息，形成有效的数据沉淀，依靠数字化实现精细化运营。

（二）小堂食、大外卖为中小商户提供发展新路径

外卖通过线上线下一体化经营，大大提升了餐饮商户的辐射范围，降低了门店对于区位选址的依赖性，越来越多的餐饮门店选址在租金较低的地段，外卖店去中心化的趋势日益明显，外卖平台也大大改变了餐饮业的营业和成本结构，消费者到店就餐的物理空间位移被平台信息传送和餐品配送服务众包所替代。小店模式因前期投入小，经营方式灵活，更适合平台商业模式，将获得进一步发展，未来会有更多的中小商户选择“小堂食+大外卖”的发展路径。

（三）用餐体验升级，向小而精方向发展

疫情让餐饮业重新出发，消费者变得更加理性，更加注重就餐过程中的环境、口味、品质、特色、健康、安全、服务等综合体验，从吃饱、吃好向吃得更有特色转变。外卖行业已经出现从传统的餐品配送，转为向消费者提供舒适且差异化用餐体验的发展趋势。未来中小商户发力外卖的主要方向是做特色品类让大家吃得更丰富，好吃不贵让大家吃得更实惠，注重食品安全让品质有保障，注意食材搭配让大家吃得更健康、更营养。随着“厉行节约、反对浪费”社会新风尚的形成，“小份菜”会越来越受欢迎。

（四）长尾市场规模延伸，站准细分品类定位

餐饮外卖产业处在充分竞争的市场环境中，外卖平台在提升店铺影响力和覆盖范围的同时，也丰富了外卖店铺的竞争主体和细分品类。随着年轻人群求新求异、追求个性的餐饮需求不断攀升，越来越多的餐饮外卖细分领域中小商户应运而生，通过个性化的菜品体验满足了新兴市场需求。随着外卖产业大盘不断增长，长尾市场规模也在不断延伸。未来会有更多的中小商户以平台数据和信息作为窗口准确识别自身差异化优势，以本地化特色、社区化服务和细分品类作为竞争卖点，以堂食作为基本盘，以外卖作为主要增长点，精准定位细分赛道，实现企业价值。

五、支持餐饮外卖中小商户发展的政策建议

中小餐饮商户借助外卖平台实现发展，同时也需要政策的支持，从监管方式、科技创新、人员就业等方面进一步获取发展动力，进而整体提升我国餐饮行业的发展水平。

（一）秉持包容审慎监管方式，通过外卖促进餐饮业发展

餐饮作为四万亿规模的巨大市场，在吸纳劳动力、扩大消费、带动产业链等方面，为国民经济发展做出了重要贡献。线上外卖产业的持续快速增长，为餐饮产业升级、渡过疫情危机、提升商户收入发挥了关键作用。建议对外卖这一新业态继续秉持包容审慎的监管方式，积极探索审慎监管、社会共治和餐饮经济的协调发展，把发展外卖作为推进餐饮行业数字化的重要抓手和提升中小商户收入的重要渠道。鼓励和支持互联网餐饮服务平台、外卖商户和外卖产业发展，充分发挥美团等互联网餐饮服务平台在高科技、大数据、人工智能等领域的优势，共同建设良好的营商环境，促进外卖这一新产业、新业态健康发展。

（二）支持外卖平台科技创新，提升中小商户的数字化能力

中国餐饮行业是典型的劳动密集型行业，科技含量较低。传统以堂食为主的经营方式，受门店区位、店铺地租、人力成本等因素的制约较大，中小商户更是因为资金和人才不足等方面的原因，难以开展技术创新。互联网外卖平台通过技术创新与信息交换，补齐中小商户数字化短板，在现有堂食经营结构上提供了外卖市场增量。建议进一步支持美团等互联网餐饮服务平台开展科技创新，加强对平台上的中小商户的数字化赋能，提升中小商户数字化创新运营能力，进而推动我国服务业的高质量发展。

（三）保障餐饮外卖人员就业，完善新职业认定及培训

餐饮中小商户是吸纳劳动力就业的重要渠道。外卖在供给与消费端之

间创造了大量就业机会，围绕着餐饮外卖产生了以外卖骑手、外卖配送站管理人员、外卖配菜打荷、外卖运营规划师、线上餐厅装修师为代表的大量新职业。建议一是分类规范新业态下的用工。区分对待新业态下的平台用工和传统劳动关系就业，创新劳动关系认定标准，释放平台经济活力，容纳更大规模就业。二是制定更积极的灵活就业和新就业形态支持政策。对灵活就业和新就业形态人员，在不以劳动合同为条件的情况下，可根据就业时间或劳动收入情况给予稳岗补贴。三是持续更新职业分类目录，研究纳入更多符合新业态新模式发展趋势、业已形成一定规模的新职业新工种，制定新职业技能标准，为新职业从业人员的培训提供依据。

旅游“本地化”的发展特征及成因分析

来有为　刘佳昊　林小琪　赵子木

得益于综合国力的增强和城乡居民收入水平的提高，我国旅游业近年来蓬勃发展，旅游业对于国民经济和社会发展的综合带动作用更加凸显。随着我国进入“大众旅游”新时代，旅游休闲已经成为国民大众的日常生活选项，刚性需求特征日益明显，旅游业愈发呈现出“本地化”等新发展特征。

一、“更加本地化”——我国旅游业的发展新特征

旅游是到非惯常环境进行游览的行为[①]，由于动机、需求和所处环境等因素的差异，异地旅游和本地休闲行为一般会有不同的特征，但是近年来，我国旅游业正呈现出“本地化”的发展特征。旅游业的本地化，主要有两层含义：一是异地游客的“居民化”，即异地游客在旅游消费方式和行为偏好上更贴近本地人；二是本地居民的“游客化”，即狭义上的休闲需求增长，本地居民成为当地一些旅游目的地的主要“游客”。

“本地化”体现了旅游者旅游行为决策的变化。旅游决策是贯穿于游客行前、行中、行后的一系列行为选择，是一个分层次、分阶段、连续而复杂的系列决策过程。在经过多种行为选择的叠加后，游客与当地居民的行为偏好和行为模式呈现出趋同的倾向。从宏观层面考察，这些变化既反映了

① 根据世界旅游组织和《全国文化文物和旅游统计调查制度》的规定，界定旅游活动的基本条件是离开惯常环境，超过6小时和10公里。

国民大众不断发展的精神文化需求，又体现出文化旅游业转型升级的过程。

（一）游客的“居民化”

异地游客的“居民化”可以进一步区分为两个维度：一是旅游者对旅游吸引物[①]的选择偏好与本地居民趋同，即“玩当地人的景点”；二是游客像当地居民一样广泛融入目的地的公共空间和休闲场所之中，即“过当地人的生活”，这也是“居民化”第一维度的深化。

1. 游客消费偏好的“本地化”

受到居民收入水平、交通基础设施等条件的限制，旅游一度是相对“奢侈”的休闲活动，因此在传统观念中，游客更加关注目的地的知名景区、景点，喜欢通过尽可能多的游览标志性吸引物来满足自身对异地新奇体验的需求。近年来，国内游客的旅游消费偏好产生了明显变化，更多人涌向文化公园、游乐场、主题乐园、开放性的空间、文物古迹和代表当地文化特色的展览馆和城市公共文化展示馆。以南京为例，美团的搜索数据显示，相较于2016年，2020年南京异地游客的热搜景区前十榜单中，老门东、银杏湖乐园等更具本地气息的景区排名上升（见表2–1）。而2020年的南京市本异地游客热搜榜数据显示，外地游客和本地居民之间的旅游偏好差异在缩小（见表2–2）。从搜索动机来看，当一个外地游客想到南京来逛一天的时候，他感兴趣的旅游目的地和吸引物，已经更多地和本地居民结合在一起。

表 2–1　南京异地游客景区搜索前十名

2016年	2020年
夫子庙秦淮风光带	南京博物院
南京博物院	古秦淮夫子庙步行街
南京中国近代史遗址博物馆（南京总统府）	老门东

① 相较于传统的旅游吸引物，这里的吸引物涵义更广，指能吸引消费者前往的休闲度假场所，包括但不限于景区、度假区、网红打卡地等。

续　表

2016年	2020年
玄武湖公园	南京中国近代史遗址博物馆（南京总统府）
中山陵景区	玄武湖公园
汤山一号温泉度假区	大报恩寺遗址景区
长江大桥	中山陵景区
明孝陵	牛首山文化旅游区
老门东	金牛湖野生动物王国
览胜楼	南京银杏湖乐园

数据来源：美团数据。

表 2-2　2020 年南京本异地游客景区搜索前十名

本地	异地
金牛湖野生动物王国	南京博物院
南京银杏湖乐园	古秦淮夫子庙步行街
玄武湖公园	老门东
汤山矿坑公园	南京中国近代史遗址博物馆（南京总统府）
南京市红山森林动物园	玄武湖公园
南京玛雅海滩水公园	大报恩寺遗址景区
老门东	中山陵景区
南京海底世界	牛首山文化旅游区
牛首山文化旅游区	金牛湖野生动物王国
古秦淮夫子庙步行街	南京银杏湖乐园

数据来源：美团数据。

此外，从北京市数据来看，旅游吸引物正变得更加多元化。2020年北京市组织评选出的100家网红打卡地包含人文景观类26家、自然景区类12家、文化艺术类14家、餐饮及创新零售类13家、街区园区类14家、住宿类13家，另有8家阅读空间类上榜。美团研究院的报告显示，这些网红打卡地的前20名也呈现出“食、住、行、游、购、娱”多要素融合的典型特征（见表2-3）。新奇体验、科技赋能、文化内涵等因素是上榜设施成为网红打卡地的共性原因。这也说明，除了游览传统的知名景区景点外，消费者也喜欢体验当地居民喜爱的、非传统的旅游项目和休闲活动。

表 2-3 美团平台网络热度前 20 位的网红打卡地

排名	网红打卡地	排名	网红打卡地
1	北京野生动物园	11	首农·紫谷伊甸园
2	北京欢乐谷	12	东郊森林公园
3	古北水镇	13	绿野仙踪郊野乐园
4	SKP-S	14	石景山游乐园
5	景山公园	15	北京金海湖景区
6	八达岭长城	16	故宫角楼咖啡
7	大运河森林公园	17	北京温榆河公园
8	华熙 LIVE（五棵松店）	18	北京海洋馆
9	钟书阁（北京老佛爷百货门店）	19	北京国际鲜花港
10	八达岭奥莱	20	黄花城水长城旅游区

数据来源：美团数据。

2. 游客行为方式的“本地化”

除了出游动机及消费偏好的趋同化，游客在旅游过程中的行为方式也更加“本地化”，更多的游客希望体验当地居民的生活。

一是从旅游目的看，更多游客的旅游方式从走马观花式的观光游览向休闲、度假、参赛、康养等多目的综合性活动转变，游客在旅游过程中的活动选择更加丰富。中国旅游研究院数据显示，2019 年城镇游客以观光游览为目的的人数比重为 28.8%，相较于 2010 年的 32.9%，下降了 4.1 个百分点。出游目的的多样化也带来了游客行为的个性化。美团数据显示，近年来，具有较强本地休闲属性的酒吧、影院和按摩足疗店等项目中，异地游客消费占比提升趋势明显（见图 2-13），体现出本异地消费者在休闲项目选择上的融合和趋同。

二是从游览过程看，节奏变慢成为新趋势。在“慢文化”“慢生活”等理念的感召下，“慢旅游”正被更多旅游者接受。慢旅游是指旅游者以

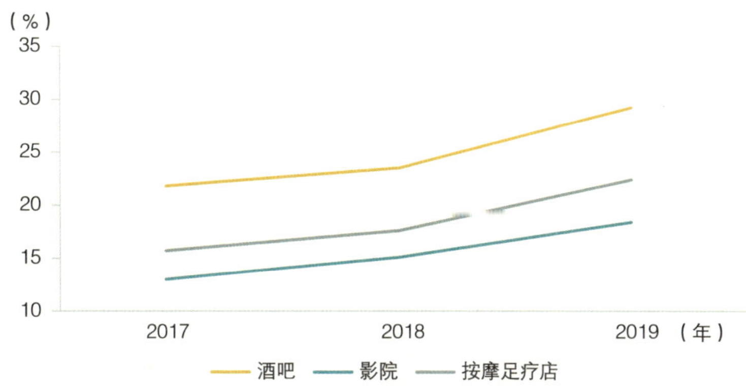

图 2-13 近年来主要本地休闲项目的异地游客占比

数据来源：美团数据。

注：因受疫情影响，未包含2020年数据。

获得身心愉悦、回归本性和满足精神需求为目的，放慢旅行节奏，在有限目的地长时间停留的休闲旅游方式。这种旅游方式侧重于对节奏的把控，游览的品质及游客的满足感。在“慢旅游”过程中，个体暂时放下了“游客”的身份，长时间驻留甚至多次往返目的地，融入旅游地生活环境，对目的地日常生活、原真文化和历史民俗等进行更加充分地体验。美团闪购2020年12月份的数据显示，南京市异地游客即时配送商品的第一名是大闸蟹，买菜需求也排名靠前，说明“买菜做饭”这种强本地化的场景在游客中也有一定需求。

（二）居民的“游客化”

当旅游从奢侈性消费方式逐渐转变为生活方式时，我们不仅要关注游客在异地的生活，也要关注本地人的旅游休闲特征变化。与游客的“本地化”相对应，城乡居民的旅游休闲活动也呈现出“游客化”特征。

从消费占比来看，近年来城乡居民本地出游意愿强烈，叠加疫情因素，本地休闲游占各地旅游消费的比重不断上升。美团数据显示，2020年全年本地游客占比达到51.7%，相较2019年上升7.7个百分点；本省异地游客占比达到20.5%，较2019年下降1.4个百分点；外省游客占比为27.7%，较2019年下降6.3个百分点（见图2–14），整体来看，2020年本地休闲游成为主流。

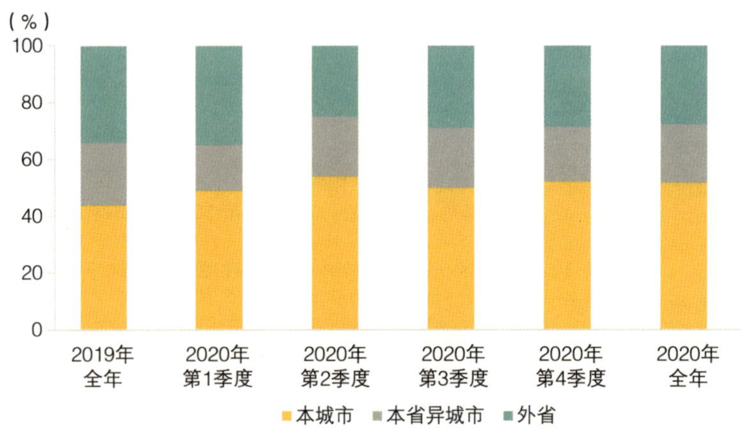

图 2–14　2019/2020 年本异地游客占比变化图

数据来源：美团数据。

从消费偏好和休闲方式看，本地居民也与异地游客出现趋同。一是城乡居民的休闲半径进一步扩大，本地旅游成为大众休闲活动的主要选项。《中国国民休闲发展报告（2019）》显示，2019年城乡居民中短途距离的休闲游占比大幅提高。2019年我国城镇居民工作日、周末和节假日期间休闲半径在2～7公里以内的比重分别为61.2%、63.1%和62.1%，农村居民农闲时离家2～3公里以内休闲占比为35.8%，越来越多的城乡居民在休闲时间走出家门，享受更为丰富多彩的户外休闲活动。二是城乡居民也像游客一样，愈发注重“住”的要素体验，本地人到本地酒店度假成为休闲旅游新方式。大众点评发布的2021年“必住榜”相关数据表明，访问榜单的用户中，本地用户的占比接近一半，其中城市近郊的度假酒店、乐园酒店最受本地游客的青睐。①

① 数据来源：2021全国“必住榜”“必玩榜”发布“酒店式度假”成本地人旅游新趋势（baidu.com）。

二、旅游"本地化"的形成原因与条件分析

从微观角度看，旅游活动是典型的个体决策行为，"本地化"的实质是消费者旅游动机的变化。而从宏观角度看，旅游"本地化"则是一种受到经济、社会、技术、政策等多方面因素影响的产业演进趋势。综合沃布（Wahab）、克朗普顿（Crompton）、施默尔（SchmÖll）、穆蒂尼奥（Moutinho）、伍德赛德（Woodside）及郭亚军等中外学者的旅游决策行为动机研究，本文构建了旅游"本地化"的"双因素四变量"决策模型，即将游客旅游动机的变化影响分为内部和外部两类主要因素，并进一步将内部因素分为个人特征和消费偏好两类变量，将外部因素分为信息流和目的地两类变量（见图2-15）。部分变量之间存在着作用机制，每一类变量也会对游客的"居民化"和居民的"游客化"产生双重影响。

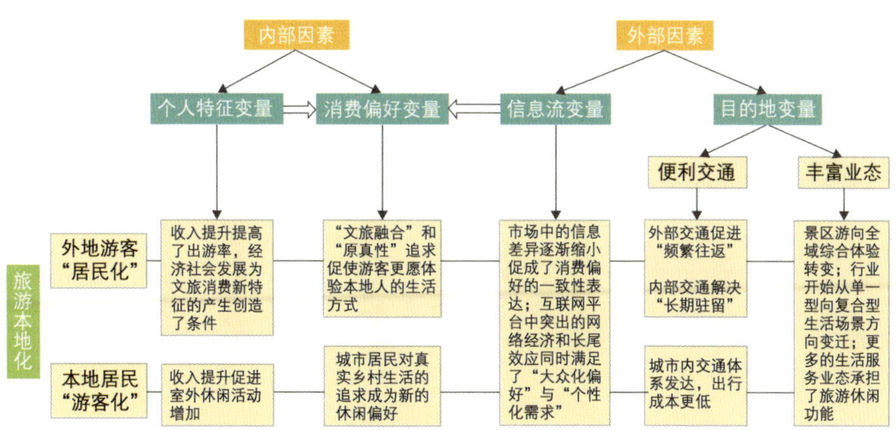

图 2-15　旅游本地化的决策行为动机模型

资料来源：作者整理。

（一）经济社会发展改变消费结构

经济社会的发展带动了旅游消费需求的整体攀升，还为旅游消费升级奠定了基础，从多方面促成了旅游业的"本地化"。发达国家的经验表明，大众消费结构与收入紧密相关，人均国内生产总值达到1万美元后，食品、

服饰等生存型消费支出下降，发展型、享受型消费的比重会快速上升。在旅游业市场化的初期，旅行更多是外宾或者少部分人群的活动，因此其旅游过程中的各场景都与日常生活体验完全不同，游客享受到的是针对他们的“定制化”产品及服务，处处体现出与居民的差异。随着收入水平的提升及行业市场化程度的提高，城乡居民休闲旅游消费的意愿和能力也大幅提升。数据显示，2011—2019年期间，国内游客出游人次稳步提升，2019年出游总人数达60.06亿人次，出游率达到436.79%（见图2–16）。在此背景下，旅游业从景点观光游览向综合体验转变，出游目的和出游方式由单一转向多元。游客更有动力长期驻留目的地，深入感受当地文化风俗，本地居民也得以从事更多旅游等户外休闲活动。旅游市场的蓬勃发展，让旅游从特殊活动发展为大众消费行为，旅游与本地休闲的差异性、与本地生活的疏离感也愈发变小。

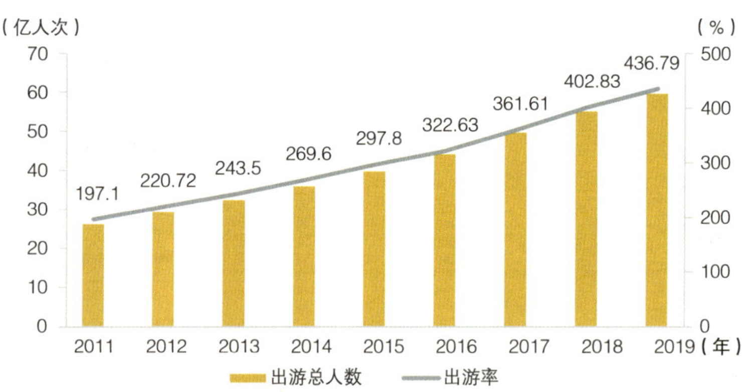

图 2–16　2011—2019 国内游客旅游基本情况

数据来源：中国旅游研究院。

注：出游率也为出游频率。

（二）消费偏好变化影响旅游动机

旅游消费偏好的变化也对旅游“本地化”趋势产生重要推动作用，这种变化的一个重要方向就是对文化体验和文化消费的重视。这一方面得益于政府对文旅融合工作的重视，另一方面我国正处于物质消费向精神消费的跃迁时期，旅游活动将更加强调文化品质。文旅消费偏好对于“本地化”的影响体现在两方面。一是借助旅游者的消费行为连通文化旅游吸引物与日常生活场景，为一般商业设施赋予本地文化内涵。二是旅游消费行为连接起族群文化记忆与个体文化身份建构，建立了社会意义上的文化认同。

在文旅融合的大背景下，异地游客对“原真性”（Authenticity）的追求就成为消费偏好变化的另一重要方向，感受目的地真实生活与原真文化愈发受到游客的欢迎。旅游感知中的“原真性”不能直接等同于“原始性”，大部分游客既希望能获得不同于惯常环境的新奇性体验，又想体验到与自己日常生活习惯相适应的优质服务，这体现为陌生感和熟悉感的权衡关系（见图2-17），有学者也称之为“虚拟真实”。因此，巧妙的项目设计、原真的文化体验和完善的本地生活服务，均是吸引游客的必要条件。

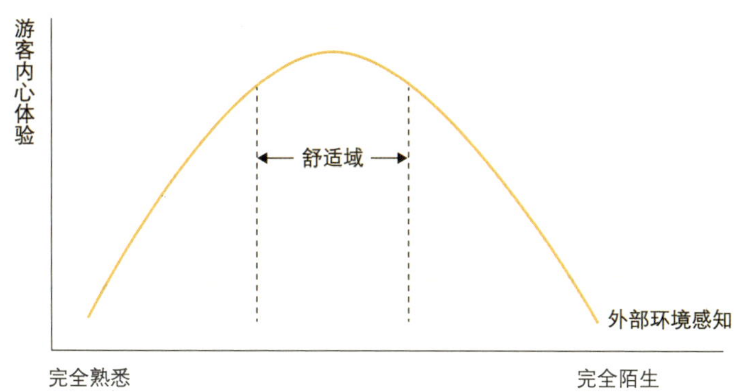

图2-17　外部环境熟悉程度与游客体验的关系

资料来源：作者自制。

当然，“人们的社会存在决定人们的意识”，侧重主观感知的消费偏好也会被经济社会等客观条件决定。因此，消费偏好是一个内生变量，受到个人特征、信息流等变量及经济社会整体发展的影响。首先，个人收入和受教育程度的提升让游客对原真文化体验有了更多需求。其次，在文旅融合趋势下，各目的地的旅游营销及大众的信息传播更加突出“真实”“文旅融合”与“本地化”[①]，也促成了旅游消费偏好的转变。最后，随着城市化进程的加剧，居民的惯常居住地相比于城市规模已经迅速缩小，城市居民对真实乡村生活的追求也成为新的休闲选择。

（三）充分对称信息助力旅游决策

信息传播的方式对旅游行为决策有着至关重要的影响，互联网尤其是移动互联网的迅速普及极大改变了旅游行为决策过程。进入网络数字时代，旅游信息传播的方式更加多样、速度更快、范围更广，大众有多元化获取信息和互动交流的需求及能力，旅游行为决策也从依托亲友口碑传播和旅行社信息传播向依托网络评价口碑传播转变。各类互联网平台中聚合的海量点评、攻略、游记等信息，成为异地游客和本地居民消费决策的重要参考，进而产生了两方面的典型效应。

一是市场中的信息差异逐渐缩小促成了消费偏好的一致性表达。由于消费者群体可以以较低成本获取大量信息，本地和异地消费者的信息不对称被极大程度地缩小，大众喜爱的吸引物将同时为本地居民和异地游客所选择，这也解释了不同地域消费者的行为决策趋同特征。二是互联网平台中突出的网络经济和长尾效应同时满足了“大众化偏好”与“个性化需求”。线上交易使得旅游产品和服务的品类极大丰富，一些小众特色旅游目的地和旅游项目被各地消费者快速发现，优质的旅游商户有了更广阔的市场。

综上，充分且对称的信息改变了消费者的旅游决策方式。在未来，区分不同旅游偏好的标准应是基于完全信息的个人选择，而不再是基于信息差异的地域划分。

---

① 如一些旅游攻略为了凸显价值，往往冠之以“像本地人一样游××城市”的题目，这种营销方式对游客产生了较大影响。

（四）健全交通体系降低出行成本

交通基础设施建设是旅游产业发展、升级的重要条件之一。促使游客产生“本地化”旅游的行为决策，既要考虑到旅游者从定居地到目的地之间的流动，也要考虑到目的地内及从定居地到离开点之间旅行所需要的交通问题。当前的交通体系变革正是从这两个方面促进了旅游“本地化”现象的产生。一方面，高铁、航空线路及高速路网等公共交通体系不断完善以及伴随轿车普及而来的自驾游发展，减小了游客从居住地到目的地的可达性障碍。另一方面，目的地内部立体城市交通体系的打造，推动了“慢游”目标的实现，除了公共交通外，目的地网约车、共享单车等多类型的共享出行方式也解决了“最后一公里”出行难题，真正顾及到了游客作为外来者在目的地的流动需求，出行更加便利让长期驻留得以发生。

此外，自驾游的普及和城市内部交通体系的完善，同样让本地居民休闲游、乡村游、周边游的需求得以释放。因此，交通体系发展造成的出行成本降低对游客“居民化”和居民“游客化”均具有促进作用。

（五）丰富休闲业态满足多样需求

在旅游高质量发展的过程中，传统的旅游要素已经难以满足游客体验本地居民生活方式的多样化要求，因此，一方面是“食、住、行、游、购、娱”传统六要素中每一部分的丰富和深化，另一方面旅游要素也向着康养、游学、商务、运动等多种要素拓展。旅游目的地业态的不断丰富，是旅游“本地化”得以实现的重要依托。首先是旅游业正从单一景点景区建设管理向综合目的地服务转变，从门票经济向全产业链条的城乡经济转变，从封闭式的观光游览活动向全天候全范围全业态的综合性体验转变。其次是当前旅行服务商混业经营态势明显，旅游住宿、旅游景区、主题公园等典型行业开始从单一向复合型生活场景方向变迁，各城市也纷纷建设包含餐饮、娱乐、体育、休闲等多种功能的文旅综合体。最后是更多的生活服务业态承担了旅游休闲功能。原来属于典型本地生活服务场景的百货商店、美容美甲店、按摩店、超市、传统小吃摊、夜市、菜市场等不断与旅游业态融合发展，构成了主客共享的商业环境，取代了仅具有游览功能的景区，成为旅游消费的新聚集地。

文旅融合的快速发展，本地休闲娱乐设施的建设，增加了更多旅游吸引物，让旅游活动不再局限于个别景点，而是不断深入到城市的毛细血管中。在多种场景下，游客和居民的身份也逐渐模糊，城市生活服务业的繁荣构筑了一个主客共融的美好生活新空间。

三、政策建议

为更好适应旅游业“本地化”的发展新趋势，促进我国文化旅游业高质量发展，提出如下政策建议。

（一）加快融合发展，丰富文旅新业态

旅游业具有带动性强、关联度广的典型特征。为适应旅游业“本地化”的新发展趋势，今后要持续加快旅游业融合发展，丰富产品体系，创新文旅业态。一是要坚持旅游业和城镇化建设相融合。建设美丽乡村、旅游小镇、风情县城、文化街区、宜游名城，支持旅游综合体、主题功能区、中央游憩区等建设，增强城市商业区的旅游服务功能。通过提升城市目的地的生活品质，以“宜居”带动“宜游”。二是持续推动文旅融合，大力推动旅游演艺、文化遗产旅游、文化主题酒店、特色节庆展会等提质升级，提升旅游产品的文化底蕴、地方特色，加强文化传播，支持建设集文化创意、旅游休闲等于一体的文化和旅游综合体，拓展文旅消费新空间。三是加强文旅产业和体育产业、养老产业、娱乐业、金融业等多种产业业态融合、产品融合、市场融合，活化利用工业遗产，发展工业旅游，利用乡村文化资源，发展农业旅游。促进文教结合、旅教结合，培育研学旅行项目。结合传统体育、现代赛事、户外运动，实施文旅品牌培育升级。

（二）发力线上服务，构建发展新模式

网络数字时代，丰富的线上供给是吸引异地游客和本地居民进行旅游消费的重要基础。互联网既是消费者广泛进入到目的地居民的休闲场所和生活空间的信息搜寻工具，也是实现供需匹配，满足“本地化”需求的重要消费场景。网络数字时代，应加快推进线上线下融合，构建文旅消费发展新模式。一是赋能传统线下商户，推动生活服务业的全面线上化，通过在线交易不断创造新消费场景，更好发挥互联网的综合带动作用。二是依托线上服务平台系统联通城市内的旅游服务资源，实现城市全域景区之间的数据联动，提高文旅消费的全面性和便利度。三是推动本地生活服务供应网与地方旅游营销深度结合，创新线上营销手段，通过本地IP的打造构建城市文化形象，构筑目的地文化认同。

（三）借力平台经济，增强发展新动能

近年来平台经济的快速发展从多个方面赋能旅游产业，为文化与旅游融合创新和高质量发展提供了新动能。今后要借助互联网平台和数字技术在数据分析、交易撮合、精细管理等方面的优势，降低消费者决策成本，增强旅游决策的确定性、合理性、便利度。通过管理数字化赋能传统旅游企业，创新商业模式，提高经营效率，持续提升其服务质量和经营管理能力，提高旅游休闲行业的有效供给。充分发挥平台经济的长尾效应，为旅游休闲及各类生活服务业中小商户提供线上交易场所，不断丰富和完善本地生活服务及旅游产品，满足游客和居民的多样化、品质化需求。

（四）完善公共服务，推进旅游新基建

“十四五文化和旅游发展规划”指出，要“培育主客共享的美好生活新空间”。随着旅游业“本地化”趋势的发展，建设主客共享的旅游目的地，既能吸引游客，也能实现本地居民的文化权益和休闲需求的充分释放。一是要加强目的地公共服务体系建设，不仅需要建设景区景点和旅游

项目，而且要发展住宿、餐饮、休闲娱乐等多样化的生活服务，优化本地居民和异地游客的旅游休闲体验。二是要加速推进铁路、高速公路等大交通基础设施建设，优化内部交通，增强景区景点可达性，降低出行成本。三是紧紧围绕数字化发展，加强关键技术应用，推动5G、大数据中心、人工智能等新型基础设施建设，进一步加强旅游大数据分析和运用，有效提升旅游智慧化服务水平。四是加强旅游服务标准化工作，尤其要注重运用大数据等互联网技术，建设“互联网+旅游”服务标准，开展以游客评价为主的旅游目的地评价，并推动旅游市场监管向信息化、智能化方向发展，提升旅游配套服务水平。

我国冰雪旅游消费新趋势及政策建议

来有为　刘佳昊　林小琪　赵子木

发展冰雪产业，促进冰雪旅游消费，既是推广群众性冰雪运动，尤其让青少年群体得到全面锻炼和发展的重要抓手，也是促进体育、旅游行业高质量发展，构建双循环新发展格局的关键举措。近年来，我国冰雪消费关注度不断提升，冰雪消费蓬勃发展，特别是2022北京冬奥会的成功举办也为冰雪消费带来了新的发展机遇。建议丰富冰雪旅游消费业态，提升综合服务水平，加强冰雪旅游数字化建设，推动我国冰雪旅游高质量发展。

一、我国冰雪旅游消费发展形势分析

（一）冰雪旅游受疫情冲击大但复苏态势明显

近年来，我国冰雪旅游保持平稳较快增长态势。根据美团数据显示，在2019年下半年雪季期间①，全国冰雪旅游产品②订单额同比增长8.29%，订单量同比增长14.15%。2020年初突如其来的新冠肺炎疫情对我国冰雪旅游商户、景区产生了严重影响，2019年下半年至2020年上半年的雪季期间，全国冰雪旅游产品交易额同比下降47.01%，订单量同比下降41.92%。

① 本文按照通用分期方法，将每年1月1日—3月31日和11月1日—12月31日称为当年雪季。其中1月1日—3月31日称为上半年雪季，11月1日—12月31日称为下半年雪季。全文保持一致。

② 本文中所指的冰雪旅游产品，指名称中含有“冰雪、冰、雪”字段的旅游景区、商户等。

但是我国旅游行业的整体韧性较强，冰雪旅游也在国内疫情得到有效控制后实现了快速复苏。进入2020年下半年的雪季后，全国冰雪旅游产品交易额和订单量同比增长13.61%和23.46%。2021年全年雪季，全国冰雪旅游产品交易额和订单量分别同比增长100.60%和90.29%，实现了较大幅度的增长（见图2-18）。这说明冰雪旅游的消费基础正在扩大，以此推断，冬奥会后我国冰雪旅游消费将有更大的增长空间。

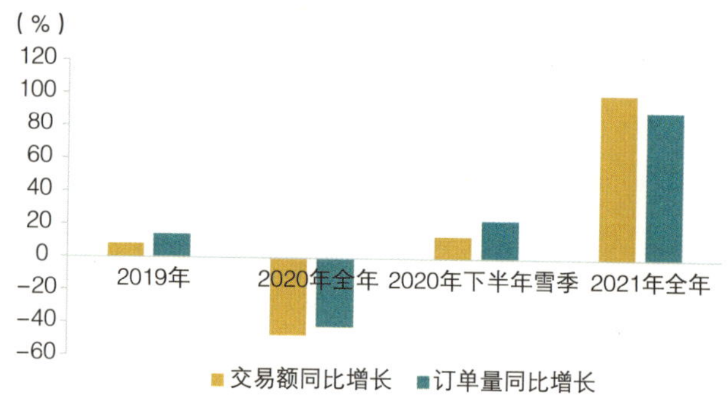

图 2-18　疫情前后全国冰雪旅游复苏及发展趋势

数据来源：美团研究院。

在冰雪旅游消费需求快速扩大的同时，相关供给也在持续增长。美团数据显示，美团收录的冰雪相关旅游景区的开业年份集中在2015、2016年，这与北京冬奥会成功申办的时间契合，显示冬奥会对冰雪旅游消费供给增长的重要促进作用（见图2-19）。从冰雪运动场馆的开业情况看，滑

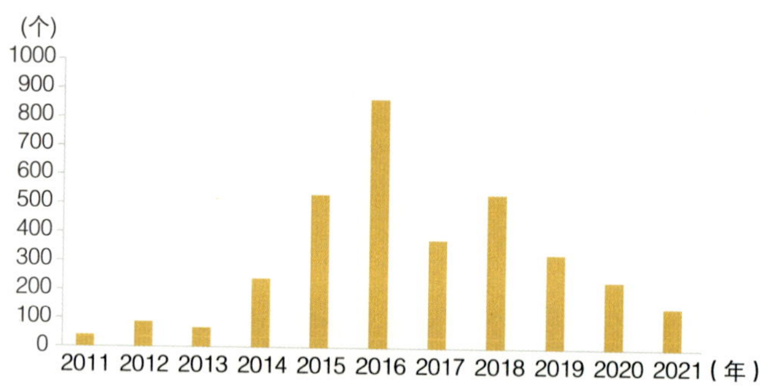

图 2-19　美团手机应用收录的冰雪景区开业年份分布

数据来源：美团研究院。

雪场的发展历程和冬奥会申办过程高度重合。2015年前新开业滑雪场、滑冰场数量较少，现存场馆的开业分布高峰也集中在2016、2017年，与冬奥会成功申办同期，2018年后新增滑雪场数量有所回落。这显示冬奥会成功申办显著带动了滑雪场、滑冰场的投资开业高潮（见图2-20）。

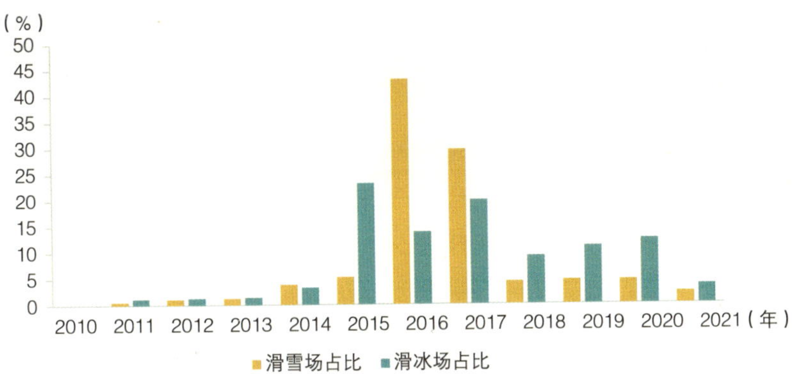

图 2-20　美团手机应用收录的滑雪场、滑冰场开业年份分布

数据来源：美团研究院。

（二）西北地区冰雪旅游消费呈快速增长态势

根据美团数据预测，2020年下半年及2021年雪季冰雪旅游目的地城市消费热门榜前十名分别为哈尔滨、沈阳、乌鲁木齐、大连、吉林市、长春、石家庄、呼和浩特、张家口和银川（见表2-4）。从榜单可以看出，除传统东北地区的优质冰雪旅游资源外，靠近京津消费大市场的河北、内蒙古以及位于西北地区的宁夏、新疆等地已成为冰雪旅游的新兴市场。依据冰雪旅游消费额排序，哈尔滨、沈阳、乌鲁木齐仍居前三位，拥有多个优质雪场的张家口和中国雪乡所在地的牡丹江排名迅速攀升，吉林市、大连、长春、呼和浩特、银川等城市也纷纷位列前十名之内。

表 2-4　2020—2021 年冰雪旅游目的地城市消费热门榜

排名	城市订单量排名	城市消费额排名
1	哈尔滨	哈尔滨

续 表

排名	城市订单量排名	城市消费额排名
2	沈阳	沈阳
3	乌鲁木齐	乌鲁木齐
4	大连	张家口
5	吉林市	牡丹江
6	长春	吉林市
7	石家庄	大连
8	呼和浩特	长春
9	张家口	呼和浩特
10	银川	银川
11	抚顺	石家庄
12	保定	西宁
13	西宁	保定
14	牡丹江	大同
15	大同	六盘水
16	包头	抚顺
17	伊犁哈萨克自治州	鄂尔多斯
18	海东	延边朝鲜族自治州
19	鄂尔多斯	伊犁哈萨克自治州
20	铁岭	海东

数据来源：美团研究院。

根据2019年雪季及2020年上半年雪季订单量增速数据，预测2020年下半年及2021年雪季冰雪旅游目的地城市消费飙升榜前十名分别为银川、延边朝鲜族自治州、呼伦贝尔、张家口、白山、大同、石家庄、长春、西宁、大连（见表2–5）。

表 2–5　2020—2021 年冰雪旅游目的地城市消费飙升榜（预）

排名	目的地城市	省份
1	银川	宁夏
2	延边朝鲜族自治州	吉林

续　表

排名	目的地城市	省份
3	呼伦贝尔	内蒙古
4	张家口	河北
5	白山	吉林
6	大同	山西
7	石家庄	河北
8	长春	吉林
9	西宁	青海
10	大连	辽宁

数据来源：美团研究院。

二、冰雪旅游消费内容丰富且带动效应明显

（一）冰雪旅游带动多种生活服务业态发展

旅游业的综合带动效应明显，冰雪旅游的发展拉动了冰雪旅游目的地周边餐饮、外卖、住宿等多种生活服务业态的消费。餐饮、住宿、外卖等旅游相关业态消费额占旅游总消费额的比重[①]，反映了本地生活服务业在目的地旅游发展过程中的支撑作用，也从侧面反映了目的地旅游景区消费对区域旅游消费的拉动作用。[②]

根据美团数据，以2019年旅游景区的消费拉动效应为例，乌鲁木齐的景区消费拉动效应整体较高。此外，不同城市在不同月份的拉动效应也存在差异，通常在雪季的3月和11月旅游相关业态的拉动效应会有所增强（见图2–21）。

① 根据《国家旅游及相关产业统计分类（2018）》，旅游业是指直接为游客提供出行、住宿、餐饮、游览、购物、娱乐等服务活动的集合，本文中的旅游相关业态指旅游业“食、住、行、游、购、娱”各要素中除去作为核心业态的“游”之外的各业态。由于数据可得性，本文中使用餐饮、酒店、民宿、外卖四项业态消费代指旅游相关业态。

② 本文使用“餐饮、酒店、民宿、外卖”四项业态消费额与景区门票额的比值度量旅游景区的消费拉动效应。

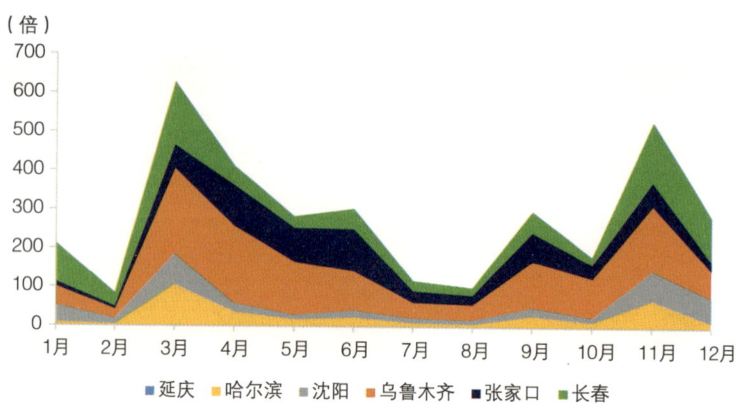

图 2–21　主要目的地城市景区的消费拉动效应

数据来源：美团研究院。

（二）冰雪运动消费增长迅速

随着居民生活水平和健康意识的提高，“体育+旅游”正成为休闲新风尚，疫情则使大众对运动与健康的重视程度进一步加强。近年来，我国群众冰雪运动消费热情不断提升，参与活动类型逐渐多元化。冰雪运动正从专业竞技走向大众休闲，从专门体育运动走向“大众冰雪嘉年华”，向着“三亿人参与冰雪运动”的目标迈进。2019年冰雪季，有约1.5亿人次参与了各种形式的冰雪运动，带动了冰雪运动消费。其中，对专业设施和场地要求不高的滑冰运动参与率最高，总参与人次占到了各类冰雪运动参与人次的54.8%，其次是具有大众休闲运动特征的冰雪嘉年华，滑雪运动参与率为42.6%（见图2–22）。近年来伴随着北京申办冬奥的全过程，我国滑雪人次也从2012年的不足800万增长至2019年的2090万人次[①]（见图2–23）。

① 数据来源：《滑雪产业白皮书》，由于疫情影响，并未统计2020年后情况。

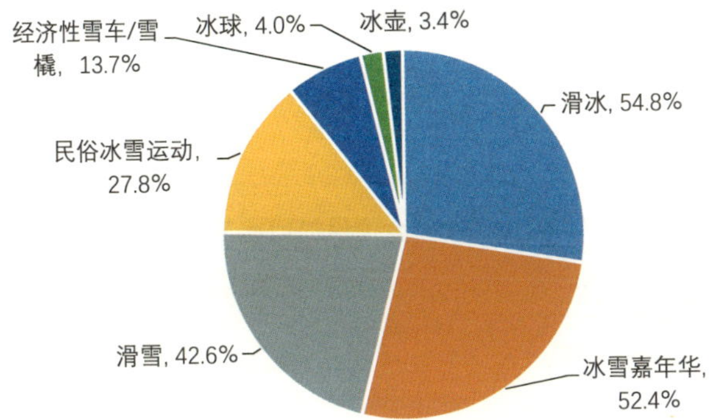

图 2-22 2019 年冰雪季群众各类冰雪运动参与率

数据来源：《滑雪产业白皮书》。

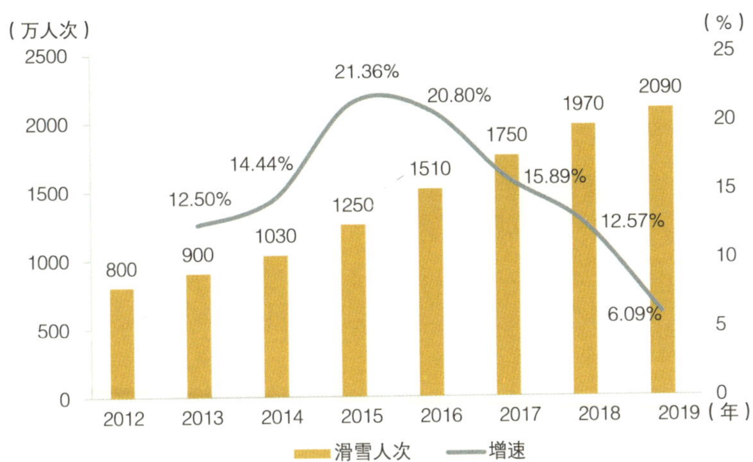

图 2-23 2012—2019 自然年中国滑雪场消费人次

数据来源：《滑雪产业白皮书》。

三、冰雪旅游目的地旅游消费特征

（一）总体分析：本异地游客的偏好不同，冰雪世界受青睐

依托美团数据，美团研究院分别对2019年和2021年冰雪季的全国冰雪旅游项目的订单量进行了分析。从全国来看，相较于专业的滑雪场，兼顾了本地休闲娱乐的冰雪世界以及专业技能要求较低的城市滑冰场等娱乐

项目更受大众青睐，且该特征在冰雪资源相对缺乏的南方城市更为明显。如2021年，在全国最热门的20个冰雪旅游景区中，冰雪世界类娱乐项目占一半以上（见表2–6）。

表2–6　2019年、2021年全国最热门冰雪旅游景区前20名

排名	2019年排名		2021年排名	
	项目名称	城市	项目名称	城市
1	哈尔滨冰雪大世界	哈尔滨	世界之窗阿尔卑斯冰雪世界	深圳
2	银基冰雪世界	郑州	什刹海冰场	北京
3	世界之窗阿尔卑斯冰雪世界	深圳	冰雪世界	周口
4	石林冰雪海洋世界	昆明	广州融创雪世界	广州
5	白鹿原滑雪场	西安	军都山滑雪场	北京
6	新都尖锋旱雪四季滑雪场	成都	重庆融创雪世界	重庆
7	广州融创雪世界	广州	湘江欢乐城欢乐雪域	长沙
8	冰雪城堡	郑州	白鹿原滑雪场	西安
9	追风冰上世界（顺德大信店）	佛山	照金国际滑雪场	铜川
10	军都山滑雪场	北京	奇特冰雪乐园	温州
11	静之湖滑雪场	北京	怀北国际滑雪场	北京
12	丝绸之路国际滑雪场	乌鲁木齐	南山滑雪场	北京
13	冰雪世界	温州	东北亚滑雪场	沈阳
14	雪飘飘冰雪世界	广州	乔波冰雪世界	绍兴
15	冰星真冰滑冰场（汇一城店）	东莞	冰雪世界	温州
16	乔波冰雪世界	绍兴	采薇庄园四季滑雪场	太原
17	怀北国际滑雪场	北京	怪坡国际滑雪场	沈阳
18	追风冰上世界（大信店）	中山	无锡融创雪世界	无锡
19	怪坡国际滑雪场	沈阳	蓟洲国际滑雪场	天津
20	冠军蹦床滑雪主题公园	沈阳	昆明融创雪世界	昆明

数据来源：美团研究院。

若仅考察冰雪旅游目的地城市的冰雪旅游景区订单量数据，哈尔滨冰雪大世界、丝绸之路国际滑雪场、怪坡国际滑雪场、冠军蹦床滑雪主题公园、棋盘山冰雪大世界、东北亚滑雪场、哈尔滨融创雪世界、白云国际滑雪场、白清寨滑雪场、沈阳奥体冰雪嘉年华分列热门榜榜单前十。榜单结果显示，哈尔滨、沈阳、乌鲁木齐、大连、吉林市、西宁等城市的冰雪旅游景区吸引力较强（见表2-7）。

表 2-7 2020—2021 年冰雪旅游目的地城市最热门景区前 20 名

排名	景区名称	城市
1	哈尔滨冰雪大世界	哈尔滨
2	丝绸之路国际滑雪场	乌鲁木齐
3	怪坡国际滑雪场	沈阳
4	冠军蹦床滑雪主题公园	沈阳
5	棋盘山冰雪大世界	沈阳
6	东北亚滑雪场	沈阳
7	哈尔滨融创雪世界	哈尔滨
8	白云国际滑雪场	乌鲁木齐
9	白清寨滑雪场	沈阳
10	沈阳奥体冰雪嘉年华	沈阳
11	林海滑雪场	大连
12	鸣山绿洲滑雪场	吉林市
13	北川冰雪世界	西宁
14	阅海公园滑雪场	银川
15	五里河冰雪乐园	沈阳
16	热高冰雪世界	抚顺
17	名都滑雪场	哈尔滨
18	万科松花湖滑雪场	吉林市
19	大同万龙白登山国际滑雪场	大同
20	正定英丽冰雪嘉年华	石家庄

数据来源：美团研究院。

对于哈尔滨等六个主要的冰雪旅游目的地城市，相对专业的滑雪场也受到游客的青睐，滑雪场作为核心旅游吸引物，对这些北方城市的冰雪旅游发展起到了重要的促进作用（见表2-8）。

表 2-8　主要冰雪旅游目的地最受欢迎的冰雪旅游项目前五名

排名	北京延庆	哈尔滨	沈阳	乌鲁木齐	张家口	长春
1	万科石京龙滑雪场	哈尔滨冰雪大世界	东北亚滑雪场	丝绸之路国际滑雪场	长城岭滑雪场	庙香山滑雪场
2	八达岭滑雪场	哈尔滨融创雪世界	棋盘山冰雪大世界	白云国际滑雪场	万龙滑雪场	长春莲花山世茂滑雪场
3	张山营冰雪嘉年华	名都滑雪场	怪坡国际滑雪场	维斯特滑雪场	太舞滑雪小镇	欧悦冰上赛车国际俱乐部
4	——	玉泉金都滑雪场	白清寨滑雪场	植物园冰雪大世界	翠云山银河滑雪场	雪立方运动摩尔
5	——	亚布力新体委滑雪场	冠军蹦床滑雪主题公园	——	富龙滑雪场	天定山长春冰雪新世界

数据来源：美团研究院。

（二）餐饮消费分析："火锅""烧烤""东北菜"更受消费者偏爱

通过对主要冰雪旅游目的地城市异地游客最喜爱的餐饮类型前五名进行分析可以看出，火锅与烧烤两大品类在各冰雪旅游目的地城市中均名列前茅，这也与全国范围内的总体偏好相一致。在哈尔滨、长春、沈阳三个省会城市，东北菜均榜上有名；在乌鲁木齐，新疆菜受到游客的喜爱，这也说明本地特色美食仍是游客餐饮消费的重要选择（见图2-24）。

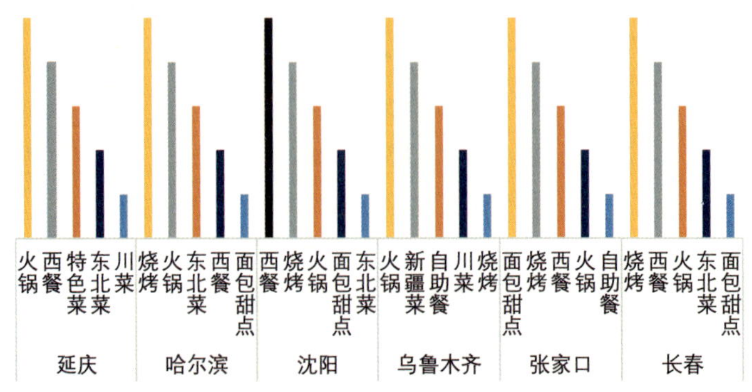

图 2-24　主要目的地城市游客餐饮消费偏好

数据来源：美团研究院。

（三）消费客群分析：本地居民购买力强，年轻群体成为冰雪旅游消费的主力军

从全国来看，本地居民仍是冰雪旅游项目的主要消费者，且相较于疫情前的2019年，近一段时间的本地订单量进一步提升。数据显示，2021年本地游客占游客总量的74.98%，比2019年提升18.1个百分点；跨省游客则降低15.15个百分点至11.08%（见图2-25）。

从冰雪旅游消费者的年龄结构看，年轻群体成为了冰雪旅游消费的主力军。2021年全国冰雪旅游游客中30岁以下群体的占比已经超过50%，"00后"占比更是达到4.74%，相较于2019年提升2.91%个百分点（见图2-26）。

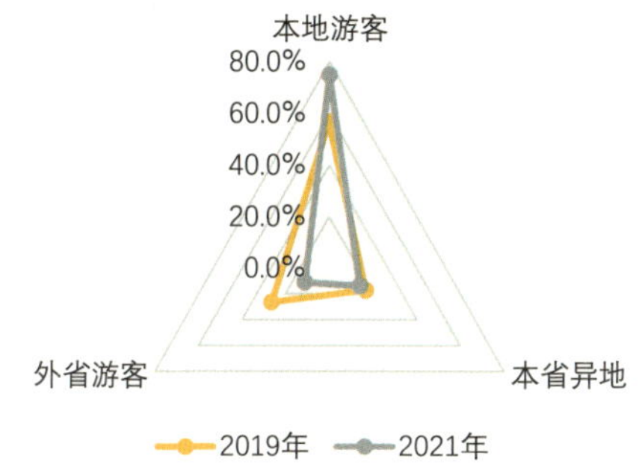

图 2-25　2019 年 / 2021 年全国冰雪旅游消费者的来源分析

数据来源：美团研究院。

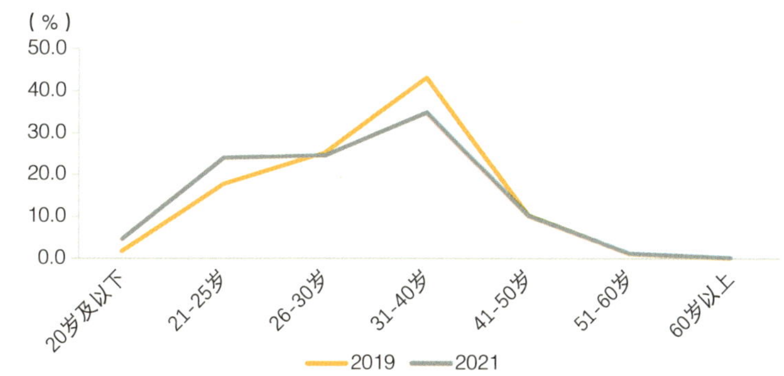

图 2-26　2019 年 / 2021 年全国冰雪旅游消费者的年龄结构

数据来源：美团研究院。

四、线上评价影响消费决策，提升景区服务水平愈发重要

在数字时代，网民评价逐渐成为游客出行决策的重要信息，游客倾向于在出行之前以各类网络榜单做参考，制定旅游出行计划。依托美团数据，我们对近年来全国冰雪旅游景区的游客评论进行了词云分析，可以发现，价格与服务是游客最关心的两个关键词条，价格高和服务差成为游客最常抱怨的内容。此外，设施陈旧、交通不便、环境差、项目少等描述也频频出现在差评词条中（见图2–27）。而对好评进行词云分析发现，人气旺是最高频的好评词条，服务、环境、体验、性价比等也是重要的评价维度，这凸显出服务水平对游客消费决策具有重要影响（见图2–28）。

图2–27　全国冰雪旅游景区差评词云

数据来源：美团研究院。

图2–28　全国冰雪旅游景区好评词云

数据来源：美团研究院。

五、促进我国冰雪旅游高质量发展的对策建议

（一）开拓冰雪旅游新兴消费市场

随着大众休闲需求的增加与冰雪运动的普及，除东北、华北等传统冰雪旅游目的地外，近年来也涌现出了一些新兴的冰雪消费市场。这一方面体现在冰雪旅游客源地城市的增加，另一方面也体现为许多客源地城市正在向目的地城市的角色转变。西北、华中、西南等拥有冰雪资源的城市正在转变为区域性冰雪旅游目的地；而华东、华南、东南等缺乏冰雪资源的地区，一些城市通过开发室内冰雪场馆、冰雪乐园等娱乐体验项目成功实现了冰雪消费的快速增长。因此，未来我国冰雪旅游的高质量发展，要更加重视对新兴市场的拓展，加快形成“区域型冰雪体验中心——全国性冰雪旅游目的地——世界级冰雪旅游度假区”的供给层级结构，为我国冰雪旅游发展提供重要支撑。

（二）丰富目的地冰雪休闲业态

旅游业的综合带动效应较为明显。促进冰雪旅游消费不仅要着眼冰雪本身，而且要构建便利、丰富的生活服务消费环境。一是推动兼具本地化特色和国际化水平的餐饮、住宿、娱乐等多种业态的发展，提升对消费者的综合吸引力，吸引外地游客驻留，延长游客旅游时间，充分发挥旅游业的拉动作用。二是进一步加强冰雪旅游目的地的整合营销以及休闲娱乐项目建设，拓展冰雪旅游消费场景，繁荣本地冰雪休闲市场，提升景区景点对本地休闲游、亲子游消费者的吸引力，促进本地居民冰雪休闲消费和外地游客冰雪旅游消费的协调发展。

（三）提升冰雪旅游综合服务水平

第一，做好基本公共服务。由于部分景区景点气候寒冷，冰雪旅游消费者更加需要周到细致的服务，这也成为提升其消费满意度和获得感的重

要途径。要加大冰雪旅游目的地基础设施建设力度，构建涵盖交通通信、旅游集散、信息咨询、自驾服务、标识体系等多要素的公共服务体系，提升景区景点接待水平和服务质量，提升游客体验。

第二，做好运动培训服务。许多冰雪旅游项目具有一定的专业性要求，参与者需要进行相应的训练并获得运动娱乐技能。我国群众性冰雪运动尚处于起步阶段，初次滑雪者的占比较高，客观上需要为不同层次的消费者提供相应的培训和教练服务。今后要继续完善冰雪运动教练员培养体系，发展教练员队伍，提供多层次的培训教学服务。例如，开展对初学者的义务基础教学和对爱好者的针对性教学，以此提升消费的便利度和运动的安全性。

第三，做好旅游安全服务。针对商户和消费者加强安全教育，尤其是做好雪场安全预警、运动保护和应急救援工作，具有安全风险的场地需组织专门的急救团队，对滑雪、滑冰初学者进行安全指导，降低安全风险。

（四）加强冰雪旅游行业数字化建设

进一步提高冰雪旅游行业在线化率，依托数字技术从供需两端赋能冰雪旅游发展。在供给侧，加强政企合作，通过“线上预约平台+智能终端设备+数字管理系统”促进商户数字化转型，帮助景区景点在财务分析、宣传营销、订单管理、客户运营等方面实现高效管理，加快景区数字化能力建设；促进冰雪旅游景区与在线旅游服务电商的协同，保障冰雪旅游景区预约、限流工作的正常进行。在需求侧，实现冰雪旅游景区与电商旅游平台在数据、资源等层面实现共建共享，利用团购、直播、预售等方式开展一系列创新性营销，向消费者传递有效的信息；另一方面依托完善的在线平台服务，更好地满足消费需求。

加快发展即时零售　助力零售行业转型升级

刘佳昊　张琳

便利化是零售业发展的重要方向，也是我国零售行业演进的重要轨迹之一，甚至有学者认为，新中国的零售业发展史，可以部分地通过零售或购买的便利化来呈现或说明。伴随着网络数字技术的迭代升级与经济社会环境的不断变化，更加便利化的新型零售业态不断涌现，即时零售作为其中一类典型商业模式，不仅满足了消费者的便利化需求，还对我国流通效率的提高、供给侧改革的推进以及经济循环的畅通产生重要贡献。基于实地调研与行业数据分析，本节对即时零售的内涵特征、发展现状、产生背景、重要意义、面临挑战等进行了系统性分析。

一、即时零售的概念及发展现状

（一）即时零售的内涵与特征

即时零售是以即时配送体系为基础的高时效性到家消费业态，属于典型的零售新业态和消费新模式。[①]即时零售一般分为平台经营和自营两种商业模式。与传统的线下零售渠道以及其他的网上零售相比，即时零售具有若干典型特征：一是线上线下高度融合。即时零售是囊括了线上交易

① 针对即时零售也有许多不同的表述，如“分布式零售”（详见《又玩新概念？从Dmall来看分布式零售》（知乎zhihu.com）），“微距电商”（详见《微距电商时代是即时零售的最大机会》（搜狐sohu.com））等，但其商业本质都体现了即时零售的特征。

平台、线下实体零售商[①]、第三方（或商户自有）配送物流的完整零售体系。线上购物平台需要打通与线下商户的商流和信息流，作为消费者购买行为的入口，线下实体商户也需要进行一定程度的数字化改造以适应新的线上消费模式。二是配送流程周期较短。由于即时零售满足的是消费者应急性、即时性需求，时效性极强，因此即时零售的商品配送时间一般控制在1小时以内，甚至多数场景能实现半小时内送达。由于对配送效率的要求，即时零售也较少出现跨城市交易，更侧重于同城服务，体现为本地零售商户的线上化和数字化。即时零售对比其他零售业态存在一些区别（见表2–9）。

表2–9 即时零售与其他零售业态对比分析

	传统实体零售	传统网络零售	传统O2O	社区电商	即时零售
下单场所	线下	线上	线上	线上	线上
交付方式	进店消费	送货到家	进店消费	送货到家	送货到家
送达时间	—	2–5天	—	次日	30分钟–1小时
需求价格弹性	中	中	高	高	低

资料来源：作者收集整理。

即时零售的商品种类不断丰富，从当前的订单量数据来看，水果、酒饮、休闲食品、生鲜等多种品类需求旺盛，美妆、母婴等商品具有较大的发展潜力（见图2–29）。

从订单的下单分布时间看，即时零售在午餐前和晚餐前后的时间段需求较为旺盛，其中17—20时下单的订单量占全天单量的近30%（见图2–30）。

① 目前已经有部分零售商户专注于线上，建设前置仓作为线上销售的仓储、分拣点，不承担任何线下购物功能。这可能是一个重要的趋势，但是短期内即时零售的发展仍然需要传统线下商户实现线上线下融合，转型为多渠道零售商。

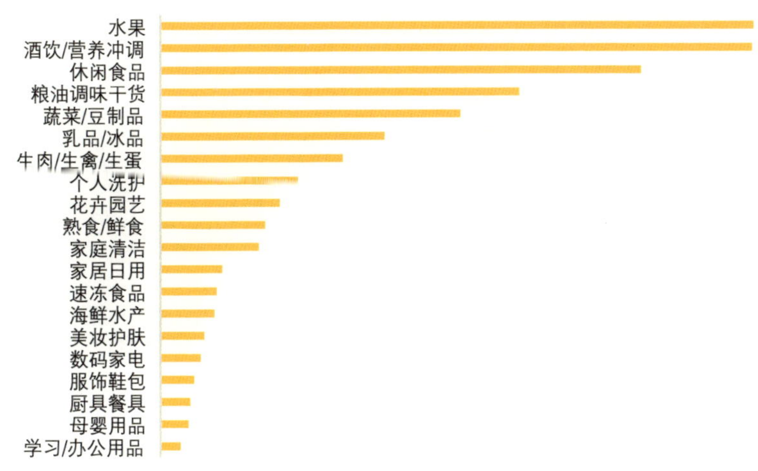

图 2–29 即时零售热门商品品类

数据来源：美团2021年闪购订单数据。

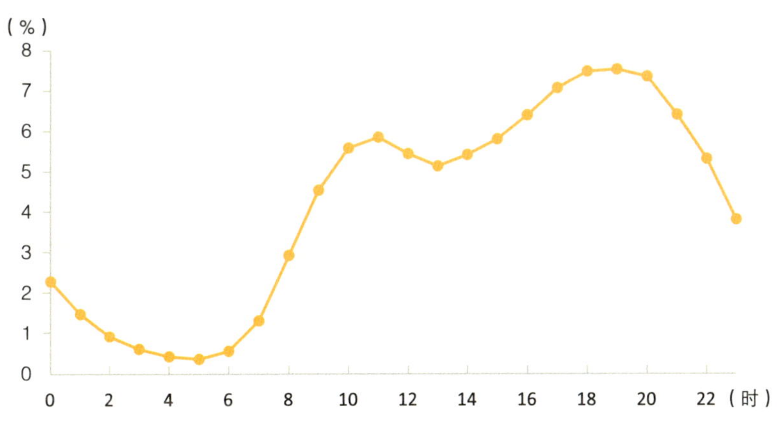

图 2–30 即时零售订单下单时间分布

数据来源：美团2021年闪购订单数据。

从订单的下单场景看，住宅区场景最为常见，订单量占比超过60%，而企业/写字楼、酒店、商铺、学校等场景也有较多订单分布，充分体现出即时零售场景丰富、满足大众即时性需求的特点（见图2–31）。

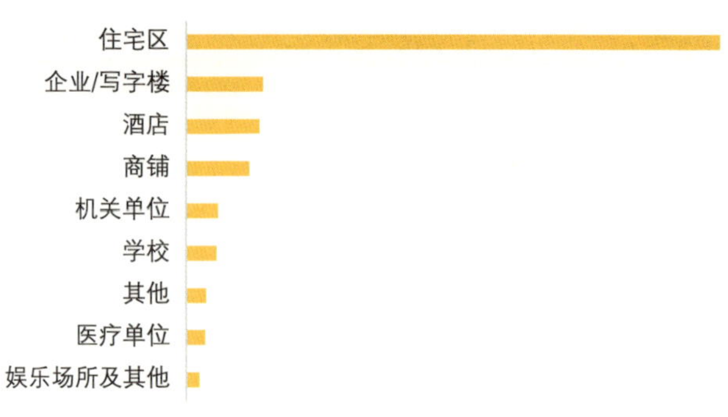

图 2–31 即时零售订单下单场景分布

数据来源：美团2021年闪购订单数据。

（二）即时零售正在快速发展

近年来，即时零售的规模正在快速扩大。根据美团商业分析团队的测算，2020年即时零售的相关市场规模约为1500亿元，占2020年全国实物商品网上零售额（97590亿元）的比重达到1.5%。预计到2025年，即时零售行业相关市场规模将超过7000亿元，预计即时零售相关市场在2019—2025年之间的年复合增长率将超过38.3%，行业整体具有强劲的增长动力和巨大的增长空间。

（三）即时零售催生创新业态

即时零售的快速发展，也催生出以“闪店仓”为代表的新业态。前置仓是将仓库（配送中心）从城市远郊的物流中心前移到离消费者更近、便于更快送达的一种解决方案。伴随着前置仓准入及经营的低门槛化，市场主体已经开始把商超品类中某个细分品类单独拿出来做主营新业态开发，出现了生鲜前置仓、前店后仓、便利店前置仓、无人前置仓等多种新业态。在此背景下，美团围绕便利店前置仓新业态孵化出了“闪店仓”，是24小时为用户提供更丰富、更精准、更高性价比的商品及服务零售的到家业态，助力城市建设快捷的便民服务零售设施。“闪店仓”与传统的生鲜前置仓类似，但是以毛利较高的预包装快消品和日百品类为主，更加突显零售服务的专业化，且具有较为明显的成本优势。与线下便利店相比，“闪店仓”也具有一定的差异化竞争优势。一是“闪店仓”的经营品项数量更多。仓库模式下使得同样的面积上可以承载更多商品，如“闪店仓”经营3000～5000支以上SKU（Stock Keeping Unit，库存量单位），而线下连锁便利店一般经营1000～2000支SKU。二是品类结构上丰富度更高。线下便利店主营烟酒杂货鲜食，“闪店仓”则主做日用百货及快消品类，还可经营高毛利的长尾商品，如泳衣、电热毯等。三是可成为新零售品牌孵化器。“闪店仓”是新的零售渠道，选品较少受通道费盈利模型制约，其大量引入了新型品牌，并正在尝试搭建独立的供应链平台，未来可以成为城市新品牌孵化器。四是“仓+配”属性优势显著。在运营模式上，“闪店仓”可以支撑商品的大进大出、规模履约到家订单，更具有仓的属性，配送履约服务效率更高。

“闪店仓”新业态快速发展，当前除了便利店前置仓模式外，市场上也出现了“前置仓+母婴用品”“前置仓+宠物用品”“前置仓+无人零售”等具体细分。截至2021年年底，美团建设的“闪店仓”已覆盖全国45个城市，共上线仓店500余家，计划两年内完成1万家仓店的上线，让越来越多的用户享受到即时零售的便利服务。

二、即时零售业态产生与发展的背景和条件

以“零售轮”“真空地带”“零售手风琴”“自然选择”“零售生命周期”等多种理论假说为代表的研究显示，零售业态演进发展与结构创新变化受到市场环境、供需关系、微观行为的多重影响。研究发现，即时零售近年来的快速发展，也与宏观经济及政策环境变化，人口结构改变，网络数字技术成熟以及竞争环境演变等因素密切相关。

（一）宏观经济环境变化

从宏观层面考察，我国经济水平提升、产业结构变化及城镇化率增长

为即时零售的萌芽和发展创造了条件。

第一，宏观经济稳定增长。从总量层面看，2020年我国国内生产总值达到101.6万亿元，比上年增长2.3%，是疫情中全球唯一实现经济正增长的主要经济体。我国近十年来的经济增速也领先于美国、欧盟及各新兴经济体，长期稳定的经济增长是零售行业快速发展及业态创新的重要支撑。

第二，增长动力发生变化。2014年以来，在拉动经济增长的“三驾马车”中，消费已逐步取代投资和出口，成为我国经济增长最主要的动力。2019年，最终消费支出对经济增长的贡献率为57.8%，而资本形成总额、货物和服务进出口的贡献率分别为31.2%和11%。同时，2019年我国社会消费品零售总额达到411649亿元，按照2019年人民币兑美元平均汇率（6.8985∶1）折算为59672亿美元，仅次于同年美国的社会消费品零售总额（62375亿美元），我国已成为全球第二大消费市场。[①]消费空间的扩大既是消费升级的基础，也是零售业态发展和演进的前提。

第三，产业结构的变化。改革开放以来，我国产业结构不断优化，经济增长由主要依靠第二产业带动转向依靠三次产业共同带动，服务业逐渐成为国民经济的第一大产业和经济增长的主要动力（见图2–32）。三次产业结构变化带来了若干影响。一是第三产业的发展，吸引大量劳动力涌入，服务业就业人口的增加成为我国配送体系发展壮大的重要基础。二是服务消费快速发展，部分开始于生活服务领域的消费升级趋势产生了比较强的示范效应，快速向商品零售等领域延伸。如外卖作为典型的即时配送业务，在被社会广泛接受后衍生出“万物到家”的概念，促使配送商品从餐食向生鲜、鲜花、药品等拓展。

① 由于受新冠肺炎疫情影响，2020年中国及全球消费数据与长期趋势存在偏差，故采用2019年数据进行分析。

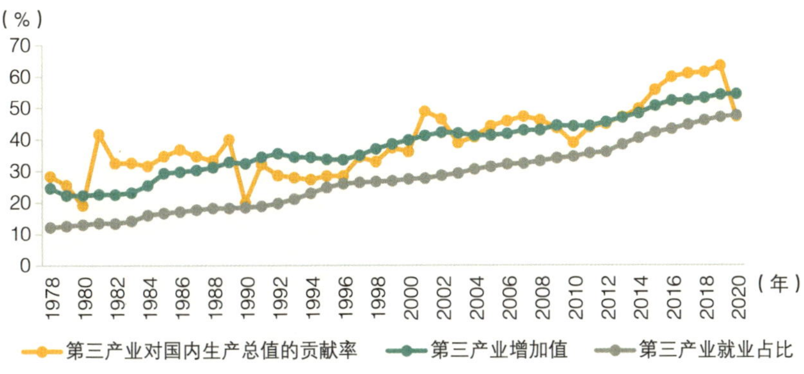

图 2-32　改革开放以来我国服务业主要指标变化（1978—2020）

数据来源：国家统计局。

第四，城镇化持续推进。国家统计局数据显示，至2020年末，我国常住人口城镇化率已经达到63.89%，比2011年提高了12.62个百分点，年均提高约1.40个百分点；户籍人口城镇化率达到45.4%，比2015年提高了5.5个百分点，年均提高1.1个百分点。城市规模的不断扩大引发工作、购物、居住、娱乐等不同属性集聚区的分离，导致居民通勤和物流时间延长；城市生活节奏的加快提高了消费者的单位时间成本；城市经济的持续发展，也通过“收入效应”和“示范效应”传导，持续引发城乡居民消费升级。以上三方面变化使得经济发展对城市内部的商品流通效率提出了更高的要求。

（二）国家政策大力支持

零售行业的业态模式创新和转型升级需要有良好的政策环境支持。近几年国务院及各部委出台的多项政策文件均明确表示出对零售业态数字化改造、线上线下融合发展的方向性指引，即时零售作为其中的典型业态，获得了充足的发展空间。本章将近年来的政策文件进行了归纳（见表2-10）。

表 2-10　近五年来支持零售新业态的政策文件梳理

年份	出台部门	文件名称	具体表述
2021年3月25日	国家发改委等28部门	《加快培育新型消费实施方案》	鼓励便利店企业应用现代信息技术建立智慧供应链，推动数字化改造……组织指导各地开展线上线下深度融合的促销活动
2021年03月05日	国务院	《政府工作报告》	运用好“互联网+”，推进线上线下更广更深融合，发展新业态新模式，为消费者提供更多便捷舒心的服务和产品
2020年09月21日	国务院办公厅	《国务院办公厅关于以新业态新模式引领新型消费加快发展的意见》	支持互联网平台企业向线下延伸拓展，加快传统线下业态数字化改造和转型升级，发展个性化定制、柔性化生产，推动线上线下消费高效融合、大中小企业协同联动、上下游全链条一体发展。引导实体企业更多开发数字化产品和服务
2019年08月27日	国务院办公厅	《国务院办公厅关于加快发展流通促进商业消费的意见》	顺应商业变革和消费升级趋势，鼓励运用大数据、云计算、移动互联网等现代信息技术，促进商旅文体等跨界融合，形成更多流通新平台、新业态、新模式
2018年10月11日	国务院办公厅	《国务院办公厅关于印发完善促进消费体制机制实施方案（2018—2020年）的通知》	高标准布局建设具有国际影响力的大型消费商圈，完善“互联网+”消费生态体系，鼓励建设“智慧商店”“智慧商圈”
2016年11月11日	国务院办公厅	《国务院办公厅关于推动实体零售创新转型的意见》	建立适应融合发展的标准规范、竞争规则，引导实体零售企业逐步提高信息化水平，将线下物流、服务、体验等优势与线上商流、资金流、信息流融合，拓展智能化、网络化的全渠道布局。培育线上线下融合发展的新型市场主体
2016年04月21日	国务院办公厅	《国务院办公厅关于深入实施“互联网+流通”行动计划的意见》	以满足消费者需求为中心，积极开展全渠道经营，支持企业突出商品和服务特色，充分应用移动互联网、物联网、大数据等信息技术，在营销、支付、售后服务等方面线上线下互动，全方位、全天候满足消费需求，降低消费成本

续 表

年份	出台部门	文件名称	具体表述
2015年09月18日	国务院办公厅	《国务院办公厅关于推进线上线下互动加快商贸流通创新发展转型升级的意见》	支持实体店通过互联网展示、销售商品和服务，提升线下体验、配送和售后等服务，加强线上线下互动，促进线上线下融合，不断优化消费路径、打破场景限制、提高服务水平。鼓励实体店通过互联网与消费者建立全渠道、全天候互动，增强体验功能，发展体验消费……鼓励零售企业利用互联网技术推进实体店铺数字化改造，增强店面场景化、立体化、智能化展示功能，开展全渠道营销

资料来源：中国政府网。

（三）人口结构发生变化

人口结构的变化使大众消费需求及供给模式产生深刻变化，这也是即时零售业态产生的重要条件。当前人口结构变化对即时零售的影响主要体现在以下两方面。

第一，家庭小型化趋势延续。1964年人口普查以来，我国户均人口就呈现长期下降趋势（见图2-33）。2021年最新公布的第七次全国人口普查数据显示，2020年平均每个家庭户的人口为2.62人，比2010年的3.10人减少0.48人。家庭规模变小对即时零售的发展有较为显著的促进作用，在总体水平上，这体现为家庭小型化对人均消费倾向的提升；在消费结构上，这体现为食品、日用品类消费占比的提高，这两类正是即时零售主要销售的商品类型。此外，家庭劳动成本升高，也促使各项消费需求更倾向于社会化、便利化。

第二，人口老龄化速度加快。截至2020年年末，我国60岁及以上人口已经超过2.6亿人，占总人口的比重为18.7%，为近十年来最高（见图2-34、图2-35）。预计“十四五”期间60岁及以上老年人口的规模年均增长约1000万人，远高于“十三五”期间年均增长700万的增幅，预计未来

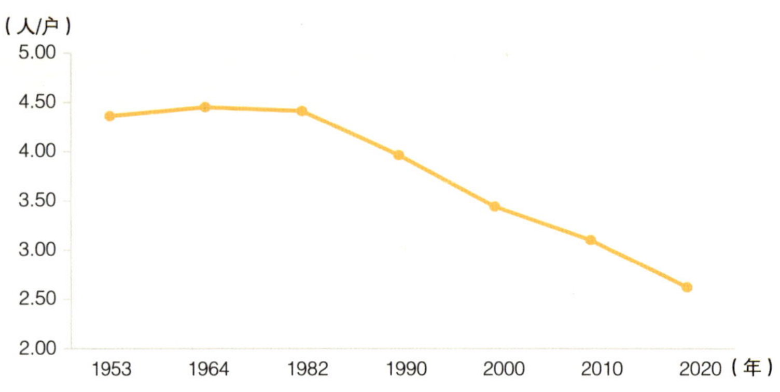

图 2-33　1953—2020 年中国家庭户均人口规模变化趋势

数据来源：国家统计局。

5年我国60岁及以上人口将突破3亿人。老龄化从供需两方面促进了即时零售发展，在供给侧，老龄化会倒逼企业以技术和人力资本替代劳动和物质资本，促进产业结构升级，从而推动传统零售企业数字化改造；在需求侧，庞大的老年人口增加了药品、保健品及日用品的到家消费规模，促进零售业态不断向即时配送、线上线下融合发展。当前数据显示，年轻群体仍为即时零售的消费主力（见图2-36），但随着更多适老化产品的推出及数字鸿沟的弥平，老年人到家消费将有更大的增长空间。

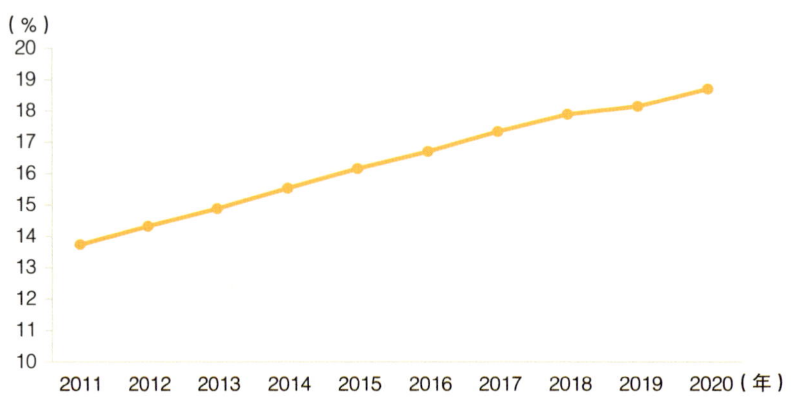

图 2-34　近十年我国 60 岁及以上人口占比

数据来源：国家统计局。

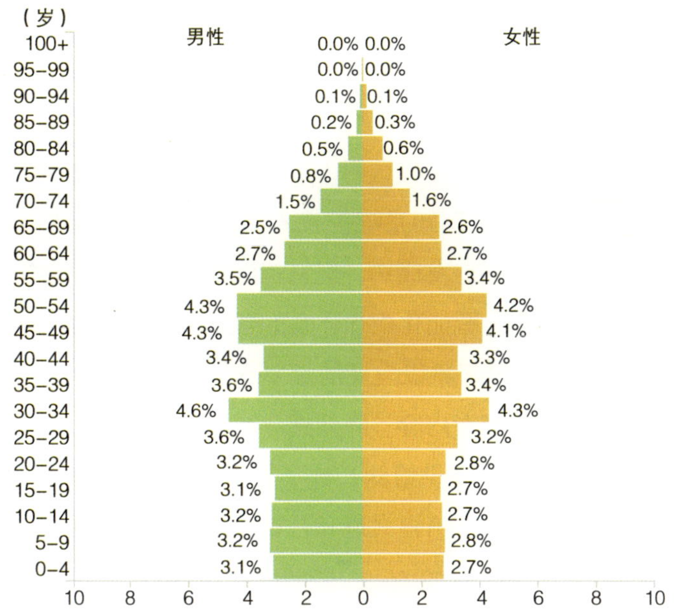

图 2-35 中国人口结构金字塔（2020）

数据来源：https://www.populationpyramid.net/。

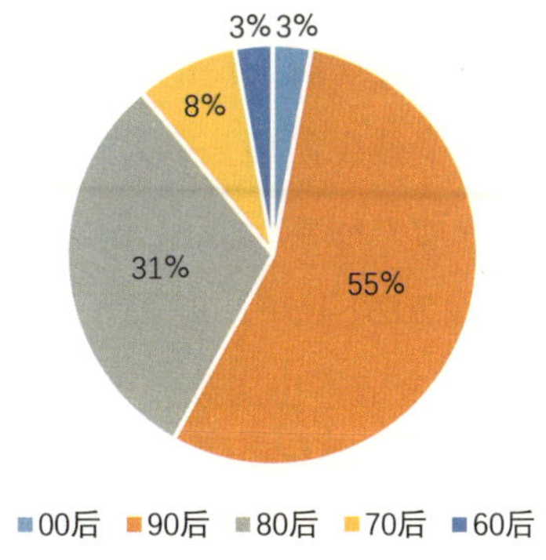

图 2-36 即时零售用户年龄分布

数据来源：美团研究院调查研究报告《发展即时配送行业 助力构建新型消费体系》。

（四）技术条件逐渐成熟

数字技术的成熟给即时零售发展创造了有利条件。随着数字技术的快速升级与广泛应用，依托“互联网+”的新模式、新业态有较大的增长潜力，即时零售行业的资源配置模式不断优化，线上线下融合程度不断加深。目前，我国即时零售行业已初步形成了需求端、供给端、配送端相互支撑、相互协同的生态体系，通过整合多方资源，赋能产业链，有效带动了线下商户的数字化转型。在配送侧，随着算法技术、调度系统、规划系统、IOT系统、LBS系统、感知系统等技术的进步，即时零售业态从拣货到配送的智能一体化方案愈发成熟，交易范围不断扩展，配送体验持续优化，履约效率不断提高。智能化配送体系的建立健全是满足“即时性”需求的核心能力，是即时零售得以发展的重要支撑。在需求侧，交易的线上化能够帮助消费者拓展消费内容、降低搜寻成本、满足便利化需求，是即时零售发展的核心动能。在供给侧，数字化运营帮助商户提高运营效率、完善商品和用户管理、丰富销售渠道和营销手段，是即时零售发展的重要条件。

（五）行业竞争日趋激烈

近年来，我国零售企业的挑战不断增加，商户普遍面临转型压力。一是经营成本持续上升。我国劳动年龄人口的总量在2012年达到峰值9.22亿人后，增量由正转负进入总量减少阶段。我国单位劳动力成本与全球平均水平差距不断缩小，名义劳动力成本，尤其是服务业、零售业用工成本更是大幅上升。数据显示，除2020年外，近三年来中国商业地产租金指数均呈现上升趋势[①]，零售业租金成本也居高不下。毕马威指数发布的报告显示，部分零售样本企业的职工薪酬与房租占总费用6成以上（见图2–37），零售业需要提升人效、坪效，进行提质升级。二是零售行业商户面临的竞争压力加大。传统零售商户不仅受到线下愈发多样的零售业态竞争挑战，还受到线上商品零售的冲击，竞争优势和利润不断下降，生存空间日益缩小。国家统计局数据显示，2020年实物商品网上零售额为97590亿

① 数据来源：2018中国商铺租金指数研究报告（房天下产业网fang.com）；2019中国商业地产租金指数研究报告（baidu.com）；2020中国商业地产租金指数研究报告（baidu.com）。

元，按可比口径计算，比上年增长14.8%，占社会消费品零售总额的比重为24.9%，比上年提高4.0个百分点。零售商户亟需进行数字化转型，加速线上线下融合，学习新的经营理念，实现降本增效，提高组织效率，创新运营模式，拓展销售渠道，使企业形成全渠道的价值共创机制。

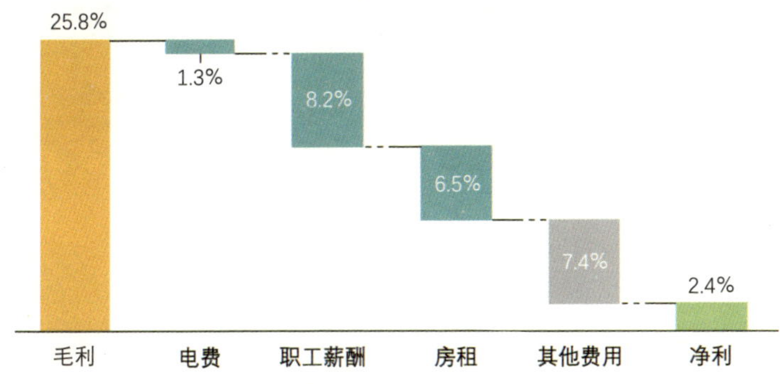

图 2–37 部分零售样本企业费用构成（2020）

数据来源：2015—2020年CCFA便利店调研，毕马威分析。

（六）防疫新要求加速即时零售发展

除了经济社会发展各类因素的长期影响，2020年突发的新冠肺炎疫情也对即时零售的快速发展起到了极大的推动作用。疫情期间，消费者活动范围收缩，线上消费行为明显增加，线上消费习惯快速养成，消费者更希望在家就能快速拿到商品。联合国发布的《疫情与电商：全球回顾》报告表示，在疫情期间，全球尤其是新兴经济体中的电子商务实现了快速增长，且这一增长具有长期趋势，有超过50%的受访者希望在疫后继续更经常地进行在线购物。以美团的即时零售业务“美团闪购”为例，疫情期间消费者对美团闪购的认知程度迅速提升（见图2–38），“万物到家”的消费模式更加深入人心。

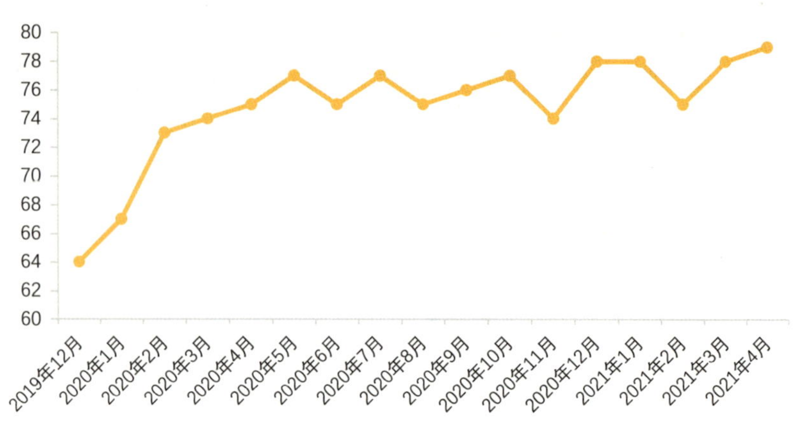

图 2–38　美团闪购消费者认知指数

数据来源：美团。

注：根据美团闪购业务部门针对样本消费者的调查问卷测算得出。

三、发展即时零售业态的重要意义

即时零售的发展，不仅是零售业态的重要变革，也对供给侧结构性改革、建设现代流通体系与构建“双循环”新发展格局具有重要的意义。

（一）完善零售业态模式，促进消费扩容升级

消费是社会化大生产的重要目的与环节，消费能刺激生产者进行生产活动，能引导生产者不断创新生产模式，提高交易效率。因此，消费在社会大生产中具有基础性地位，是构建“双循环”新发展格局的核心环节和战略支点。即时零售通过拓展消费场景，扩大消费选择，改善消费环境，提升流通效率等路径促进消费扩容升级。

一方面，即时零售作为传统零售业态的重要补充，满足了新消费需求。我国居民便利化、即时性的消费需求持续增长。疫情期间，能较好规避安全健康风险的上门配送服务需求更是呈现“井喷式”地发展，但是传统零售业态无法很好地满足以上需求。即时零售的交易线上化减少了交易摩擦与匹配成本，平台的评价、评分系统也有助于消费者制定更适合于个

人偏好的消费决策，提升消费便利度。即时零售既能满足短期内的消费者需要，也能适应消费发展的长期趋势。另一方面，流通效率的提升对于消费扩容和消费升级也能产生重大影响。这一影响主要通过两种方式实现：一是流通效率的改善能够增加居民收入，进而对消费能力产生影响；二是流通效率的优化会对消费环境产生改善作用，进而增加居民的消费预期。在数字技术支撑下的即时配送体系的成熟实现了物流配送时长从“天”到“分钟”的升级迭代，为消费和生产的匹配提供了重要的支撑，成为消费扩容升级的重要保障。

（二）助力企业降本增效，提升生产运营效率

即时零售的发展为零售业供给侧改革提供了动力。为了更好地适应新竞争形势，满足线上消费需求，传统零售企业和中小商户均加快数字化改造的步伐，进而推动行业整体升级转型。

即时零售的发展也为零售业供给侧改革提供了条件。首先是零售企业的销售与宣传渠道的拓展。依托数字化平台的线上交易降低了供需匹配的信息搜寻成本，提高了商流和信息流的流动效率。一方面是供给信息引导需求，商户拥有更灵活的手段宣传营销商品信息，唤起和影响消费需求；另一方面是需求信息引导供给，零售商户可以根据消费者热搜数据和平台分析工具及时补货，科学选品，减少库存积压，驱动新方向生产。其次是零售企业数字化运营管理能力的提升。依托信息技术系统、互联网、物联网和人工智能技术，商户可以搭建完善的交易管理、用户管理、财务分析、供应链管理系统，实现消费者身份、消费者行为、货品陈列情况和员工作业流程的数字化，进而提高运营效率，降低经营成本，辅助经营决策，从而更好地适应数字时代的转型需求，提高生存力和竞争力。如“闪店仓”新业态通过接入美团开发的商家中台系统——百川系统，实现了商品管理、履约管理、员工管理、财务管理、用户管理、供应链管理等全经营环节的数字化，大幅提升经营效率。从一些应用案例看，成熟的“闪

店仓”拣货速度提升了50%以上，问题订单率降低约30%，交易额提升约10%。最后是零售企业经营成本的降低。即时零售不仅促进传统业态的改造，也创造了新的供给模式，即在非核心地段租用仓储式店铺，专门做线上业务。受益于高效物流体系与便利的线上交易，选址的去中心化与去门店化得以实现，商户租金成本和人力成本均可实现不同程度的下降，从而提升坪效与人效。

（三）畅通国内经济循环，构建新型流通体系

作为社会大生产的三个重要过程，生产、流通和消费三者相互依托、相互支撑、相互融合，而现代化的流通体系串联了生产与消费，成为国内大循环的基础骨架，也是国内国际双循环的有力依托。流通体系是整个经济循环的基础支撑点。经济循环的畅通与否和质量水平的高低主要取决于流通体系的完善程度与运行效率。即时零售业态通过降低物流、商流、信息流的流动成本，提高流动效率，助力现代商贸流通体系的构建，在畅通国内经济循环的过程中发挥重要作用。

首先，即时零售有助于生产和消费过程的衔接。网络数字时代，信息传播速度加快，居民消费偏好呈现出差异性强、变化迅速、需求个性等显著特征。即时零售帮助生产企业快速把握消费需求，提升有效供给，尤其帮助生活消费品的生产企业实现供给侧结构性改革，对于畅通经济循环，构建新型流通体系具有重要意义。其次，即时零售有助于零售和物流过程的衔接。零售业和物流业的耦合水平是流通产业发展质量的重要反映。即时零售提升了流通效率，降低商户流通成本，较好地解决了“最后一公里”的问题。“万物到家”的理念也为更多类型商品和服务的新型零售业态构建创造了空间，提高零售业与物流业之间的耦合水平，提升了经济体系的整体运行效率。最后，即时零售完善了城市物流网络体系。物流是现代流通体系的重要组成方面，随着城镇化的发展，城市内部的物流网络愈发重要。即时零售适应了城市规模扩张和效率提高的需求，即时物流配送

更是城市内部物流网络，尤其是微观“毛细血管”的重要补充，发展即时零售是城镇化的必然要求。

四、即时零售发展面临挑战及对策建议

（一）即时零售业态发展面临的挑战

作为一种新型零售业态，即时零售的发展仍然面临一定的困难与挑战。一是供给能力亟须升级。作为即时零售发展基础的零售企业，尤其是中小商户仍然普遍缺乏先进的运营管理能力，库存数字化管理用户需求分析水平不足也影响了即时零售的有效供给。经常出现的商品缺货等现象降低了消费体验，也影响了商户经营水平。二是社会认知不够清晰。即时零售仍处于发展的初期阶段，政府、学界对即时零售的概念、特征、规模等缺乏清晰概念，商户对即时零售的参与方式、运营模式等缺乏了解，消费者对许多可通过即时零售配送到家的商品类型缺乏感知。三是标准水平有待提升。即时零售业态具有一般新型零售业态的共同挑战，即业务标准、技术标准和管理标准三方面的规范程度需要完善，消费者对线上和线下的体验不一致，售后服务也存在一定短板，整体的标准化水平有待提高。

（二）促进即时零售行业发展的对策建议

为促进即时零售进一步发展，提出如下建议：一是加强数字技术应用。大力支持电子商务企业向线下延伸拓展业务，加快线下业态数字化改造进程。引导实体企业开发数字化产品和服务，对使用数字管理系统、数字营销系统、数字财务系统的零售业中小微商户，给予适当的优惠和扶持。二是提升标准化水平。围绕即时零售的平台建设、技术保障、信息交换、交易保障、管理服务和信息安全等方面构建标准体系，针对新型零售业态的运营模式和市场发展提出标准和制定规划。在标准制定上倡导多方合作模式，可由龙头企业主导，各方企业积极参与，标准制定采用边

制定、边示范、边完善的过程，提高标准的实用性。三是加大要素保障力度。可加快布局智能服务终端，在小区、写字楼及部分公共服务场所适度配置智能取货柜。支持无人配送业态发展，提高即时零售配送效率。通过税收优惠、财政补贴、政府购买等方式，加大对无人配送共用技术的研发和应用的支持力度；完善低速无人配送车、无人机行驶与飞行的相关法律法规，推动其在特殊场景的示范应用。四是加快推动绿色发展。应不断探索零售业减碳新路径，践行绿色低碳发展理念。推动政企合作，持续加大在环保科技创新方面的投入。实践推动包装减量，推广可降解、环境友好型配送商品包装等，促进即时零售业态绿色低碳发展。

我国生鲜农产品流通新趋势分析

刘佳昊　张琳

农产品流通是农业现代化的关键组成部分和我国在新发展格局下统筹安全与发展的重要支撑。从微观层面看，农产品在我国居民消费中占据核心地位，尤其生鲜农产品[①]的质量及流通效率与居民对美好生活的需要紧密相关。近年来，随着我国城乡居民收入水平的提高，人民群众生鲜消费需求不断扩大，结构变化明显。然而我国生鲜农产品流通也存在供给需求分散、商品加价率高、周转链条长等方面的问题，使流通效率提高缓慢，与有效满足人民群众的需求尚有较大差距。本节对我国生鲜农产品流通体系历史、现状、趋势进行梳理，对其背后的发展动因进行简要分析，并给出相关政策建议。

一、我国生鲜农产品流通的发展历程及现状

1949年中华人民共和国成立以来，我国农产品流通体系建设先后经历了“统购统销”“双轨制”、市场化转型阶段再到全面现代化等阶段。计划经济体制下，生鲜农产品流通具有极强的计划性和垄断性，重要农产品的流通环节由政府特许机构垄断经营，这虽然对于国家粮食安全和工业化原

① 一般意义上，我们所说的生鲜食品是指供消费者食用，未经烹调、制作等深加工，常温下容易腐坏变质的生物有机体产品，是农产品中的重要一类。狭义上认为生鲜农产品是指“生鲜三品”即蔬果类、肉类、水产类产品；广义上讲，部分经过初级加工、易腐烂变质需要冷藏保存的乳制品、熟食、冷冻食品、蛋、糖果蜜饯等也属于生鲜食品。由于本文侧重于流通过程的经济分析，因此采用广义定义。

始积累具有重要意义，但也损伤了农业生产积极性，抑制了城市居民的消费需求。改革开放后的市场经济发展，极大地提高了农业生产力，充分的市场竞争也大幅提高了流通效率，促进了多流通渠道和多流通主体的蓬勃发展。在此过程中，流通主体从国营流通企业、国营商业机构、供销合作社等少数国有主体扩大为农民合作社、农业龙头企业、终端超市、大型零售集团、电子商务平台、数字化经销商等多类型主体，各主体之间的关系从非常松散到紧密再到高度融合。零售业态由早先的国营商业公司和供销合作社为主，逐渐演变成农贸市场、超市、社区生鲜店、电商平台、O2O等多业态并存。当前，我国生鲜农产品已经形成了上下游分散、中间多层级的复杂多元流通体系。

（一）上游：产地极度分散，组织化程度相对较低

我国农产品生产结构非常分散，在宏观层面体现为主要农产品产地的地域性和季节性分散，在微观层面则表现为农户组织化程度低。

一方面，我国是生鲜产品的生产和消费大国[①]，生鲜产品的生产规模庞大、种类多样，仅满足人民群众基本生活需要的《鲜活农产品品种目录》产品就有多达134种。[②]若仅从蔬菜来看，我国常用食用蔬菜多达150种，而美国常用蔬菜只有几种。[③]其次，我国幅员辽阔，生鲜产品产区分散，不同区域独特的地质地貌和小气候差异决定了不同地区农产品独有的品质特征，农业农村部发布的《特色农产品区域布局规划（2006—2015年）》显示，仅梨这种水果就有新疆、山东等14个特色产区。[④]此外，由于生鲜果蔬的季节性明显，而不同地区消费者的饮食差异逐渐缩小，因此单个销地往往需要从全国各个产地轮流采购以实现全年不间断销售，运输距

① 根据联合国粮农组织（FAO）统计数据，2018年，全球蔬菜产量为13.8亿吨，其中中国占比超过50%。

② 数据来源：《鲜活农产品品种目录》。

③ 数据来源：【物流】兴业证券《2019年农产品供应链行业深度研究报告》(qq.com)。

④ 数据来源：《特色农产品区域布局规划（2006—2015年）》(gzdlbz.net)。

离长，跨区比例高，这也提高了农产品生产的差异化和分散化程度。

另一方面，在产地内部，农产品生产的组织化程度不高，生产主体高度分散。我国农村集体经济集体产权主体"不到位"，组织成员产权不清晰，市场化程度低，农地规模化、组织规模化和服务规模化适度性不够，农村集体经济现代化程度不高等多种因素阻碍了农业生产的规模集中，"小农经济"特征仍然显著。第三次农业普查数据显示，我国全国小农户数量占到农业经营主体的98%以上，小农户从业人员占农业从业人员的90%，小农户经营耕地面积占总耕地面积的70%。我国现在的农户有2.3亿户，户均经营规模7.8亩，经营耕地10亩以下的农户有2.1亿户。[①]即使是牛奶等工业化标准化程度较高的产品，其生产组织化规模化程度仍然有待提高，和农业发达国家存在较大差异。这种生产分散的现状，使得农产品的标准化、品质化难以推进，而信息不对称和市场约束、激励机制不健全，也给产地收购工作带来很大困难。中间商很难跨越经纪商直接向农户采购，使得当前农产品供应链增加了农村经纪商这一"必要但浪费"的流通层级。

（二）中游：多层供应体系，中间流通环节众多

我国农产品的中间流通体系呈现出以多级批发市场为主的多层级、多环节的典型特征，生鲜商品从生产者到消费者一般要经过四层流通环节（见图2–39）。分散的农户生产商品后，由大量产地农产品经纪商收购，运输至一级批发市场[②]，随后由二级批发商等分销至零售端农贸市场、超市、社区生鲜店等生鲜零售终端或食堂、餐厅等餐饮零售业态，之后到达最终消费者。尽管也存在生鲜直采、农产品B2B电商、农超对接等流通链条较

① 数据来源：《关于促进小农户和现代农业发展有机衔接的意见》发布会（moa.gov.cn）。

② 一级批发市场有时也称为产地批发市场，根据功能、规模等又可分为全国性产地批发市场、区域性产地批发市场和田头产地批发市场，详见农业农村部2015年印发的《全国农产品产地市场发展纲要》。

短的方式，但相比于传统的多级批发市场流通，新型流通方式的规模仍然很小。

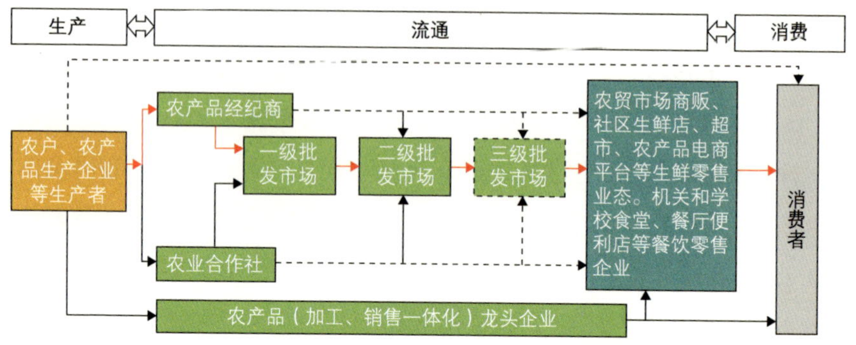

图 2–39　我国农产品流通体系示意图

资料来源：作者整理。

当前生鲜农产品多级流通体系的形成受到多重因素影响。首先如上文所述，农产品“产全国卖全国”是流通多链条、多层级的主要动因。一方面是大量覆盖多品种商品的全国性供需网络的建立，需要有大规模的中间流通主体作为支撑，另一方面是农产品生产主体的分散化、零售终端的多元化、生鲜产品的非标准化以及消费需求的多样化，使得中间商既无法实现规模化采购，也无法实现规模化销售。显而易见，其整体效率非常低，稳定的多层级分销体系反而纾解了上、下游流转不畅的局面。其次是零售业的账期长，中间商单体的资金量和规模小，垫资能力、风险承担能力弱，多流通环节有助于分散风险。国内零售企业普遍占用供应商资金，为稳固销售渠道，上游批发商需垫付1个月左右的仓储、场地租用、运输、包装等资金，而委托批发商代销或赊销买断的农村经纪商也需先垫付购货、包装、运输、装卸、租用场地等资金，承担批发商1个月以上的账期。由于中间商资金量小、垫资能力弱，一旦某环节出现垫资困难，可能会导致其流通过程瘫痪。因此，在收到销货收入前，生鲜流通所经历的层层装卸、运输等成本需要更多数量、层级的中间商分担，长久下来形成了稳定的多层级的批发体系。

以批发市场为主的多层流通供应体系尽管是当前供需条件约束下的必然选择，但也存在诸多弊端。首先是生鲜农产品损耗率高，利润率低。由于供应链冗长，农产品经过储存、运输、装卸等环节后的损耗较大，叠加运输、人工等成本，层层加价，使得产销两地产品差价较大，也使得当前生鲜零售终端的毛利率普遍较低。其次是食品溯源较为困难，产品质量难保证。多级分销体系使得从生产源头到终端消费者的完整流通过程呈现出多元交叉的特点。不同流通主体之间存在广泛的竞合关系，并没有统一的规划，生鲜在不同“角色”之间的流通多元交叉，商品难以溯源，生鲜产品质量无法保证。再次是市场信息高度不对称，影响流通效率。由于流通层次的多级分化，不同主体掌握的信息差异极大，价格信号传导链条长，市场存在大量套利空间，给产、供、销各级主体都带来较大风险，影响流通效率。

（三）下游：多种业态并存，传统渠道仍占主导

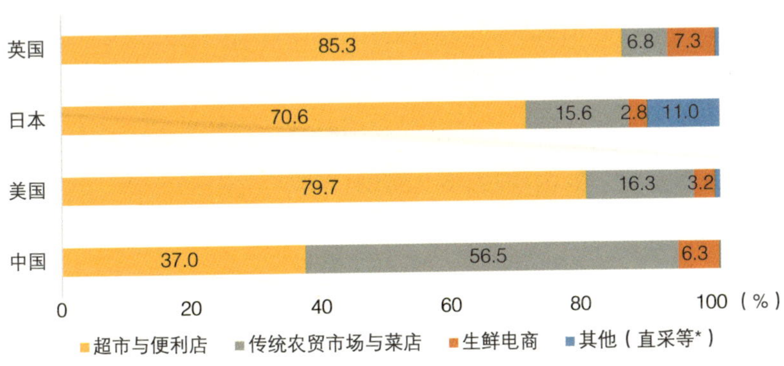

图 2-40　部分国家生鲜零售业态市场规模占比（2019 年）

资料来源：欧睿数据库，美团研究院。

*日本的“其他（直采等）”业态主要为农产品直卖所，具体数据及信息参考美团研究院调查研究报告《日本农产品流通渠道持续变革推动效率提升》。

就生鲜流通的终端环节看，当前我国传统的农贸市场仍占主流，2019年的占比达到56.5%。整合能力较强的超市和便利店占比不高，仅为

37.0%。以传统生鲜电商、前置仓生鲜电商、社区电商等为代表的农产品在线零售业态尽管发展速度较快，但占整体规模的比重仍然很低，根据多种口径综合计算，占比不超过10.0%[①]（见图2-40）。整体来看，当前我国生鲜农产品零售的规模化、标准化、集约化程度与其他国家存在较大差异（见图2-41），分散与多样仍是我国生鲜零售的主要特征。

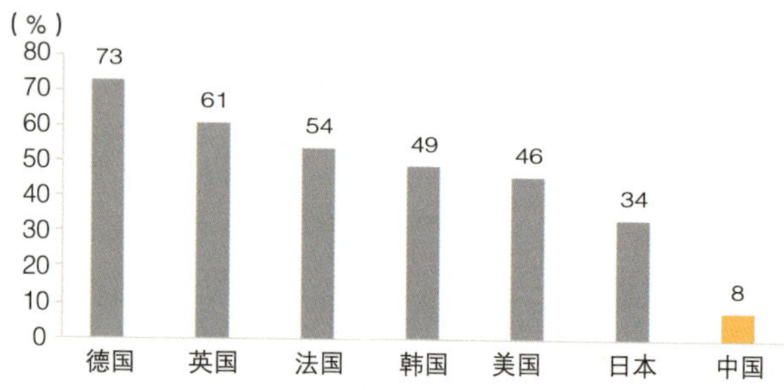

图2-41 部分国家超市行业CR5对比（2019年）

资料来源：欧睿数据库，中金公司研究部。

注：CR5指业务规模前五名的公司所占的市场份额。

大众消费偏好和消费模式的变化是生鲜零售变化的主要影响因素。在传统的计划经济体制下，消费者的生鲜购买渠道和生鲜商品消费种类都非常单一，消费需求受到抑制。伴随着我国经济社会的发展，消费者对生鲜农产品的需求沿着“数量/种类多→质量/体验好→消费便利”的路径快速升级，大众消费的生鲜商品种类愈发多样，消费方式更加多元，当前丰富的生鲜零售业态满足了消费者对于“多、快、好、省”的多维度需求（见表2-11）。未来，随着网络数字技术的升级，大众消费偏好和模式仍将不断变化，生鲜农产品的流通渠道、流通主体、零售业态也将继续创新发展。

---

① 如前所述，生鲜零售总体规模为6万亿元。生鲜产品网络零售额数据，2020年艾瑞咨询测算为4585亿元，农业农村部和商务部测算的2019年农产品网络零售额分别为4168.6亿元和3975亿元，美团研究院根据往年增速折算，2021年的生鲜产品网络零售总体规模应在6000亿元内。鉴于数据可得性，以上粗略计算表明2021年的占比应在10%以内。

表 2-11 各生鲜零售业态对不同消费需求的满足

需求维度	非即时性消费		即时性消费			
	在线生鲜零售			线下生鲜零售		
	社区电商	传统生鲜电商	前置仓生鲜电商	传统超市	农贸市场	社区生鲜店
多		★★	★★	★★★	★★	
快	★★	★	★★★			★★★
好	★	★	★★★	★★		★★
省	★★★	★★		★	★★★	★★

资料来源：美团研究院整理。

综上，我国生鲜农产品流通体系的形成是一个影响要素复杂、制约条件多样、涉及主体繁多的过程。受土地、人口、政策等因素的影响，我国生鲜农产品流通现代化的改造必然相对艰难和漫长，上下游分散、中间多层级的农产品流通模式将在一段时间内持续存在。

二、我国生鲜农产品流通体系的发展趋势

近年来，随着市场经济体制的不断完善，我国农产品流通也逐步出现了一些积极变化的趋势。

（一）农户与市场衔接机制更加合理

尽管小、散、弱仍是我国农业生产主体的主要特征，但是近年来出现的多种发展趋势正帮助小农户与大市场的对接机制更为合理。一方面是原有的农产品交易“代办制”不断成熟，实现了良好的经济和社会效益。分布在基层乡村的农产品“代办人”，基于社会关系网络的交易过程和现代市场的交易规则，比较好地克服了农产品上下游对接中的信息不对称、契约不完全等难题，促进了生鲜农产品的供销匹配，成为我国农产品多层级流通体系中的核心环节。二是农业生产主体的组织化程度不断提高。近十年来，我国农村存在的规模化组织化农业经营主体主要有三种：农业企业、专业合作社、家庭农场。从分散农户到以简单商品契约联结的“公司

+农户”，再到以合作社联合社为核心的“公司+合作社+农户”，我国农业合作组织的制度、模式、功能不断完善。农业组织化对于农产品顺利进入市场，降低流通风险具有重要作用。

（二）生鲜农产品流通链条正在缩短

近年来，生鲜农产品流通链条的缩短成为各国的发展趋势，我国生鲜产品直采直销模式也蓬勃发展。这主要体现为：一是农超对接快速发展。永辉、华联等大型连锁超市为了降低农产品采购流通成本，强化供应链体系管理，纷纷优化农产品从基地到超市的直接流通方式，加强产地加工仓、定温配送中心、仓储型门店等设施建设，加快建设自有品牌，构建总部全国联采、地区统采的二级采购体系①，减少采购环节。二是一级批发市场加强直采直销服务。红星、海吉星等部分一级批发市场充分发挥信息、信用和组织能力优势，帮助农业大户在场内直接开设窗口，与下游经销商签订合作协议使其采后直供商超，为部分小零售商提供加工、分拣、配送等服务，解决产品稳定供应、品质控制和采购价格虚高问题，有效减少生鲜产品在二级、三级批发市场的流通环节，提高流通效率。②三是生鲜零售新型业态减少了流通环节。得益于在线交易精准的需求预测能力、高效的供需匹配能力和运力调度能力，生鲜电商平台推动生鲜零售的交易费用、履约费用大幅下降，供应链条和环节明显缩短。各种模式的生鲜电商都在与全国多个地方政府建立合作，加大优质农产品源头直采的力度，一些前置仓模式生鲜电商的生鲜直采率达到55%以上。③

（三）数字技术的赋能作用更加明显

受益于广阔的市场规模及快速普及的互联网，近年来数字技术对生

① 作者根据永辉、华联、人人乐、红旗连锁等上市公司2021年半年度财报整理。

② 作者根据2021年5月20日对湖南长沙红星批发市场的访谈整理。

③ 数据来源：东吴证券《深度分析——生鲜电商战事升级，路向何方》，2021年6月。

鲜农产品流通的赋能作用较为明显。一是数字技术助推农贸市场、超市等传统零售业态不断改造升级。通过增加线上交易、送货上门服务，采用数字财务系统、订单管理系统、智能物流解决方案等数字化服务，相关企业提高了运营效率以及消费者体验，线上线下高度融合的社区生鲜店、便利店也得以蓬勃发展。二是互联网有效地缓解了信息不对称，让产量、价格、口味偏好等信息能更快地在上下游之间传导，让市场信号更好地指导生产，防止出现农产品销售“大小年”等情况，减少价格波动带给农户的损失。三是物联网技术广泛应用，使得流通全链条的信息得以被记录、分析，各生产基地之间，产地和销售终端之间建立了紧密联系，实现农产品的专业化、信息化流通。四是网络数字技术催生多种新型线上批发零售业态。消费者对品质化、便利化、线上化的要求快速增加，推动农产品网络零售从传统快递电商向前置仓、社区电商、生鲜O2O、即时零售等多模式、多业态创新发展，生鲜电商产业链也愈发完善（见图2–42）。新技术、新方式的引入不断为流通渠道运行注入新的技术手段和经营理念，推动农产品流通体系的变革。

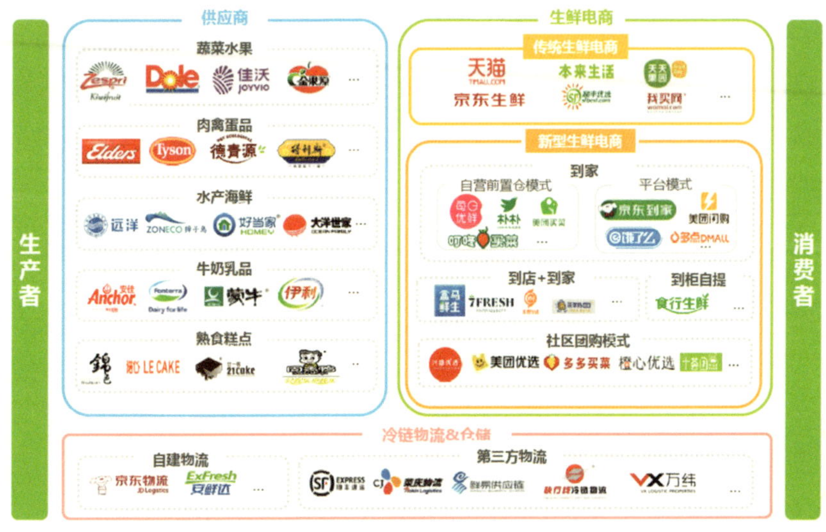

图 2–42　2021 年生鲜电商产业链

数据来源：艾瑞咨询。

（四）大众生鲜消费便利化需求旺盛

有学者认为，我国零售业态的便利化发展沿着时间便利、体力便利、精力便利、心力便利的次序演进，我国居民对生鲜消费“便利化”的需求不断增强，时间、体力、精力、心力几个维度的便利程度也在产生变化（见表2–12）。[①]当前，受工作节奏加快、数字经济发展、家庭结构小型化、人口老龄化等因素的影响及疫情的催化，社会大众对“线上消费”“社区零售”“送货上门”的需求快速增加（见图2–43）。而服务半径为步行15分钟左右的范围内，以满足居民日常生活基本消费和品质消费等为目标的“一刻钟便民生活圈”建设也受到中央及各地政府的高度重视。围绕社区的近场零售和到家业务成为零售行业发展的主要趋势。

从实践来看，一方面是社区生鲜店业态快速发展。数据显示，截至2020年底，社区生鲜店龙头企业百果园和钱大妈的门店数已分别达到4786家和2968家。2020年钱大妈首次进入中国连锁百强榜单，位列第42位，百果园的排名也上升6位，位列第44位，增长势头强劲。[②]另一方面，“线上下单+送货上门/线下自提”的O2O模式受到消费者的青睐，不仅电商平台积极布局，传统商超也发力转型。2020年，连锁百强企业的线上销售规模达到5600亿元，比上一年增长12.0%，占连锁百强企业销售规模的23.3%，其中约三分之一企业的到家业务已在全部门店铺开，约一半企业则在部分门店运营。[③]

① 资料来源：李飞，徐陶然.零售便利化的演进轨迹及规律研究——基于新中国成立70年来的历史考察[J].北京工商大学学报（社会科学版），2020，35（01）:1-11。

② 数据来源：2020年中国连锁百强榜单发布（ccfa.org.cn）。

③ 数据来源：2020年中国连锁百强榜单发布（ccfa.org.cn）。

表 2-12 我国生鲜农产品消费便利化演进轨迹

		传统计划经济阶段（1950—1978）	市场化转型阶段（1979—2001）	入世后的变革阶段（2002—2012）	数字化赋能阶段（2013—至今）
消费阶段	具体行为	凭票、证购物	自选购物	线下＋电脑购物	线下＋移动购物
购前	搜集信息	1分	2分	3分	4.5分
	到达店铺	1分	2分	3分	4分
	商品选择	1分	3分	3.5分	4分
购中	付款	1分	3分	3.5分	4.5分
	收货	1分	2分	3分	4分
	离店	1分	2分	3分	4分
购后	商品退换	1分	2分	3分	4分
	评论分享	1分	1分	3分	4.5分
总体便利度评价	时间便利	1分	4分	4分	4.5分
	体力便利	1分	3分	4分	4分
	精力便利	1分	2分	2分	3分
	心力便利	1分	2分	2分	3分

资料来源：借鉴李飞、徐陶然方法（2011），作者自行整理，打分采用五分制。

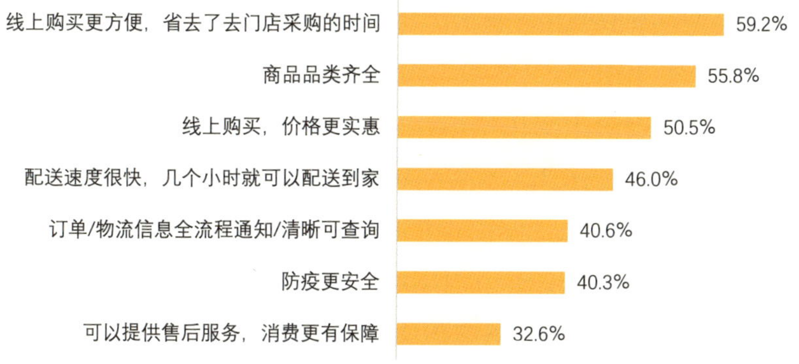

图 2-43 用户线上购买生鲜的原因（2021 年 2 月）

数据来源：艾瑞咨询。

三、典型国家（地区）农产品流通的特征及经验启示

（一）典型国家（地区）农产品流通特征

1. 美国农产品流通现状及特征

美国是全球农业和市场经济最发达的国家之一。从整体上看，美国农产品流通渠道有三种：以产地批发为主的流通渠道、以车站批发市场为主的流通渠道和以零售市场（包括超级市场和连锁店）为主的流通渠道。78.25%的美国农产品从产地通过配送中心直接到零售商，车站批发市场（销地批发市场）的销量仅占20%左右，流通渠道短、环节少，效率较高。美国农产品流通呈现出下述发展特征。

一是生产区域的集中程度高。美国农产品产地布局合理，具有较高的农业技术和农业生产机械化水平，标准化和专业化程度高，这也使得大部分生鲜商品可以从产地经物流配送中心直接到达零售市场，呈现"大生产+大流通"的格局。

二是流通主体的组织化程度高，生产计划性强。以家庭农场为基础的"公司农场"快速发展，高度商业化的家庭生产主体广泛参与农产品流通并在农场销售额中占有较大比重。此外，农场主为自身利益联合组建的各种专业合作社以及农场主自发组织起来的民间协会在美国大约有3000多家，这些组织对流通效率的提高也具有重要作用。

三是流通产业分工的专业化程度高。美国流通基础设施完善，流通服务机构健全，产业分工较为合理。美国已经出现了包装公司、运输公司、冷链服务商、配送中心、专业银行等，为农产品流通提供全流程、多样化专业服务。

2. 日本农产品流通现状及特征

日本的农产品流通具有"小生产、多渠道"的特点，日本发达的农业基础设施，成熟的农业合作组织（农协）及政府对农产品流通的广泛支持和干预对推进日本农产品流通效率提升具有重要作用。经过多年发展，日

本农产品形成了两大流通模式，即以生产者—农协——级批发市场—中间批发市场—零售商—消费者为核心，以拍卖为主要交易方式的“市场内”流通模式和以生鲜电商、零售商直采和直卖所（店—消费者）等方式为主的“市场外”流通模式。

日本的农产品流通呈现以下特征。

一是农业生产和流通技术发达。日本农业机械化、智慧化、数字化程度不断提高，物流冷链技术发达，冷链流通率高达95%以上。日本在蔬菜产地有选果场和选果机，主要用于瓜果类蔬菜的挑选，进入蔬菜贮藏库和预冷库，在运输过程中采用冷藏运输车，继而进入批发市场冷库，再到超市冷柜，最后进入消费者的冰箱。由于处理及时、得当，日本生鲜产品的流通损耗率不超过5%。[①]

二是农业合作组织在农产品流通中占据重要地位。日本农协是日本规模最大、覆盖面最广、农户自愿加入的非营利性的农业合作组织，农协依法设立，受到法律保护。农协在农产品生产、加工、销售各环节对农户进行协助，提供生产资料、技术信贷支持、市场销售等服务，帮助维护流通秩序与农户利益。

三是农产品直采直销模式快速发展，日本农产品流通环节多，政府管制和规范程度较强[②]，目前日本有50%的生鲜产品流通是通过批发市场体系进行的。不过，直卖所等生鲜直采直卖模式具有链条短、成本低、效率高等优势，近年来在日本快速发展。日本批发市场的“经由率”[③]逐年下降，“市场外”渠道的商品销售量不断提高，当前产地直采和生鲜电商等模式已占日本农产品流通量的30%以上，直卖所占农产品流通量的10%左右。

---

① 数据来源：中物联冷链委。

② 日本有专门的《批发市场法》以保证批发市场在农产品流通中的主渠道地位，除了少数批发商可以直接从产地进货外，大多数批发商都要经过多级批发市场体系。

③ 批发市场经由率是指经由批发市场流通的商品占该商品流通总量的比率。

3. 中国台湾省农产品流通现状及特征

我国台湾省具有以产地市场、批发市场和零售市场三级批发市场体系为主，以农业合作经济组织（农会）为核心主体的农产品运销体系。台湾省在乡镇、区建设了种类不同、涵盖多种农产品、基础设施良好、网络健全的农产品批发市场，花卉、蔬果、肉鱼货等鲜活农产品主要通过批发市场进行交易与流通，此外还有农贸市场、批发市场、产销班、直销店等多种形式。

我国台湾省的农产品流通呈现出以下发展特征。

一是生产组织化程度高，农会发挥重要作用。农会组织是台湾省重要的农产品流通主体，也是农民进入农产品市场的主要渠道。台湾省农会不仅可以为农户提供农资供应、农技培训与推广、农产品促销等服务，还可以向农户提供信贷、保险等金融服务。此外，农会还参与农产品批发市场、直销中心以及超市等流通渠道的兴建与经营、办理共同销运等。

二是法律保障体系和政策制度较为完善。台湾省建立了保障农产品批发市场正常运转与管理的相关政策保障，如出台《农产品批发市场交易法》《农产品运销改进方案》《农产品分级包装标准与实施办法》等，为推进农产品流通体系现代化提供了强有力的政策保障。

三是农产品直销模式快速兴起，成为批发市场的有益补充。部分商品的流通是由农会产销班直接供货，运往台湾省近千家大中型超市。由于直销不需要经过批发交易，成本低、加价少，有效地降低了交易成本，且生鲜产品损耗少，新鲜卫生，竞争力较强。台湾省现在鼓励直销市场发展，已形成与传统的批发市场体系互相竞争、互相促进的机制，以推动农产品流通体系的现代化。

（二）典型国家（地区）的经验启示

对以上农业发达国家（地区）农产品流通发展经验进行梳理分析可以发现，农产品流通现代化存在几类共同特征和趋势：一是农业生产、流通主体的组织化程度不断提升。美国的农场主合作社、日本的农协、中国台湾省的农会等组织均在农产品生产、加工、销售、运输等多个阶段帮助农户与市场对接，降低交易成本，提升生产和流通效率。二是农业生产技术和流通技术持续进步。生鲜农产品的标准化、品质化程度不断提高，从田间采后预冷到冷库、冷藏车运输、批发站冷库、自选商场冷柜、消费者冰箱的全过程冷链物流降低了流通损耗，质量安全溯源体系的构建也提高了产品的安全性。三是政府坚持大力扶持与投入。各国（地区）都出台了一系列政策帮助实现农产品流通现代化，在土地、技术、资金等要素上给予优惠或直接帮扶，尤其在农业固定资产投入、农民权益保障、合作组织建设等层面提供了完善的制度保障。四是流通零售业态的多元化发展。由于多级批发流通体系的效率损耗，各国（地区）的农产品流通都出现了农超对接、生鲜直采等供应链条短、直采直卖型渠道占比上升的趋势。在下游，直卖所、生鲜电商、生鲜便利店等灵活、便利的生鲜零售业态也快速发展，流通主体愈发多元化。

四、相关政策建议

（一）完善市场运行机制优化产销对接

加强生鲜农产品流通市场建设，完善运行机制，优化农户和市场的对接渠道，丰富对接方式。首先，要加快对我国传统农业合作经济组织的改造与升级，增强生产主体的抗风险能力、信息获取能力和生产经营能力。鼓励合作组织拓展功能，为农业生产者提供完善的产前、产中、产后服务。同时，也要对“空壳社”及农业合作社异化现象进行及时发现与纠偏，推动农业合作化的高质量发展。其次，鼓励农产品流通主体规范化、规模化、品牌化发展。培育综合性加工企业、物流企业、销售企业，加强龙头企业对农产品生产流通的协调组织和综合带动作用，发挥“农户+合作社+龙头企业”“农户+供应商+超市”“农户+电商平台”等多种“小农户”对接“大市场”模式的优势。充分利用互联网平台优势，大力发展生鲜产品线上交易渠道，打通零售主体线上线下销售服务，发挥网络效应和规模效应。

（二）加快农产品产地仓及冷链体系建设

大力开展农产品物流基础设施建设，在产地仓对生鲜农产品进行最短时间的预冷、清洗、分级分选、包装等商品化处理，在产地把农产品转化为标准化商品，增强保存能力。推动产地仓与协同仓、销地仓的数字化协同，加速农产品的分销，打通农产品全程供应链。政府也应加强冷链体系建设，重点建设农产品批发市场、配送中心等关键流通环节的冷藏仓储、运输设施。加强冷链物流技术研发及引进，推动产学研合作，对冷链、保鲜新技术、新工艺、新设备等进行科研攻关，各级财政部门可加大对相关技术推广经费的扶持力度。

（三）推动农产品质量安全和标准化建设

加强生鲜产品的质量安全和追溯系统管理。积极引用国际现有成熟标准规范，开展和完成我国农产品追溯的专项立法工作，完善和创新农产品追溯体制和机制。确立基于追溯平台的产地准出与市场准入衔接机制，完善农产品质量安全问题的应对机制，推动全球统一标识系统（GS1）追溯语言及射频识别（RFID）等技术的应用。推进农产品生产标准化建设，制定不同农产品分级分类标准，利用各类农产品电子商务平台在销售数据和消费者评价信息收集上的优势，助推上游农产品标准化生产。加大品牌整合力度，建立和完善农产品品牌认证奖励机制。

（四）促进农产品流通的数字化升级改造

加强数字、物联网等技术在农产品流通中的应用，加快流通数字化升级改造。在生产源头对农产品按标准化分级，装入标准化物流筐，运用物联网、区块链技术提取数据与追踪监测，农产品直接预冷并进入产地仓存储、分拣，商流信息通过电商平台直接与客户对接，缩短农产品从田间地头到城市餐桌的时间，保障农产品品质。基于网络数据的实时性与超前的预测能力实现农产品前瞻性的生产及库存管理，帮助生鲜零售终端实现选品、运营和促销等环节的数字化、自动化、科学化，消除生产方与销售终端之间的信息延迟。

（五）加大生鲜农产品流通人才培养力度

鼓励各专业院校与企业合作，建立校内生产性实训基地，增强学生实操能力。鼓励和引导大学生创业和到农民专业合作社、农产品流通企业等就业。提升数字时代的专业技能，可依托电商平台、专业培训机构等开展多渠道、多形式的农村电商技能培训，带动农村电商人才队伍提质升级。

日本农产品流通模式变革推动效率提升

张琳　刘欣

一、日本农产品流通模式的发展历程和主要特点

（一）农协助力日本小农户和大市场紧密衔接

日本属于典型的人多地少国家，山地和丘陵约占国土总面积的80%，平原狭小分散，日本农业呈现人均耕地少且耕地分散的小农经济特点。为了更好地服务农业，1900年日本政府出台“产业组合法”，以农村为主要对象的“产业组合”几乎吸引了所有的农民，成为日本农协的前身。为了解决小农户对接大市场的难题，日本政府于1947年建立了农业协同组合（简称“农协”），并给予财政、税收等一系列政策支持。

农协是日本规模最大的非盈利性农村合作组织，由农户自愿加入，为农户提供生产指导、采购生产资料、销售农产品、金融和保险等一系列服务，在农民生产生活和农村公共事业等方面发挥了重要作用。根据日本《农协法》的规定，日本农协形成了“中央—都道府县—市町村”三级组织架构，并对各级组织的业务范围进行了详细规定，不准交叉经营。市町村以农户为会员设立基层农协，都、道、府、县（相当于我国的省级行政区）以基层农协为会员组成县级联合会，中央级以县级联合会为会员组成全国联合会（见图2–44）。

日本基层农协分为以农户为服务对象的综合农协和以特定农业生产者为服务对象的专业农协，综合农协占据绝对主导地位。区域内绝大多数农民都会参加综合农协，综合农协的业务范围涉及区域内生产的主要农产

品，提供的服务也更加多元。专业农协是由生产同种特定农产品的农民自愿组成的合作组织，具体领域包括养蚕、饲养奶牛、养鸡、园艺等，主要提供农产品销售、农资购买和技术指导服务，不涉及金融保险等服务。截至2017年年底，日本全国共有综合农协679家，专业农协1594家。日本综合农协的会员数达到1051万人，平均一家综合农协服务的会员数为1.6万人，是专业农协平均会员数的100多倍。日本的综合农协在服务能力和规模上均远超我国（见表2–13）。

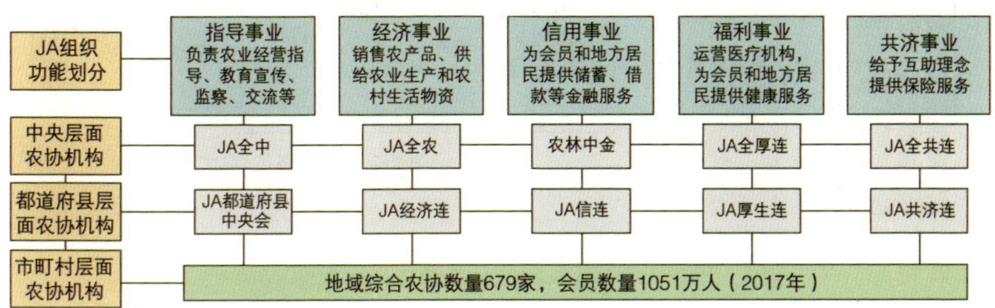

图2–44　日本农协的组织结构及职能

资料来源：日本农协官网。

注：农协简称JA。

表2–13　中日农业生产情况对比

指标	日本	指标	中国
人口数量（万人）	12584	人口数量（万人）	140211
农民数量（千人）	3984	农民数量（千人）	540823
农民占总人口比例	3.17%	农民占总人口比例	38.6%
基层综合农协数量（个）	535	农业合作社数量（个）	225.7万
单农协支持农民（人）	1.6万	单合作社支持农民（人）	50左右
农协的农民覆盖率	90%以上	农村合作社的农民覆盖率	近50%

资料来源：美团研究院根据公开资料整理。

（二）批发市场长期占据日本农产品流通的主流渠道

日本的农产品流通主要分为两大渠道：一是法定批发市场的场内流通；二是非法定批发市场的场外流通，其中场内流通是日本农产品的主要流通形式。经过多次《中央批发市场法》和《批发市场法》的修订，日本农产品流通形成了以中央批发市场为主，地方批发市场和其他批发市场为辅，生产者—农协——级批发市场—中间批发市场—零售商—消费者为主导的流通体系（见图2–45）。

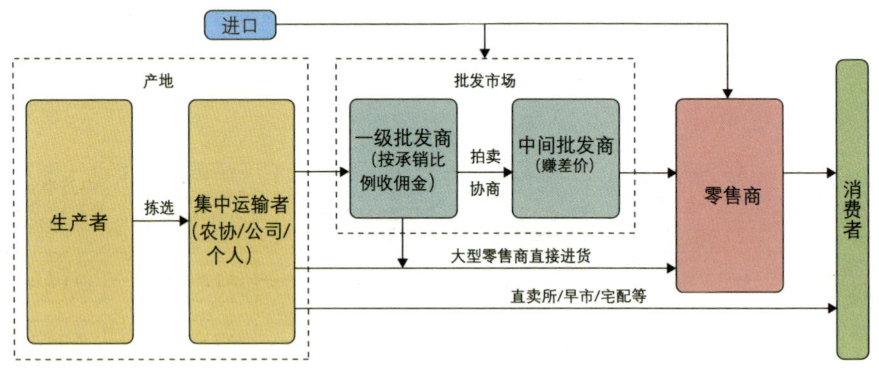

图 2–45　日本农产品流通体系示意图

资料来源：美团研究院根据公开资料整理。

日本的批发市场有三种，一是中央批发市场，省一级地方政府或具有20万人口以上的城市才有权负责开设；二是地方批发市场，其开设主体相对多样化，可以是半官半民的，也可以由企业或公司开设；三是达不到法定规模的小型批发市场，此类批发市场多数由小型公司或个人开设并经营，占市场流通的比例非常低。截至2018年年底，日本全国共有64家中央批发市场以及1025家地方批发市场。

日本政府对批发市场采取市场开设和经营相分离的管理方式，并严格执行批零分离的管理政策。在经营模式上，与我国批发商买断商品后赚取差价不同，日本的批发商与生产者之间以代销关系为主，批发商根据承销量向生产者收取一定的佣金（如蔬菜为8.5%，果品为7.0%，水产品为5.5%，肉类为3.5%，花木为9.5%）。一级批发商主要通过拍卖或协商方式与二级批发商进行交易，这与我国批发市场的运营模式有明显的差别（见表2–14）。

表 2–14 中日批发市场情况对比

指标	日本	中国
管理方式	市场开设和经营相分离	买办合一
经营方式	批零分离	批零分离、混业经营兼有
商业模式	代销收取佣金	赚差价
交易方式	拍卖或协商	对手交易

资料来源：美团研究院根据公开资料整理。

从流通成本看，根据日本农林水产省2017年对16种蔬菜、水果价格的跟踪调查，日本果蔬零售价平均为产地收购价的2.11倍，即加价率为111%，其中，集中出货团体加价率为35.5%，一级批发市场加价率为10.5%，二级批发市场加价率为14.9%，零售终端加价率为25.6%，日本农产品流通成本及加价率明显低于我国。

从流通成本结构（零售价格为分母）看，生产者能拿到最终零售价的47.5%，集中出货者的占比为16.9%，一级批发商费用的占比为5%，中间批发商费用的占比为10.3%，零售费用的占比为20.4%（见图2–46）。总体来看，日本的农民能拿到最大比例的收入，并且这一趋势还在增强。根据日本农林水产省公布的数据，在批发市场流通的价格链中，生产者价格占比从2012年的44.8%上升至2017年的47.5%，流通经费占比从2012年的29.9%上升至2017年的32.2%，零售阶段占比从2012年的25.3%下降到2017年的20.3%。生产者价格占比持续提升，零售阶段价格占比持续下降，

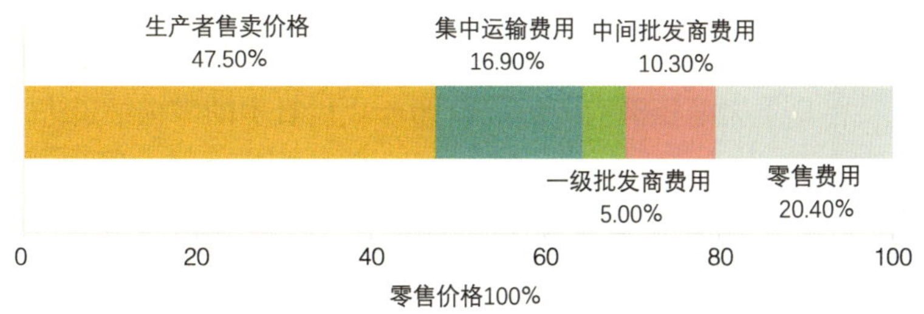

图 2–46 日本蔬果流通价格的成本结构

数据来源：日本农林水产省2017年食品流通分阶段价格形成调查。

农民的利益得到一定保障。与日本相比较，我国中间层级的批发商及零售商的利润空间远大于农民的利润空间。

此外，日本的冷链物流发展也较为成熟。国际冷藏仓库协会公布的数据显示，冷链的主要基础设施包括冷库和冷藏车。2018年，日本人均冷库容积为0.32立方米/人，人均冷藏车保有量为0.32台/千人，较好的冷链基础设施建设促进了冷链物流的高质量发展。数据显示，日本农产品冷藏流通率高达95%，农产品运输腐坏率低于5%，生鲜农产品运输成本占销售成本的30%左右。对比之下，中国的冷链物流基础设施建设、冷链物流运输成本和效率等方面与日本仍有较大差距（见表2–15）。

表 2–15　中日农产品运输效率对比

	日本	中国
人均冷库库容积（立方米/人）	0.32	0.13
人均冷藏车保有量（台/千人）	1.95	0.13
农产品冷藏流通率	95%	30%
农产品运输腐坏率	低于5%	25%
生鲜农产品运输成本占销售成本	30%左右	60%以上
利润率	20% ~ 30%	8%

资料来源：国际冷藏仓库协会，冷链行业资讯。

（三）多层级超市及便利店是日本生鲜零售的主流业态

日本零售业最早以“八百屋”形态存在（类似中国的“夫妻店”）。20世纪50年代，超市开始出现，并在70年代快速发展成零售的主流业态，“八百屋”在日本大面积消亡。20世纪90年代后日本的零售渠道进一步分化，便利店、专卖店、百元店、药妆店及线上到家等业态快速发展，日本零售业发展进入零售渠道多元化并存阶段。在日本零售行业销售额前五名企业榜单中，1968年销售额领先的企业主要为百货店，到1998年，销售额领先的企业逐渐转变为综合超市，而到2008、2018年，销售额前五的企业中出现更多便利店及专卖店（见表2-16）。

表 2-16　日本零售行业前五名企业的业态变化

	1968		1988		1998		2008		2018	
	企业	业态	企业	业态	企业	业态	企业	业态	企业	业态
1	大丸	百货店	大荣	综合超市	大荣	综合超市	7-Eleven	便利店	永旺集团	综合超市
2	三越	百货店	伊藤洋华堂	综合超市	7-Eleven	便利店	永旺集团	综合超市	7-Eleven	便利店
3	高岛屋	百货店	西友	综合超市	伊藤洋华堂	综合超市	山田电机	专卖店	迅销	专卖店
4	铁道弘济会	站内店	佳世客	综合超市	佳世客	综合超市	伊藤洋华堂	综合超市	山田电机	专卖店
5	松坂屋	百货店	西武	百货店	罗森	便利店	罗森	便利店	三越伊势丹	百货店

资料来源：日本内阁府。

根据日本农林水产省的规定，离家500米范围内买不到生鲜食品就可以划为购买弱势群体，并将此区域划定为食品荒漠化地区。目前，日本生鲜零售可大致划分为综合超市、食品超市、生鲜便利店三个层级，对居民形成了全面、有效的覆盖，居民购买农产品非常便利（见图2-47）。从覆盖层次看，日本的线下零售体系发达，500米半径内基本实现了全覆盖，便利店和生鲜店的连锁化率较高。其中，综合超市的面积多在3000平方米以上，覆盖半径10公里左右；小型食品超市的面积约为500～2500平方米，覆盖半径为500米～3公里；生鲜便利店的面积大多在200平米以下，一般分布在居民住宅区500米以内（见表2-17）。相比之下，我国的生鲜业态仍以农贸市场为主，超市和专业生鲜店发展不足，连锁化率也远低于日本。目前，中国生鲜零售呈现出连锁商超、社区生鲜店、生鲜电商多渠道齐头并进、快速发展的态势。

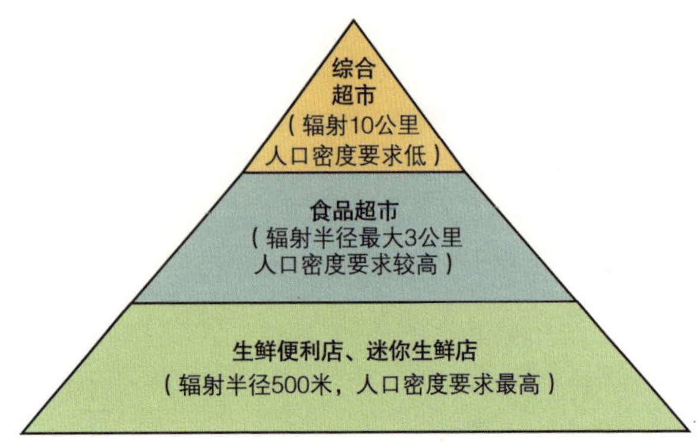

图 2–47　日本生鲜零售三个层级的分布情况

资料来源：兴业证券。

表 2–17　日本综合超市和食品超市业态对比

分类	综合超市	食品超市	生鲜便利店
卖场面积	3000平方米以上	500～2500平方米	200平方米以内
商圈半径	10公里	500米～3公里	500米以内
主营商品	经营食品、服装、日用品等生活必需品	以生鲜食品和熟食为主	生鲜日配30%，预包装食品占比60%～65%
来店方式	驾车占40%以上	步行居多	步行
来店频次	每周一次	接近每天	接近每天
来店动机	一站式购物	价格、就近、品质	便利、品质
行业结构	大企业领军、行业集中度高	中小企业多、行业集中度低	头部玩家占主导地位

资料来源：兴业证券。

二、日本农产品流通发展的新特征及新趋势

（一）推进农协全面改革，鼓励农协规模化发展和企业化运作

近年来，日本农协主营业务离农化趋势明显，内部也出现了诸如会员异质化、组织官僚化等方面的问题，农协的发展方向受到大家的质疑。为此，日本政府于2015年颁布新《农协法》，农协迎来全面改革，朝着合并和市场化方向发展。

事实上，日本政府一直在推动农协的改革和发展，促进基层农协的合并与扩大。1961年日本政府颁布实施《农协合并助成法》，积极推进市町村内部的小型农协合并，最终日本基层综合农协从1950年的13314家合并至2019年的649家，专业农协从1950年的19787家合并至2019年的1315家，县级以上联合会从1950年的927家合并至2019年的183家，单个联合会的服务规模明显扩大（见图2–48），未来目标是"一县一农协"。另一方面，农协向市场化运营方向发展。农协为农户提供了大量的生产、生活方面的服务和帮助，但由于内部运营缺乏竞争机制，农协组织的官僚化日益严重，内部管理成本和包装运输成本较高，一定程度上影响了收益。新农协改革鼓励农协以买断方式开展农产品销售业务，赚取差价收益，并鼓励国家层面的全农[①]和都道府县一级的经济连[②]变更为企业组织，推动农协开展企业化运作。

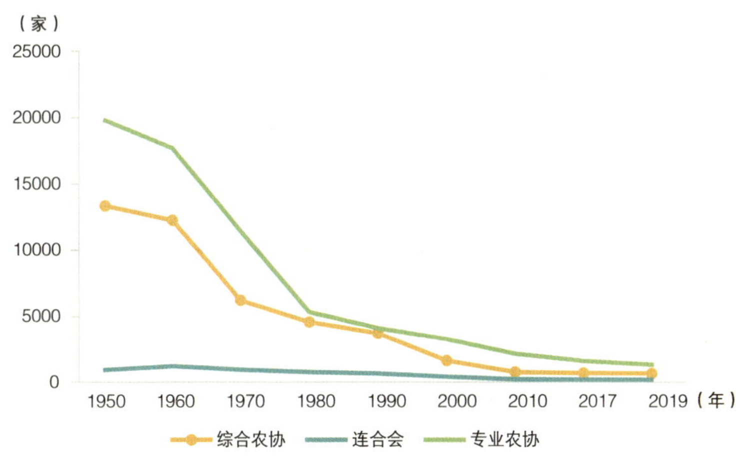

图 2–48 日本基层综合农协的数量变化

资料来源：日本独立行政法人，政府综合统计网站（e-Stat）。

① 农协分三个等级。在全国一级叫全国农业协同组合连合会，简称"全农"；在都道府县（相当于中国的省）一级就叫经济农业协同组合连合会，简称"经济连"；在市町村（相当于中国的县、区、乡）是基层农协，叫农业协同组合，简称"农协"。

② 同上。

（二）批发市场经由率逐年降低，多种直采模式快速发展

在日本政府和市场竞争的双重驱动下，近年来日本农产品批发市场的经由率显著降低。根据日本农林水产省食品流通课的统计，近年来日本批发市场数量和农产品经由率[①]显著下降。从数量来看，日本的中央批发市场数量从1980年的89家下降到2018年的64家（见图2-49），地方批发市场的数量从1980年的1707家下降到2018年的1025家（见图2-50），中央批发市场和地方批发市场内的批发商数量随之下降。从经由率来看，蔬菜水果的经由率从1970年的81.1%下降至2017年的56.7%，水产的经由率从1980年的86.0%下降至2017年的49.2%，肉类的批发市场经由率目前仅10%左右（见图2-51）。

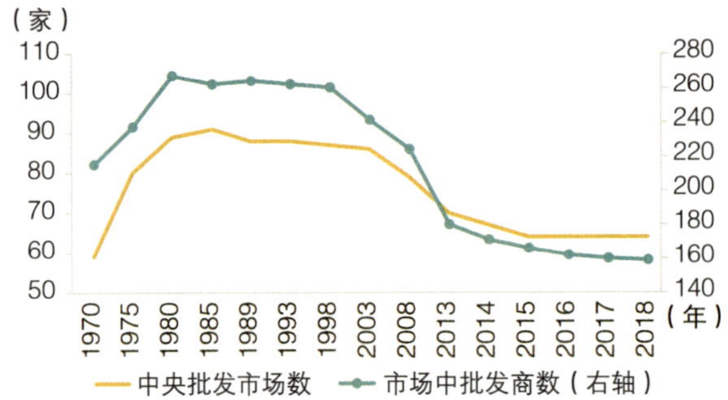

图2-49　日本中央批发市场数量及市场中批发商数量变化

资料来源：日本农林水产省食品流通课。

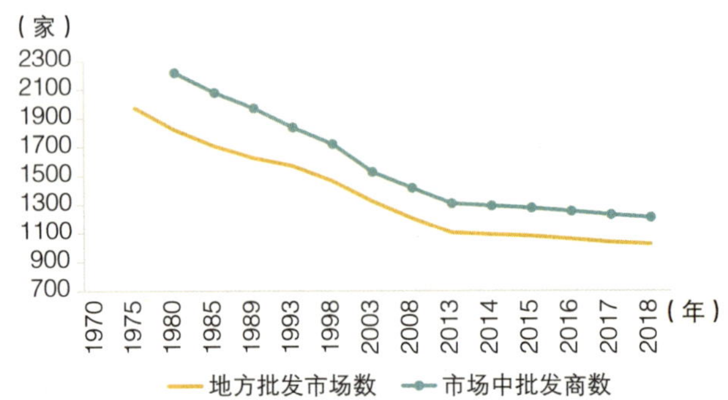

图2-50　日本地方批发市场数量及市场中批发商数量变化

资料来源：日本农林水产省食品流通课。

① 批发市场经由率指农产品经过批发市场进行流通的比例。

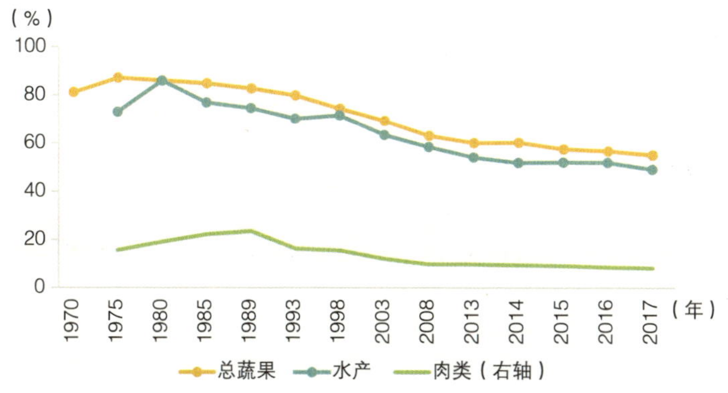

图 2-51　日本批发市场经由率变化

资料来源：日本农林水产省食品流通课。

在政府层面，日本政府为推动农产品流通模式变革，减少流通环节，降低流通成本，于2020年对《批发市场法》经营及交易相关条款进行了大幅修订。一是废除了“禁止批发商和第三方交易原则”，允许批发商不经过中间商和参加交易者（相当于我国的二级批发商）将产品直接卖给小餐饮店和零售商等第三方。二是废除“禁止市场内中间商直接从产地采购农产品原则”，允许小型批发商直接与产地交易，减少流通环节。三是废除“商物一致原则”，实现商物分离，不再要求必须将交易的农产品运进市场内，可以直接在达成交易后将农产品由产地发往购买方。四是允许开设民营中央市场，民营企业在得到农林水产省的认可后也可以开设中央市场。

在市场层面，为了降低流通成本，很多下游需求方绕过批发市场，生鲜电商、零售商直采和直卖所（店—消费者）等场外流通市场兴起。场外流通具有链条短、成本低、效率高、农民收入更有保障等方面的优势。调查结果显示，日本农业生产者通过零售商直采和直卖所渠道的售卖价格在零售价的占比分别为77.5%和80.1%，远高于传统批发零售渠道的47.5%，对于促进农民增收具有重要意义（见图2-52）。目前，产地直采和生鲜电商等模式已占日本农产品流通的30%以上，直卖所占日本农产品流通的10%左右。

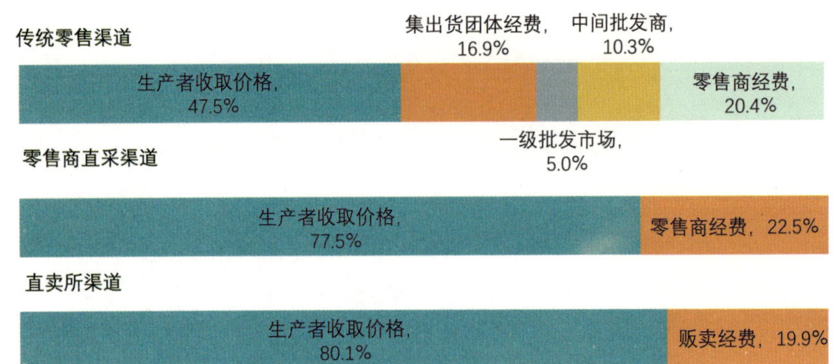

图 2–52 日本不同流通渠道的生产者收取价格占比

资料来源：日本农林水产省2017年食品流通分阶段价格形成调查（蔬果调查），以16种蔬果为调查对象。

（三）大型综合超市没落，零售终端加速向小型化、社区化方向转型

2000年以来，受家庭小型化、女性劳动力参与率提升、老龄化等多重因素驱动，日本生鲜零售加速向小型化、专业化、社区化方向发展。目前日本的家庭结构以两人户家庭为主，一站式购物需求下降，少量高品质需求提升。日本总务省统计局的调查结果显示，2019年日本全社会的老龄化率为28.4%，生鲜便利性需求增多；双职工家庭的占比从1997年的50.7%提升至2017年的65.0%，女性参与烹饪的时间减少，对预制菜的需求增加。

近年来，日本综合超市的销售规模持续下降，小型超市、生鲜店快速发展。日本超市协会公布的统计数据显示，从2001年至2017年，日本综合超市的销售规模从7.91万亿日元下滑至5.79万亿日元，降幅超过25%；菜市场的市场份额由接近30%下降至不足15%；小型食品超市的销售规模从2001年的41.9万亿日元增至2017年的44.7万亿日元；生鲜便利店、迷你生鲜店的销售规模则从2001年的约4万亿日元增至2017年的11万亿日元，其销售额分别为综合超市的7.72倍及1.89倍（见图2–53），门店总数分别达到19000家和55000家。不同品牌的综合超市、食品超市、生鲜便

利店、药妆店、电商针对自己的客群，搭建了从低到高多层次的价格体系，有效满足了不同收入、年龄阶层的人们的多元化消费需求。

日本的生鲜到家业务也在电商企业和传统连锁零售企业的共同推动下快速发展，特别是蔬菜、粮食、饮料等低毛利且高重量的产品需求旺盛，有效满足了老年人及上班族的便利化需求。其中，日本连锁便利店和连锁生鲜店由于连锁化率和集中度较高，供应链和网点布局较为完善，到家服务能力和所占市场份额均优于我国传统零售企业。

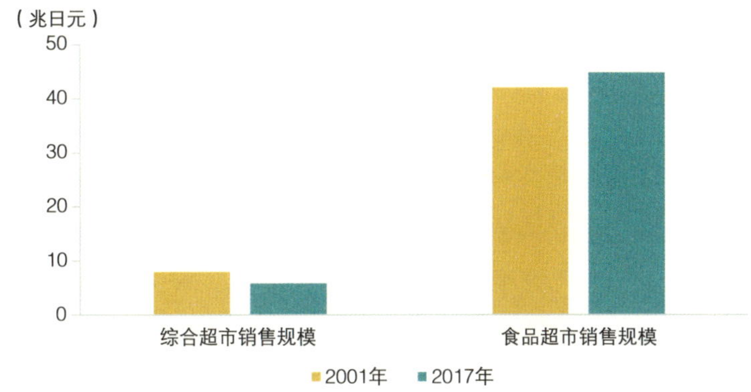

图 2-53　日本综合超市、食品超市销售规模的演变

资料来源：日本超市协会。

三、日本农产品流通模式改革对我国的借鉴意义

日本和我国都具有地少人多、农业生产分散、城市人口密集、家庭结构小型化明显等相近的农产品生产和消费特征。近年来，日本政府持续推动的农产品流通模式改革成效显著，其经验模式对我国有较强的参考价值。

（一）提升农业生产组织化程度，提高农民所得比

近年来，我国农业生产组织化程度不断提升，但小散弱的现状并未得到根本改变，产地初加工、冷链仓储物流等基础设施严重不足仍是制约我国农业提升商品化、标准化程度，与流通进行有效对接的主要瓶颈。一是

推动我国合作社、生产大户的企业化转型，完善农业金融、保险等配套保障，支持和引导流通企业与农民开展灵活多样的合作，推动形成稳定的产销对接关系。二是加大对产地生产流通基础设施建设的支持力度，更多在产地完成分拣、包装等商品化处理工序，为减少农产品流通环节创造基础条件。三是引导新型流通企业开展灵活多样的产地直采，减少流通环节过多带来的层层加价、无效运输、反复装卸等问题，降低居民在零售终端的采购价格，提高农民所得比（即农民出售农产品时的价格占最终零售价格的比例），将更多价值留在产地，实现分级销售。

（二）借鉴日本农批运营管理模式，提升我国批发市场的运营效率

参考日本批零分离、人货分离等相关经验，一是推动我国传统农批市场转型升级，重点支持具有分拣加工能力的集中配送中心、中央厨房、净菜和半成品加工中心等设施建设，实现净菜进城，减少无效运输，缓解交通压力。二是进一步推动商物分离，实现场内交易和场外交割，减少农批市场占地面积和城市用地压力，通过提升市场坪效、丰富经营业态等举措提升市场运营效率。

（三）完善生鲜零售网点，鼓励零售业态多元化发展

进一步推动形成多层级、高密度、多功能的“一刻钟便民生活圈”建设。积极鼓励农贸市场、综合超市进行数字化、智能化、连锁化转型升级，社区小店进行数字化改造，同时大力发展零售新业态，鼓励社区生鲜店、社区电商、便利店、新零售、前置仓、到家服务等多种模式发展。

（四）优化车辆通行管理政策，推动城市共同配送发展

借鉴日本大城市配送管理经验，探索建立对共同配送企业的量化考核机制，对在车辆满载率、运行时长、配送门店数量等指标达标或有显著提升的企业自有及第三方物流车辆优先给予通行及停靠便利。进一步激发各

类市场主体的创新活力，积极推动商贸流通企业和第三方物流配送企业之间横向协同、纵向协作，大力推进城市共同配送体系建设。统筹考虑疫情防控常态化下城市运行、民生保障以及城市配送的长期发展需要，制定出台保障民生物资配送车辆通行便利的管理政策，简化通行证办理流程，全面放开托运人申领通行证限制。

全国城市夜间消费活力指数分析报告

孙聪　厉基巍　许紫媛

夜间经济业态的多样性和群众参与度是城市经济开放度和活跃度的晴雨表。2019年8月，国务院办公厅发布《关于加快发展流通促进商业消费的意见》，将发展夜间经济作为国家层面扩内需、促消费的二十条意见之一。此后，中央和地方先后出台一系列政策，营造活跃开放、丰富多元的夜间消费环境，满足人民群众对美好生活的需要，各地夜间消费市场日渐繁荣。但是，2020年初突如其来的新冠肺炎疫情对夜间经济造成了巨大的负面冲击，在疫情防控和经济社会发展统筹推进的过程中，如何持续“点亮”夜间经济，受到社会各界的普遍关注。美团研究院通过开发夜间消费活力指数的测算方法，对全国及主要城市的夜间消费活力进行了测算分析。①

一、全国及各区域夜间消费的总体特征

（一）夜间消费季节性特征明显，一般在8月达到年内峰值

总体来看，夜间消费市场发展的季节性特征明显（见图2–54），通常自春季起夜间消费逐渐回暖，一般在8月份达到年内峰值。同时，“五一”“十一”等假期对当月夜间消费的带动效应明显，年末也常伴有夜

① 本报告中夜间时段统指18:00至次日6:00，新疆、西藏、青海三地的夜间时段为19:00至次日7:00。

间消费的小高峰。受疫情影响，全国城市平均的夜间消费规模在2月出现近年来的最低水平，指数同比降幅82.4%；用同样方法测算的同期日间消费规模指数也下降明显，同比下降63.8%。春节假期结束后，各地复工复产及消费复苏进程有序推进，特别是自4月中旬起，各地密集出台了包括发放消费券在内的一系列提振消费具体措施，使得自2020年5月起，夜间消费规模指数同比增长率开始回正，8月夜间消费规模指数达到年内峰值，比上年同期高出9.6%。

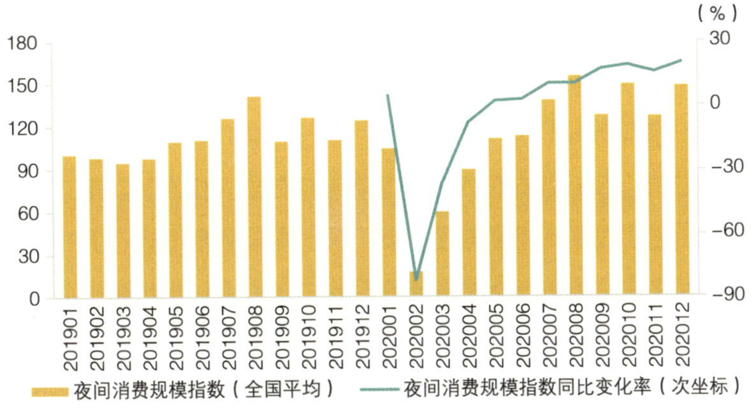

图 2–54　全国城市夜间消费规模指数及同比变化

数据来源：美团数据。

注：该指数基于模型获取夜间消费规模的时序变化，消除了不同城市之间由于夜间消费规模存在差异对测算指数造成的影响。

（二）华南地区的夜间消费相对活跃，广东、江苏、浙江、上海、北京的夜间消费规模在全国位列前五位

全国各大区域夜间消费规模与人口规模的相对关系（见图2–55）。其中，华南地区的人口规模占比在10%左右，但对全国夜间消费规模的贡献率超过两成，表明该区域夜间消费相对活跃。华东地区、华北地区夜间消费占比略高于人口占比，两个区域夜间消费市场发展与人口规模基本同步。西南地区、华中地区的夜间消费金额占比则明显低于人口占比，说明这两个区域的夜间消费潜力仍有待挖掘。

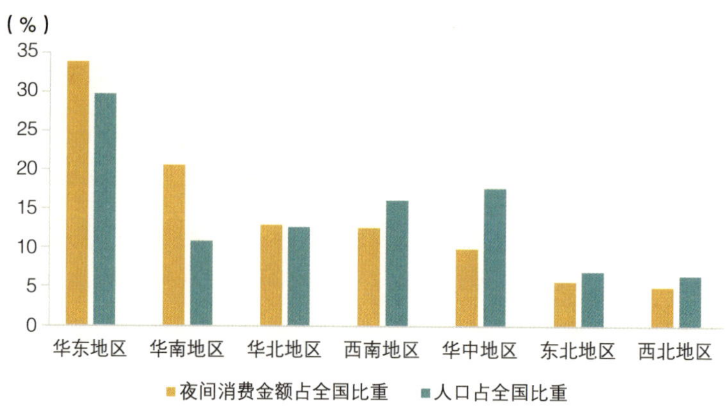

图 2–55　各区域夜间消费金额与人口规模关系

数据来源：美团数据、国家统计局。

各区域夜间经济发展不平衡的现象比较突出。广东、江苏、浙江、上海、北京的夜间消费在全国各省（市、区）中位列前五位。其中广东、江苏两省的夜间消费规模占全国总量的四分之一以上，仅广东一省的夜间消费规模就相当于全国后15个省（区）夜间消费规模总和。西部地区除四川、重庆外的其他省（市、区）夜间消费规模相对较小（见图2–56）。

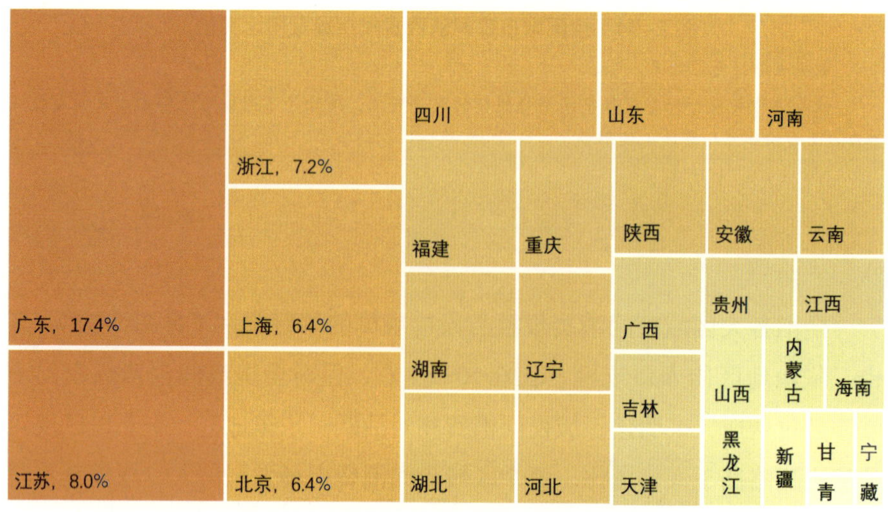

图 2–56　各地区夜间消费规模占全国比重

数据来源：美团数据。

（三）大湾区内各城市夜间经济发展比较均衡，且夜间消费总体规模大

城市群是城市发展到一定阶段形成的经济紧密联系体，也是国家新型城镇化发展的主体形态。横向比较各城市群之间的夜间消费规模可以发现，大湾区（不含中国香港、澳门）内部城市的平均夜间消费规模远高于国内其他城市群，位居首位，甚至基本相当于第二、三位的京津冀城市群和长三角城市群之和。城市群内夜间消费规模最大的城市，其消费规模占整体城市群消费规模的比重，在一定程度上能够反映城市群内部夜间消费的集中度。据此测算可以发现，关中平原城市群、京津冀城市群、成渝城市群的夜间消费规模分布，相对集中在各自内部的西安、北京、成都等头部城市，而大湾区、长三角城市群、海峡西岸城市群内部的夜间消费分布相对均匀（见图2-57）。

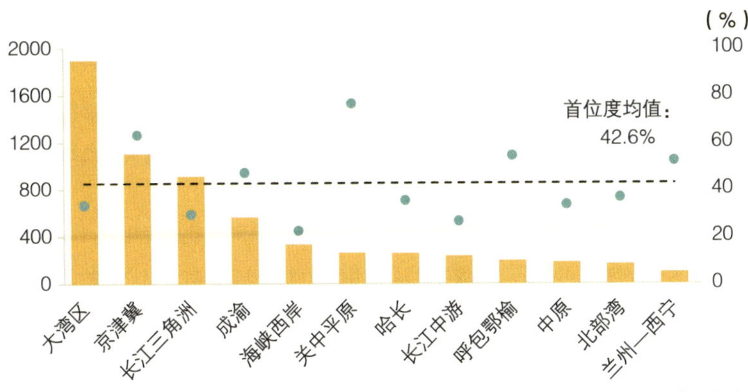

图 2-57　各主要城市群夜间消费规模分布特征

数据来源：美团数据。

注：1.各城市群的城市范围参照国务院批复的城市群发展规划文本确定；2.中国香港、澳门暂未纳入大湾区城市群夜间消费规模的计算；3.各城市群的夜间消费规模指数均以兰州—西宁城市群内的平均夜间消费规模为基准，按100计算。

二、城市夜间消费活力指数的计算方法

（一）指标选取与指数计算

全国城市夜间消费活力指数由“规模”“结构”“供给”“需求”四大类一级指标和八个二级指标构成（见表2-18）。具体城市的某项指标，根据所有城市该指标的数值分布特征，在60~100之间进行线性插值（即将该指标的最大值设为100，最小值设为60），得到该指标对应的指数数值。在此基础上，将分项指数加权求和得到该城市的夜间消费活力指数。其中，夜间消费规模指标为夜食（堂食和外卖）、夜购、夜娱、夜宿、夜游消费规模细分指数的平均值，即认为各类别消费对夜间消费的贡献度相同，以避免简单加总后导致总指数过于偏向消费规模较大的类别。在权重系数设定上，夜间消费规模作为反映整体经济效果的指标，被赋予更高的权重，其他指标按等权重设置。

表 2-18　城市夜间消费活力指数构成

一级指标	二级指标	权重	含义及计算方法
规模	消费规模	30%	夜食（堂食、外卖）、夜购、夜娱、夜宿、夜游消费规模细分指标的平均值
	规模变动	10%	本年度夜间消费规模与前一年相比的变化率
结构	主客共享度	10%	夜间异地消费用户数占夜间全部消费用户数的比重
	深夜时段渗透力	10%	深夜（22:00以后，新疆、青海、西藏23:00以后）消费额占全天消费额的比重
供给	品类多样性	10%	各月夜间高频消费（100次及以上）的品类数量均值
需求	消费者参与度	10%	夜间消费用户数占全天消费用户数的比重
	消费黏性	10%	夜间高频消费（每月10单及以上）用户数占夜间全部消费用户数的比重
	人均消费金额	10%	夜间消费总金额与夜间消费用户数之比

（二）夜间消费规模影响因素识别：品类多样性和消费者参与度的影响相对较大

夜间消费规模是夜间消费活力最直观的表征，但仅以此单一指标构建指数，不足以反应夜间消费活力的丰富内涵。为此，美团研究院基于对多城市夜间经济发展情况的长期跟踪研究，提出影响夜间消费规模的多要素指标，通过计量方法，找到对城市夜间消费规模影响程度最大的七个影响因子，增补进指数设计体系中。通过标准化系数值反映不同指标对夜间消费规模的影响程度（见表2–19）。

表 2–19　城市夜间消费金额的影响因素分析

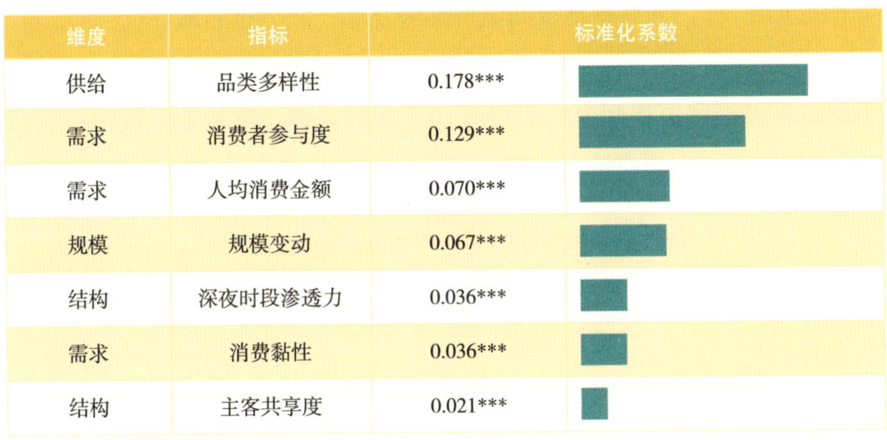

维度	指标	标准化系数
供给	品类多样性	0.178***
需求	消费者参与度	0.129***
需求	人均消费金额	0.070***
规模	规模变动	0.067***
结构	深夜时段渗透力	0.036***
需求	消费黏性	0.036***
结构	主客共享度	0.021***

数据来源：美团数据。

注：1.标准化系数值是指各指标的数值每变化1个标准差引起夜间消费金额的变动程度，反映了各指标的影响程度大小；2.被解释变量为夜间消费实际金额的对数值，模型采用城市、年月固定效应控制城市间差异、时序变化对夜间消费金额产生的影响；3.*** 表示在99%置信度下显著。

对比而言，供给侧的品类多样性和需求侧的消费者参与度对夜间消费规模的影响更为显著。这也意味着，打造丰富多样的夜间消费体验，增强夜间时段的消费吸引力能更有效地扩大夜间消费规模，进而提升夜间消费活力。同时，其他指标对城市夜间消费规模也会产生显著影响，由此验证了各类指标在构造夜间消费活力指数和开展相关分析方面的可行性。

三、国内35个大中城市夜间消费活力分析

美团数据显示，35个大中城市[①]的夜间消费金额约占全国总量的63.4%。本报告重点对35个大中城市的夜间消费活力展开分析。

（一）总体特征：上海稳居榜首，长沙、昆明的夜间消费活力显著增强

在35个大中城市中，一线城市的夜间消费活力最强。其中，上海连续两年在全国城市中排名第1。深圳、广州夜间消费保持良好增长态势。北京受2020年二季度二次疫情冲击较大，季度夜间消费活力指数排名曾一度下滑至第7位，此后本地夜间消费强势复苏，整体排名最终仅下降1位。长沙、昆明的夜间消费活力与上一年度相比有明显提升，排名均上升3位，进入35个大中城市夜间消费活力前10名。西安由于旅游业受疫情影响较大，未能进入夜间消费活力的前10榜单（见表2-20）。

表2-20 全国35个大中城市夜间消费活力排名

2020年排名	2020年夜间消费活力指数	较2019年排名变化	2019年排名	2019年夜间消费活力指数
上海市	86.96	—	上海市	85.47
深圳市	83.97	↑1	北京市	84.07
北京市	82.99	↓1	深圳市	81.78
广州市	82.66	—	广州市	81.61
成都市	82.47	—	成都市	80.40
杭州市	81.64	↑1	重庆市	79.87
重庆市	80.40	↓1	杭州市	79.47
长沙市	79.65	↑3	西安市	76.93
南京市	77.87	↑1	海口市	76.86
昆明市	77.56	↑3	南京市	76.86

数据来源：美团数据。

① 参照国家统计局标准，全国35个大中城市包括直辖市、省会城市、自治区首府城市（除拉萨市）和计划单列市。

（二）规模维度：一线城市夜间消费规模大，夜间“食、住、行、游、购、娱”发展各具特色

具备一定规模的夜间消费市场能够提供丰富的消费体验场景，并形成持续的消费吸引力。从城市之间的横向比较看，上海的夜间消费规模位居榜首，北京紧随其后，深圳、广州、成都的夜间消费规模也位列前5名（见图2–58）。与2019年度相比，新冠肺炎疫情导致35个大中城市全年夜间消费规模普遍下降，平均降幅达到13.2%，仅杭州、贵阳和长沙全年的夜间消费规模实现了正增长。值得注意的是，第四季度有28个大中城市的夜间消费规模实现同比正增长，饱受疫情冲击的夜间消费市场正在逐渐复苏。

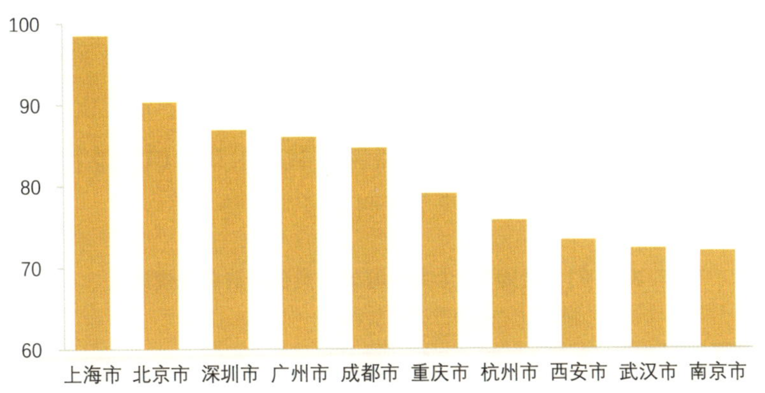

图 2–58　全国 35 个大中城市夜间消费规模指数前十名

数据来源：美团数据。

夜间消费第一梯队城市各类别消费规模的相对关系如图2–59所示。上海有四种夜间消费类别的规模高于其他城市，综合实力领跑全国。北京除夜宿消费外，其他类别均处于领先地位。深圳、广州、成都三个城市的各类别夜间消费长短板较为明显。例如，深圳贡献了全国最高的夜间外卖餐饮消费规模；成都的夜宿、夜娱消费规模较大，但夜购、夜游消费并不旺盛；广州的夜游、夜宿消费规模较大，而夜娱消费规模明显低于其他四个城市。

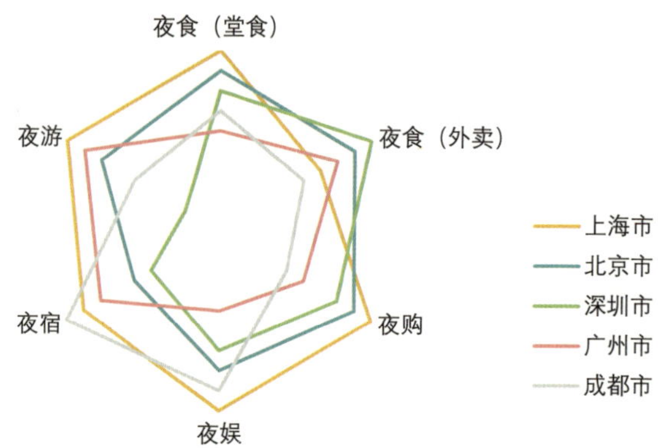

图 2-59　夜间消费规模前五城市的分类消费特征

数据来源：美团数据。

表2-21进一步列出全国大中城市分类别夜间消费规模的前十排名。除上述特征外，西安的夜宿、夜游消费规模排名靠前，相比之下缺少文旅资源的深圳在这两类夜间消费上则显现出了明显的短板。重庆夜间各类消费的相对关系与成都近似，杭州夜间各类消费规模在全国的排名相对稳定，武汉疫情后夜间堂食和夜娱消费呈现明显复苏态势。

表 2-21　全国 35 个大中城市六类夜间消费规模排名

夜食（堂食）消费规模排名	夜食（外卖）消费规模排名	夜购消费规模排名	夜娱消费规模排名	夜宿消费规模排名	夜游消费规模排名
上海市	深圳市	上海市	上海市	成都市	上海市
北京市	北京市	北京市	成都市	上海市	广州市
深圳市	广州市	深圳市	北京市	广州市	北京市
成都市	上海市	武汉市	深圳市	重庆市	西安市
广州市	成都市	广州市	重庆市	北京市	成都市
重庆市	杭州市	成都市	广州市	深圳市	重庆市
杭州市	重庆市	重庆市	杭州市	西安市	郑州市
西安市	南京市	南京市	西安市	杭州市	深圳市
南京市	长沙市	杭州市	武汉市	长沙市	杭州市
武汉市	郑州市	西安市	长沙市	郑州市	长沙市

数据来源：美团数据。

（三）结构维度：厦门的夜间经济对异地消费者吸引力强，长沙的深夜消费占比大

结构维度指标包括主客共享度和深夜时段渗透力两类。主客共享度指标反映了城市夜间消费市场对本异地消费者吸引力的相对关系。在疫情削减人群跨城流动的背景下，全国35个大中城市异地消费占比，较上一年度下降了6.2%，异地消费占比前十名城市的主客共享度分布如图2-60所示。尽管一线城市常住人口结构中，外来人口占比通常较大，但是厦门、长沙等城市也表现出了对异地消费者更强的吸引力。

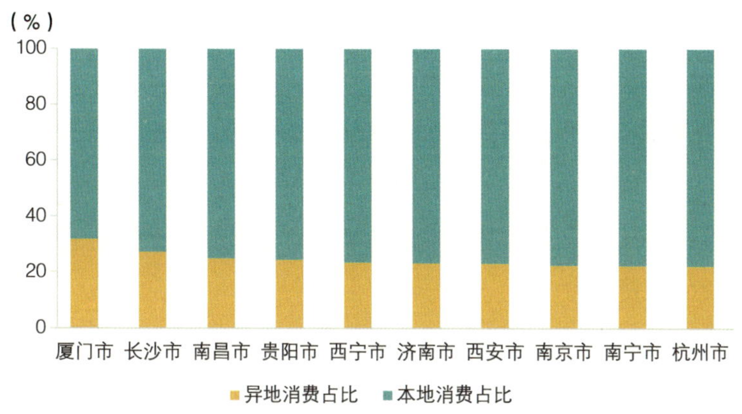

图 2-60 全国 35 个大中城市夜间异地消费占比前十名

数据来源：美团数据。

深夜时段渗透力指标可测度夜间消费活动的持续性。这一指标通常与城市所在的地理区位（经纬度）有关，即温度、时差等因素会影响城市夜间消费活动的时段分布，因而该指标通常在华南、西南和西北地区相对较高，而在华北、东北地区相对较低。长沙的深夜（22:00之后）消费额占全天的比重达到23.2%，成为“夜最深”的大中城市（见图2-61）。

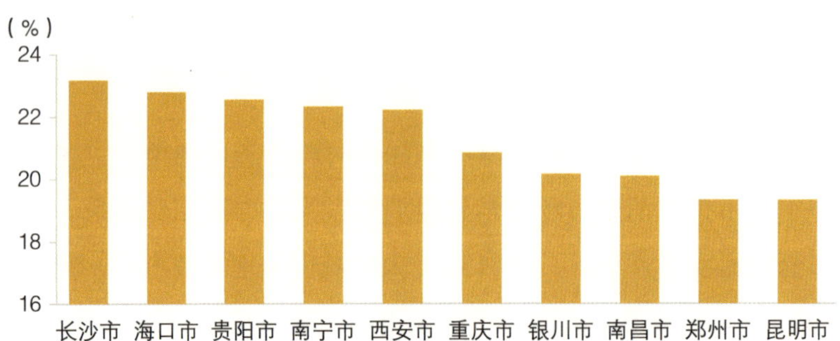

图 2-61　全国 35 个大中城市夜间深夜消费额占比前十名

数据来源：美团数据。

（四）供给维度：夜间供给的品类丰富度按城市等级的分化特征明显

夜间消费市场的供给侧分析应关注夜间营业的商户数量占全天营业商户数量的比重，以及供给品类的多样性。而前者在各城市间的差异不大，因此，品类多样性就成为区分不同城市夜间供给能力的关键性指标。城市夜间供给的品类越丰富，对消费者的吸引力越大，这也决定了该城市具有更强的夜间消费活力。

从全国范围来看，品类多样性指标按城市等级的分化特征明显。大中城市的夜间消费品类一般较为丰富，而在其他城市中64.9%的城市夜间消费品类较少或不丰富（见图2-62）。美团数据显示，大中城市夜间消费细

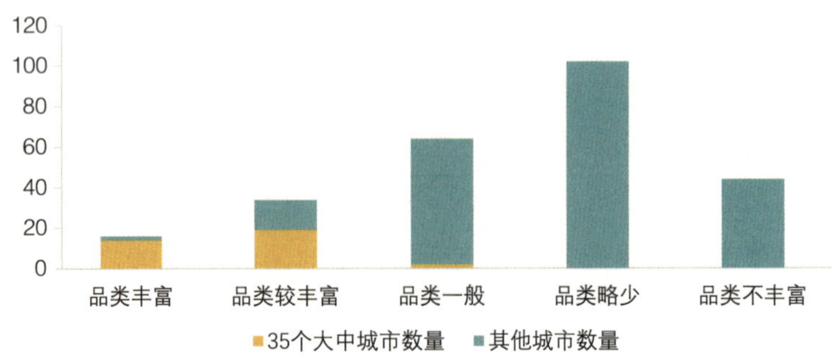

图 2-62　按夜间消费品类多样性分组的城市数量分布

数据来源：美团数据。

注：月度夜间消费频次较低（不超过100次）的细分品类未纳入统计计算。

分品类的数量均值为全国城市平均水平的127.3%。其中，一线城市夜间消费规模大，且供需互动催生出较多特色鲜明的夜间消费新业态，也为消费者带来了更为丰富的消费体验（见图2-63）。

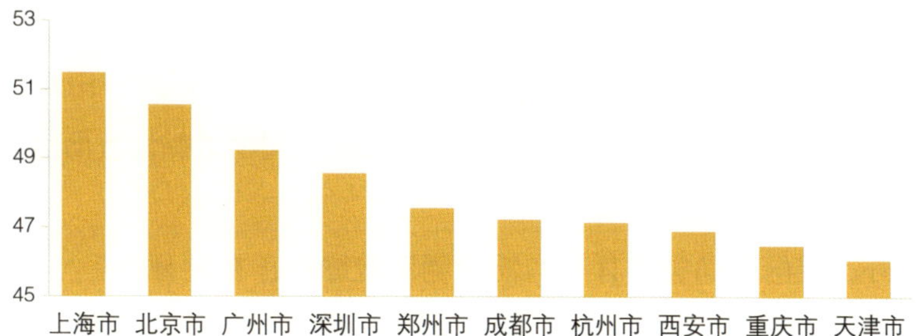

图2-63　全国35个大中城市夜间消费细分品类个数前十名

数据来源：美团数据。

注：月度夜间消费频次较低（不超过100次）的细分品类未纳入统计计算。

（五）需求维度：南方城市夜间消费参与度高且黏性大

夜间消费用户数占全天消费用户数的比重是衡量消费者夜间经济活动参与度的重要指标。美团数据显示，全国范围内夜间消费参与度较高的城市主要集中在华南和西南地区，而35个大中城市夜间消费用户数占全天消费用户数的比重平均为62.7%。其中，海口的夜间消费参与度最高，贵阳、南宁、福州等城市虽然夜间消费规模不大，但居民已养成一定的夜间消费习惯（见图2-64）。

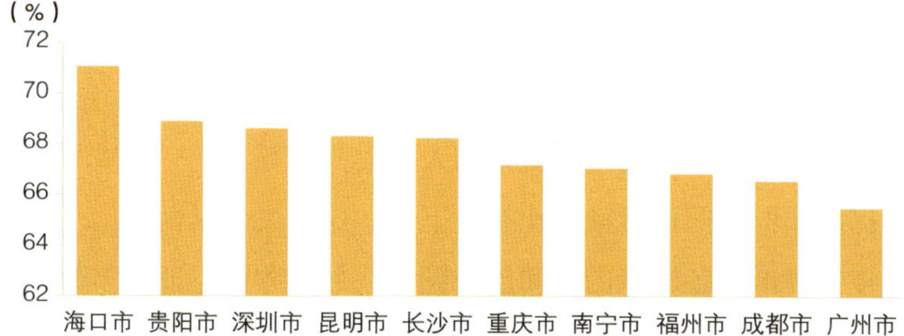

图2-64　全国35个大中城市夜间消费用户数占全天比重前十名

数据来源：美团数据。

高频夜间消费（月消费10次以上）用户的占比能够反映该城市消费者夜间消费的黏性。从全国来看，虽然各城市高频消费用户的占比并不高（均值为3.0%），但与上一年度相比整体上升了0.3个百分点，这说明夜间消费市场整体上愈发活跃。该占比超过6.0%的城市有上海、深圳、杭州。此外，海口、福州两市略微低于这一水平（图2–65）。广州、南京、成都的夜间高频消费用户占比在5.0%左右。北京在夜间消费黏性方面落后于其他一线城市。

此外，供给侧品类多样性与需求侧消费黏性存在显著的正相关关系，再次说明丰富的场景有助于提升消费者的消费意愿，不断增加的消费行为也可倒逼夜间经济的供给侧结构性改革，二者互相作用，将最终实现城市夜间消费活力的螺旋式上升。

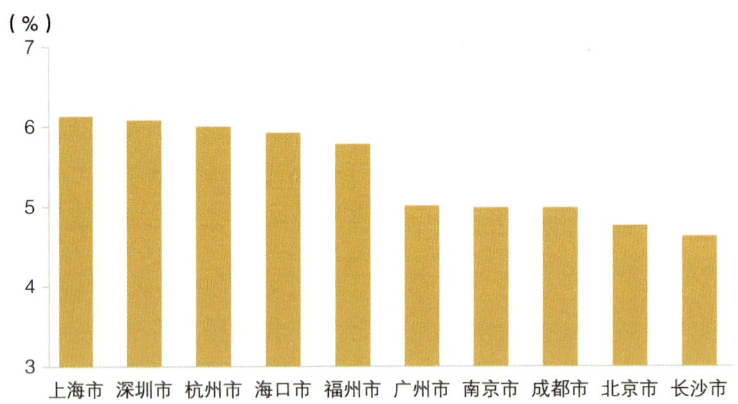

图2–65 全国35个大中城市夜间高频消费用户占比前十名

数据来源：美团数据。

美团数据显示，国内主要城市的人均消费金额与上一年度相比有不同程度的提高，但夜间消费额同比有所下降。这种反差局面的出现，一方面是由于疫情降低了各城市的夜间消费频次，另一方面也证明多数城市在吸引消费者参与夜间经济活动方面还有进一步提升的空间。

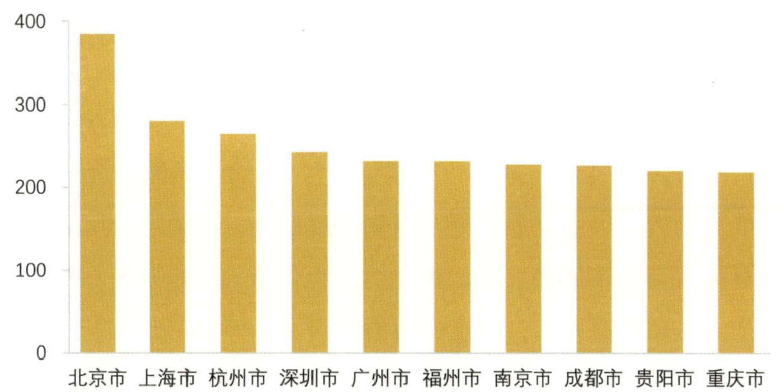

图 2-66 全国 35 个大中城市夜间用户平均消费金额前十名

数据来源：美团数据。

四、提升城市夜间消费活力的政策建议

夜间经济是各城市扩大内需、促进消费的有力抓手。构建夜间消费活力指数，一方面能将各城市的夜间经济发展水平进行量化，便于横向、纵向对比，进而帮助各地认清自身特质和优劣势；另一方面，本指数的构建涵盖多维度指标，可为各地推进城市精细化治理及夜经济相关政策制定提供维度。基于夜间消费活力指数及相关分析，建议各地在大力发展夜间经济的过程中重视下述方面的工作。

（一）深刻认识夜间经济发展规律，挖掘城市特色，塑造夜间城市品牌，形成各具特色、错位发展的夜间消费格局

各地的夜间经济发展既有共性，又有差异。共性主要体现在各地夜间消费均受季节影响，淡旺季分明。建议各地抓住夏季、重大节假日等夜间消费的旺季，做大夜间经济消费规模，为全年夜间消费市场发展打下良好基础。在淡季挖掘逆季节周期的特色消费热点，如北方城市在冬季发展冰雪旅游等，加大消费刺激的力度。此外，夜间经济的服务消费属性强，承接了人民群众较多的发展型消费需求，但受疫情等重大突发事件影响会表

现出韧性较弱的特点。在近期多地疫情零星散发的形势下，建议各地仍能保持前期政策的连续性、稳定性、可持续性，把握好时度和效度。

各地自然气候、人口规模、资源禀赋、社会环境、文化习俗各异，夜间经济应彰显城市特色，避免“千城一面”。各地一是制定符合自身特点和承载能力的夜间经济发展规划，强化顶层设计，明确定位和路径，充分发掘自身潜力与比较优势。二是积极培育具有知名度和影响力的夜间消费品牌，注入城市主题元素，丰富夜间消费内涵，如可结合老字号、地方菜系、特色美食等打造具有独特风情的地方夜间餐饮文化。三是依托所在城市群或都市圈的经济、文化、人员，形成互动联系，拓宽夜间消费的区域开放度，实现夜间消费市场的城际互补。四是盘活存量、开发增量，丰富夜间文化旅游资源，持续吸引异地消费，营造“主客共享、相互带动”的良好夜间消费环境。

（二）鼓励夜间消费向品类多样化、场景多元化方向发展

激发城市夜间消费活力，需要多元的市场品类和丰富的消费场景。一是完善“食、住、行、游、购、娱”等在内的多元夜间消费市场，促进供给侧的迭代更新。在保持既有优势业态持续活跃的同时，推动夜间消费关联品类的互动融合，补齐供给短板，鼓励新业态、新模式的发展。二是打造地标性夜间消费集聚区、夜间消费精品线路和特色项目，促进商圈、商业综合体、步行街等的发展，结合步行街改造提升、消费示范区建设等重点项目扩展城市夜间消费版图。三是在主要居住区附近设立24小时便利店等夜间消费窗口，提供生活化的夜间消费空间，完善城市夜间消费供给布局与服务生态。四是适当延长商业设施、文旅休闲场所的开放时间，拓展深夜消费的新主题新模式，带动周末、节假日夜间消费的活跃性与持续性。

（三）激发各年龄段夜间消费意愿，着力提升消费者的夜间消费参与度和黏性

形成夜间消费市场的持续活力还需要不断激发居民多层次、个性化的消费需求。一是要积极引导夜间消费市场从“重形式”向“重内容”“重体验”方向转变，策划具有城市文化内涵、居民喜闻乐见的系列夜间活动。二是顺应消费需求的结构性变化，及时调整夜间消费市场的发展方式，保持全年的需求热度。如旅游城市结合旺季、淡季特点面向不同群体打造差异化的夜间商业布局和模式。三是适当采用发放消费券等方式激励特定群体、特定场景的夜间消费，提高居民支付意愿，促进消费提质扩容。

（四）深化夜间消费市场线上线下融合互动，推进主要城市夜间经济的数字化转型

在城市经济与数字经济加快融合的背景下，丰富和创新夜间消费市场线上线下联动的应用场景，将有效推动主要城市夜间经济的数字化转型。一是鼓励夜间消费场景向线上延伸，形成政府促进消费、商户营销传播的线上着力点，推动形成以线上促线下的夜间消费生态。发展“互联网+生活服务”模式，支持餐饮外卖、即时配送等夜间到家服务，提高实体商户夜间经营能力和营业收入，提升消费市场应对疫情等重大突发事件的韧性和处置能力。二是加快地标性、重点设施场所的数字化升级改造，提高夜间消费的数字化服务，打造一批智慧商圈、云景区、数字街区等夜间消费的数字化示范场景，积极应用互联网和大数据等数字技术为商户、消费者提供智能化、无障碍服务，提高市场运行效率。

（五）加强配套设施保障，不断提升市场消费信心

夜间消费是生产、分配、流通、消费全链条的末端一环，各地政府应加强配套设施保障，不断提升市场消费信心：一是加大公共服务保障的力度，让广大居民能消费、愿消费，最终形成包括夜间消费在内的持续消费

活力。二是维护夜间消费市场的良好秩序，加强诚信经营、食品安全、疫情防控、安保消防的精细化管理，同时发挥好引导和服务角色，对试点项目和新业态、新模式发展采取包容审慎态度，在规范有序的前提下适当放松对夜间商户经营的限制。三是重点解决交通、市政配套等夜间消费发展的痛点问题。加强对夜间消费集聚区及其周边区域的交通组织，通过增加临时停车区、优化夜间公共交通供给等方式解决停车难、出行不便的突出矛盾。增加必要的流动公共卫生间、垃圾收集与清运设施、紧急医疗救助点等。四是对部分夜间经营主体给予专项资金支持，如根据经营时长适当减免税费，或给予水电费用补贴等。五是编制夜间消费指南、开发手机应用程序、发布文旅地图、指引特色活动等，方便本地市民与外地游客参与夜间消费。

第三篇　消费趋势与根本动力

家庭生产社会化是促进居民消费的重要动力①

周海伟　厉基巍

一、家庭生产是人类生产活动的重要组成部分

（一）大量家庭活动的实质是家庭生产过程

家庭常常以消费者的角色出现，被当作经济系统中的最终使用部门。事实上，家庭也是重要的生产者。学术界提出用“市场替代标准”来区分“生产性活动”和“非生产性活动”，即“如果某个活动可以通过从市场上雇佣工人或租用资本设备来实现替换，该项活动应当被视为有生产性”。据此标准，准备餐食、打扫房间、洗衣服、购物等家庭活动都具有生产性。

家庭生产（Household Production或Home Production）是家庭成员通过使用家庭资本品和付出无酬劳动进而生产出直接用于自身消费的产品和服务的生产过程。其中，家庭资本品包括电冰箱、微波炉、厨具、桌椅、厨房和餐厅等家用电器和资产，无酬劳动指的是在购物、做饭、洗衣、清洁打扫、照顾老人小孩等活动上花费的时间。例如，准备一顿家庭自制餐食实际上是家庭成员投入时间，借助厨具炊具等耐用品带来的服务，将购买的生鲜食材原材料制作成餐食的家庭生产过程。

（二）家庭生产与市场生产共同构成人类最主要的生产活动

家庭生产与市场生产同样重要，二者是构成人类生产活动最主要的两

①基于本篇报告撰写的“家庭生产社会化与居民消费：趋势、机理与动因”一文现已刊载至《消费经济》期刊2021年第六期。

个因素。从人类时间利用情况看，学者们在1985—1992年间对12个经济合作与发展组织国家居民时间利用的调查显示，现代成年人投入在有酬劳动上的时间为平均每周24个小时，投入在家庭经济活动上的时间为每周26个小时。从性别分工看，大多数有酬工作由男性完成，女性从事了大部分家庭生产等无酬工作，其工作价值中至少有2/3没有在市场经济中体现出来。

一般用家庭生产总值（Gross Household Product，GHP）度量家庭生产活动过程创造的经济附加值，包括非市场的家庭服务、耐用消费品提供的服务以及部分政府资本投入带来的服务等三个部分。美国经济分析局（Bureau of Economic Analysis，BEA）数据显示，第二次世界大战以来美国家庭生产总值呈稳步上升的趋势，由1946年的1067亿美元增长至2017年的45161亿美元（见图3-1），相当于当年美国国内生产总值的23.1%。基于2008年全国时间利用调查的数据推算，我国家庭生产无酬劳动的产值达到国内生产总值的25 ~ 32%。对澳大利亚的核算结果也表明家庭生产总值与市场生产对应的国内生产总值处在同一数量级。

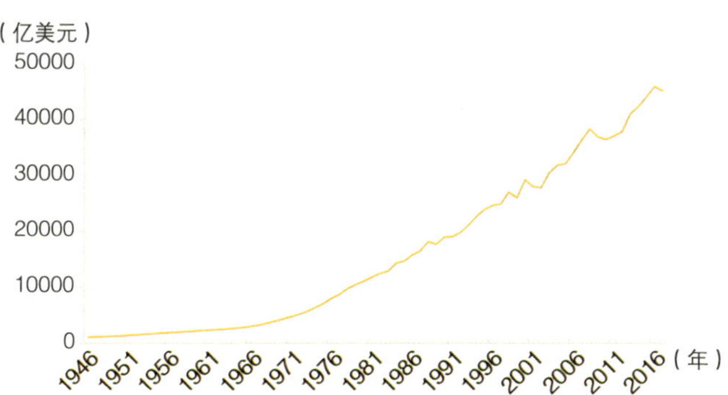

图 3-1　第二次世界大战以来美国家庭生产总值（当年价格）的变化趋势

数据来源：美国经济分析局（BEA）。

二、家庭生产社会化已成为世界历史发展的长期趋势

（一）全球范围内市场生产正逐步取代家庭生产

家庭生产社会化是指家庭生产被市场生产替代的过程。以缝衣做鞋这

一生产活动的演变为例可以生动地呈现这一过程。在“男耕女织”的古代社会，做一件衣服，从布匹、丝绸等原材料到衣服裤子等完全品的生产制作都是由家庭成员尤其是女性来完成的。到近代社会，家庭主妇开始从市场上购买棉布、丝绸等原材料，但大多数衣服或鞋子仍由自己制作。而到现代社会，几乎所有家庭都从市场直接购买服装鞋帽。

世界历史发展经验显示，在“衣、食、住、行”等领域，市场生产逐步代替家庭生产已成为长期趋势。两次工业革命以来，全球商品和服务生产的市场化进程加快，人类已经从主要依赖家庭生产转变为从市场购买商品和服务以满足自身各项基本需求（见表3–1）。目前，无论是人们对住房、服装、出行的需求，还是对水源、热源的获取，市场生产都已占据主导地位；仅在“食”的领域，家庭生产依然占据着较大的比例。

表 3–1　人类由依赖家庭生产转向市场生产的习惯转变

	十九世纪中叶的典型家庭	现代社会的典型家庭
食物	普通家庭缺乏外出就餐的消费能力，几乎全部在家就餐；家庭主要通过种植和养殖获得食材，部分食品从市场购买；膳食准备包含一系列家务劳动，例如挑水、劈柴、运煤、烧火、烹饪、洗碗、处理燃料灰烬等	在家就餐依然是主流，外出就餐消费在家庭消费中占据了一定比重；家庭从市场购买米面粮油、蔬菜肉食等各类食材，也会购买各种半成品、即食食品、调味品；膳食准备主要包括烹饪和厨余垃圾清理等过程，水源和加热热源通过购买自来水、燃气服务获得
住房	家庭成员自己参与住房建设、房屋日常护理和维修	住房大多从市场购买，家庭负责房屋日常保养，维修一般通过市场雇佣专业人员完成
服装	种植棉麻或购买部分纺织原料，家庭内的妇女缝制大部分衣服和鞋子	从各类市场渠道直接购买几乎全部服装
出行	远距离出行依靠畜力或自己行走。社会消耗了大量食物喂养大量马匹等牲畜，组织人力照料牲畜、清理其粪便	从市场购买汽车等交通工具，或从市场购买各类出行服务
水源	家庭成员从自然水源取水、挑水	主要通过自来水网络获得清洁水源
热源	热源几乎全部来自于燃料的燃烧，因此家庭成员要花费大量时间和精力获取和搬运木柴/煤炭等燃料，处理和运送燃料灰烬	集中供暖网络或空调提供保暖；家用电器提供加热热源

资料来源：笔者参考《美国增长的起落》一书中相关表述进行整理。

数据能更直观地展示市场生产替代家庭生产的历史进程。限于数据可得性，仅以美国为例进行说明。第二次世界大战以来，美国家庭生产总值在其全部生产总值①中的占比持续降低：1946年为31.9%，而2017年降低至18.8%。相应地，市场生产占全部生产活动产值的比重由68.1%上升到81.2%（见图3–2）。考虑到第二次世界大战前美国已然经历了两次工业革命，若能将考察的时间尺度向前进一步延伸，市场生产替代家庭生产的历史趋势将更加明显。

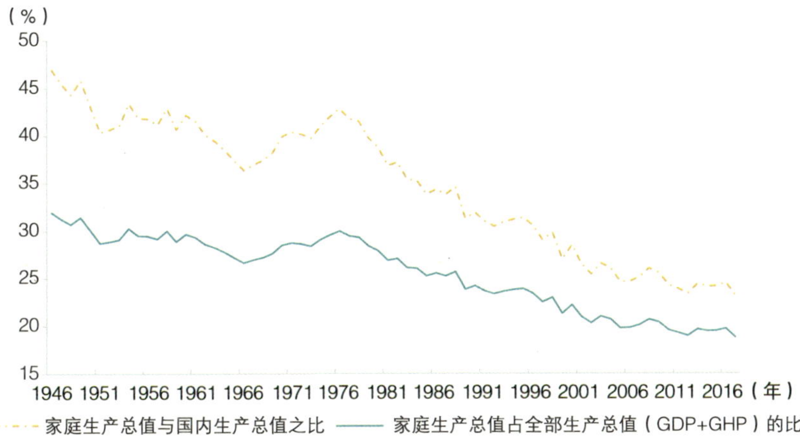

图3–2 美国家庭生产总值与国内生产总值相对大小的变化趋势

数据来源：美国经济分析局（BEA）。

（二）我国各个领域的家庭生产社会化进程快速推进

改革开放以来，我国服装和住房的家庭生产社会化进程已经基本完成，人们已很少自己缝制服装鞋帽，绝大多数人从市场上购买或租赁住房。从发展趋势来看，目前我国餐食准备、看护老人、照顾小孩、家务劳动的家庭生产社会化正处于快速推进的过程之中。

以餐饮业为例，改革开放初期，我国餐饮市场供给较为匮乏，居民

① 可将国内生产总值（GDP）和家庭生产总值（GHP）的和大致视为人类全部生产活动创造的价值。

一日三餐的需求基本通过家庭生产满足。随着改革开放持续推进，尤其是1992年以来中国特色社会主义市场经济体制逐步确立，个体户、民营企业等市场主体的活力快速释放，工业化生产、连锁经营和品牌化推动了餐饮业的繁荣发展，以节庆、宴会、商务宴请等形态为主的餐饮消费规模高速增长。近十年来，以基于位置的服务（Location-based Services，LBS）为代表的数字技术服务日渐成熟，连锁餐饮、轻快餐、预制菜、外卖等产业不断发展，人们越来越依赖通过市场生产来解决"一日三餐"。我国居民食品外部化率的不断提升集中反映了餐食领域的家庭生产社会化趋势。国家统计局数据显示，我国城镇居民人均年度消费支出中在外用餐与饮食消费总量的比值由1995年的9.1%上升至2012年的21.8%。2013—2019年间全国居民人均现金消费支出中饮食服务支出与食品烟酒总支出的比值由16.8%上升至23.1%（见图3-3）。

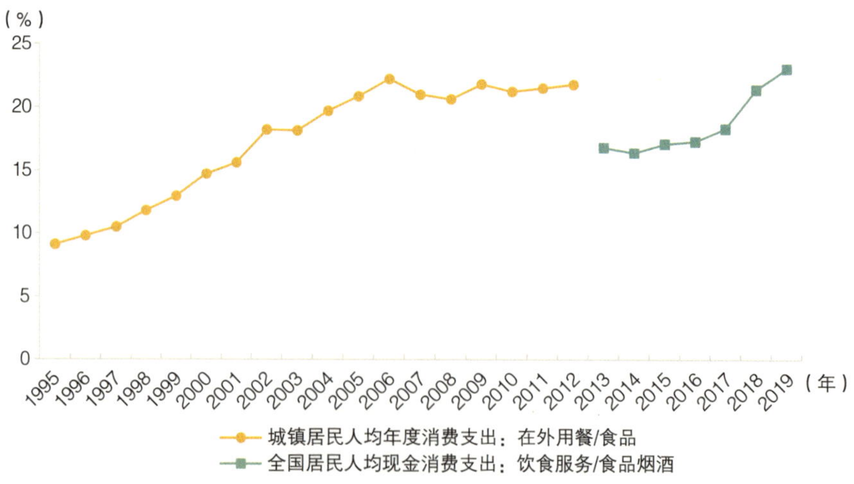

图 3-3　我国居民餐食外部化率不断提升

资料来源：国家统计局。

三、家庭生产社会化是促进居民消费的重要动力

家庭生产社会化对促进居民消费规模增长具有重要意义。例如，由于

社会化餐饮对家庭自制餐食的取代，我国餐饮服务消费已从1978年的54.6亿元增长至2018年的42716亿元。考虑目前各个国家的家庭生产创造的价值（GHP）与市场生产创造的价值（体现为国内生产总值）的量级相当，家庭生产社会化创造居民消费增量的潜力相当可观。

家庭生产社会化创造居民消费增量的机制或渠道包括如下三个方面：

第一个机制源于市场活动对非市场活动的替代效应。人们满足自身需求的过程主要通过市场生产或家庭生产来实现。假设居民需求总量不变，要获得相同数量的最终产品或服务，家庭生产的减少意味着必须增加市场商品或服务的消费。由于家庭通过无偿劳动生产的产品或服务大多在家庭内部消费，没有被纳入经济体系核算和消费统计，市场商品或服务代替家庭自制产品或服务就带来了居民消费的增量（见图3–4）。

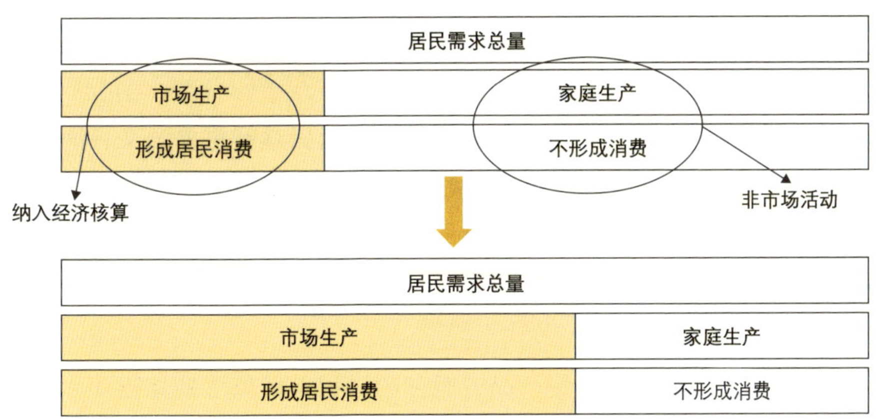

图3–4　家庭生产社会化创造居民消费增量的图示

资料来源：作者绘制。

第二个机制源于闲暇时间增多对新型消费需求的激发创造。家庭本身兼具消费者和生产者的属性，当家庭减少了作为生产者的属性，就有更多机会成为不同领域的消费者。家庭生产社会化使得家庭成员（特别是家庭主妇）得以从繁重的家务活动中解放出来，拥有了更多可自由支配的闲暇时间。国家统计局两次居民时间利用调查数据显示，2008—2018年我国居民日均家务劳动时间由122分/天降至86分/天，下降幅度达29.5%。这为各类新兴消费的兴起创造了条件——有了充足的闲暇时间，人们才有机会休闲娱乐、外出旅游、接受教育、进行体育锻炼和培养其他兴趣爱好等。

第三个机制源于生产能力改善对消费的间接促进。生产和消费是一体两面的关系。社会整体生产能力的提升意味着可产出物的增多，相应地也有助于提升社会整体的消费水平。相较于家庭生产，市场生产具有更高的专业化分工程度，需求聚集和批量生产带来更大的规模效应，可同时实现更高的生产效率和更低的生产成本。因此，市场生产对家庭生产的替代实际上改善了全社会的生产效率。换句话说，家庭生产社会化使得人类社会整体可以用更低的成本获得更多的产品和服务，人类生产能力的提升最终带来可消费内容和消费对象的增多以及居民消费规模的扩大。

四、推动家庭生产社会化的主要经济社会因素分析

如前所述，家庭生产社会化对促进居民消费具有重要意义且潜力巨大。因此，有必要挖掘这一趋势形成的机理和动因，更好地提出促进居民消费的政策建议。

（一）家庭生产社会化的发生机理

对人类生产和获取最终产品或服务的过程可做如下抽象描述（见图3-5），省略了商品流通环节。其中，AC是完整的产品生产过程，AB是商品（市场）生产过程，主要由市场生产完成；BC发生在家庭内部，表现为家庭生产活动。早期人类社会中市场经济非常不活跃，AC过程几乎全部发生在家庭内部（自给自足），商品生产出现后，就有B点插于AC之间。家庭生产社会化就是产品生产过程中家庭生产环节被市场生产替代的过程，在图中表现为B点逐渐向C点靠近的过程。

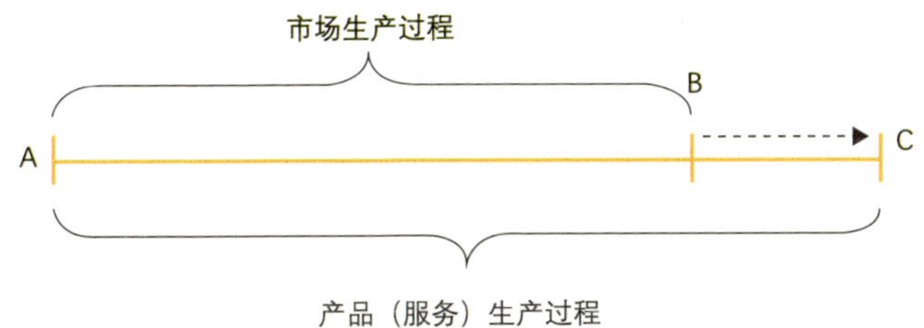

图 3–5 人类生产获得最终产品（服务）的过程

资料来源：文魁. 家务劳动社会化初探[J]. 经济科学，1984(01):51-54。

对获得大多数最终产品（或服务）的过程而言，人们依然可以选择依赖家庭生产的过程。例如，为了吃一顿饭，人们完全可以从市场获得餐食，如雇用家政人员在家准备饭菜并完成清理，去餐馆吃饭，或者点一份外卖。人们也可以从市场购买食材，自己制作餐食。人们还可以完全依靠家庭生产，自己种植蔬菜，喂养宰杀牲畜，自己烹饪，然后清理厨余垃圾。

人们在多大程度上依赖家庭生产获得“最终产品”（即图中BC与AC的比值）受许多因素的影响，成本可能是其中最重要的影响因素。诺贝尔经济学奖获得者贝克尔在其论著《家庭论》中研究了各类家庭决策，提出家庭通过配置时间和货币收入实现效用最大化。如贝克尔所言，时间和商品（含前述提到的资本品，也包括原材料等）是生产“最终产品”的两类投入，两者存在替代和互补的关系。“最终产品”等于其生产成本的影子价格，即家庭生产的时间成本及市场商品的货币成本之和。当商品价格相对时间价格下降时，家庭将倾向于增加商品投入而减少时间投入来获得最终产品。这意味着，在其他条件相同的情况下，如果市场生产成本低于家庭生产，就会引发价格替代效应——更多时间将被投入到市场生产，更多商品和服务将从市场生产中获得。[①]

① 关于此结论的说明论证详见“家庭生产社会化与居民消费：趋势、机理和动因”一文。

（二）正向推动家庭生产社会化的因素分析

1. 技术革新与商业模式创新

工业革命以来的技术革新和商业模式创新极大地提高了生产效率，使得从市场上获得商品和服务在成本、品质、品类丰富度等方面都要优于家庭生产。以家庭生产和获取食品的方式为例，由于工业革命以来百货、超市、连锁食品店等零售业态的创新，食品加工、冷藏、运输和储存技术、包装食品和半成品工业、连锁快餐店和现代餐厅、食品安全技术（例如巴氏消毒技术）等多种技术或商业革新极大提升了市场生产效率，大规模生产和规模经济又大幅降低了市场生产成本，这使得人们由主要依赖家庭自制食品转向从市场购买食品成为必然（见图 3–6）。

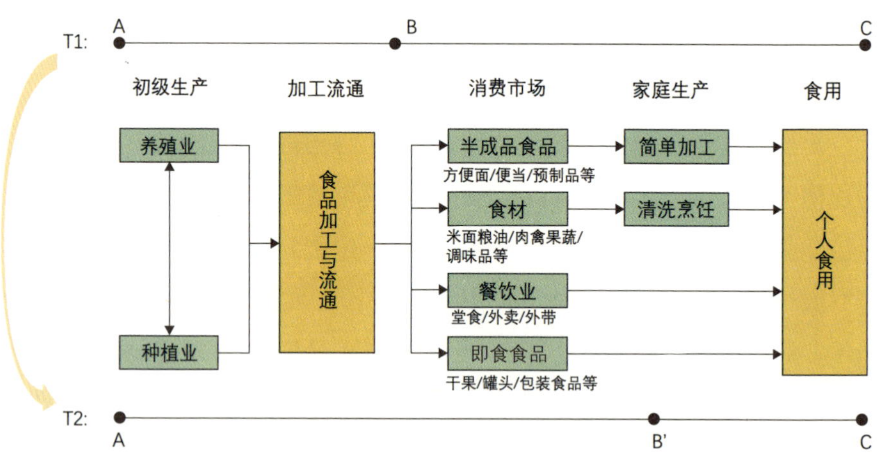

图 3–6　技术和商业创新促进了家庭自制食品向市场生产食品的转化

2. 不断提升的城镇化率

市场生产的产品或服务需要通过交易进入家庭，相关的交易成本会极大地影响市场生产的成本竞争优势。例如，生活在郊区的人外出就餐时间较长，交易成本高，可能更偏向于在家里做饭。近两百年来全球人口城镇化率快速提升，人口和商业活动的聚集显著降低了交易成本。据研究估算，1800年全球仅有7.3%的人口居住在城镇区域，1900年这一比例上升至16.4%。联合国的人口统计数据表明，1950—2015年间全球人口城镇化率从29.6%快速提升至53.9%（见图3-7）。

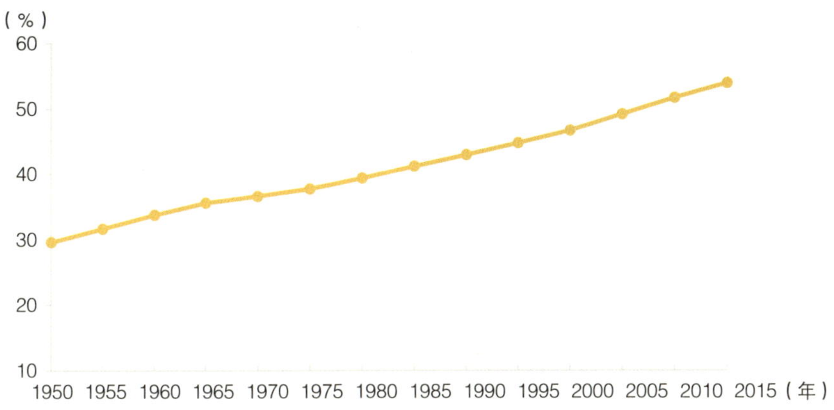

图3-7　1950年以来全球人口城镇化率的变化趋势

数据来源：United Nations, Department of Economic and Social Affairs, Population Division（2018）. World Urbanization Prospects: The 2018 Revision, Online Edition.

3. 工资率和收入水平提升

实际收入水平上升意味着家庭对市场商品和服务的购买力不断提升。工资率上升则意味着职场员工进行家庭生产的机会成本提升，使得对应的市场替代品更具吸引力。工资率的结构性变化也在促进市场生产对家庭生产的替代。不同群体的时间价值出现较大的差异，激发了相对高收入群体以“金钱换时间”的各类服务消费。例如，第二次世界大战以来美国家政工人薪资相对于全行业员工平均薪资的比例持续下降（见图3-8），这意味着普通美国家庭从市场雇佣工人来处理各项家务变得相对便宜了。因此，即便不工作的家庭主妇也会倾向于减少家庭生产，将时间花在其他更有价值的活动上。

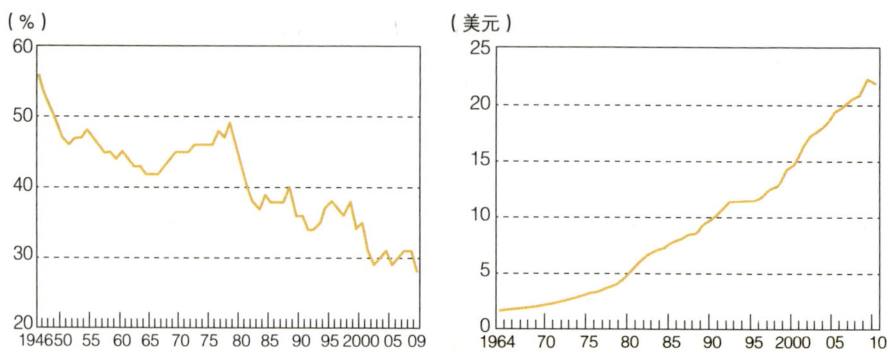

图 3-8　美国家政工人与全行业职工薪资差异的相对比值(左)和绝对差值(右)

数据来源:美国经济分析局(BEA)。

4. 女性劳动参与率不断提高

20世纪60年代全球兴起了妇女解放运动,职场性别歧视逐步减少,各国生育率逐步下降,更多女性从养育孩子和照顾家庭中逐步解放出来。另一方面,女性与男性的教育水平差异也在收窄,人力资本的趋同进一步减小了女性和男性的收入差距。在上述因素的共同作用下,女性劳动参与率不断提升,大幅减少了女性进行家庭生产的时间。以美国为例,美国女性劳动参与率从1965年的38%上升到2010年的55%,同期美国女性进行家庭生产的时间由平均每周39.7小时下降为26.0小时(见图3-9)。

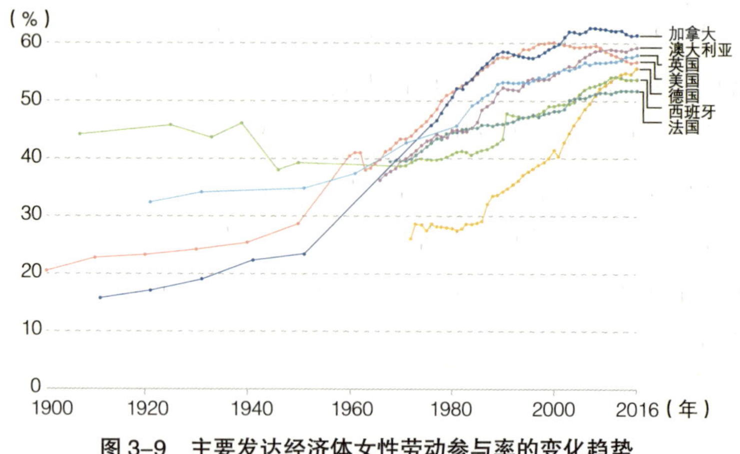

图 3-9　主要发达经济体女性劳动参与率的变化趋势

资料来源:Our World in Data。

5. 家庭规模小型化

大家庭往往能从家庭生产中得到更大的规模效应。例如，在时间和金钱的投入上，为五口之家准备一顿晚饭比五个人分别准备自己的晚饭更加划算。另一方面，大家庭中不同家庭成员还可以各司其职，享受专业化分工带来的效率提升；小家庭则不具备这种优势。过去一百多年来，全球的结婚率和生育率整体呈下降趋势（见图3-10和图3-11），使得各国家庭人

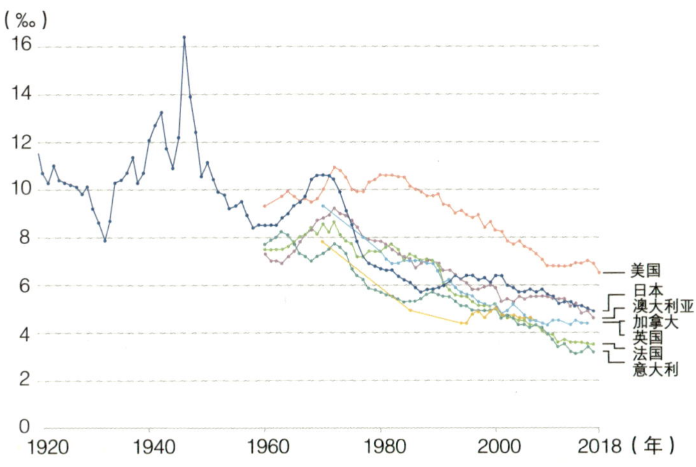

图 3-10　全球主要经济体居民结婚率的变化趋势

资料来源：Our World in Data。

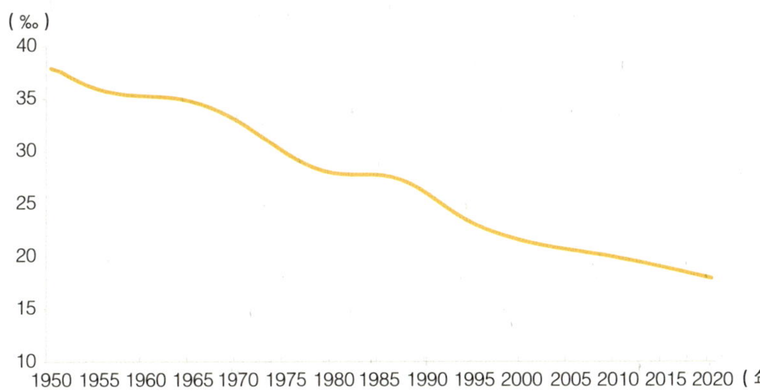

图 3-11　1950 年以来全球人口出生率变化趋势

数据来源：联合国经济与社会事务部《世界人口展望2019》。

口规模逐渐缩小（见图3–12），削弱了家庭生产的规模效应。另一方面，小家庭也失去了家庭成员专业化分工带来的效率提升。这就使得家庭生产的相对成本升高，间接扩大了市场生产的成本优势。

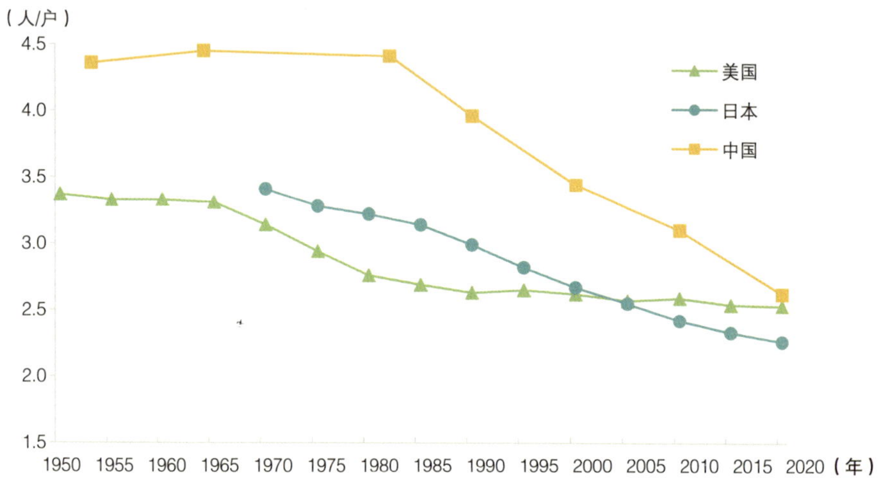

图3–12　美国、日本和中国每户家庭人口数量的变化趋势

数据来源：美国人口普查局，日本总理府统计局，中国国家统计局。

（三）家电等耐用消费品逐步普及反向作用于家庭生产社会化，但不足以改变大趋势

20世纪以来，自来水、电力等基础设施和冰箱、微波炉等家用电器快速普及，大大提高了家庭生产的效率。家庭清洗衣物效率的提升就是一个突出的例子：在19世纪的女性洗衣先打来足够的水，装满一个大锅，再用煤或木柴加热，然后用手在凹凸不平的搓衣板上洗衣服，洗干净后，用双手拧干，再把衣服挂在晾衣绳上。而现代家庭只需依靠洗衣机和自来水就可以轻松实现衣物的清洗。值得说明的是，尽管耐用消费品的普及使得家庭生产率不断提高，但市场的生产效率增速可能更快，因此，价格替代效应依然发挥主要作用——更多时间将被投入到市场生产，更多商品和服务将从市场生产中获得。

（四）不易观测且无法量化的因素

部分因素对家庭生产社会化进程也可产生较大影响，但其变化趋势不易观测且无法量化。例如，个人对闲暇的偏好是影响家庭生产时间的重要变量。享受闲暇和消费最终产品都能给人带来效用。当人们对闲暇的偏好上升时，其对最终产品的需求可能下降，从而同时减少了对商品和家庭生产时间的需求。

个人从两种生产过程本身获得的效用也会影响家庭的选择。例如，不少人喜欢烹饪，可从烹饪这一生产过程本身中获得乐趣。同样，有的人本身能从有酬工作中获得更大的乐趣，从而自发减少家庭生产的时间。

五、相关政策建议

最后，本节结合我国具体情况就推动家庭生产社会化以促进居民消费所面临的问题和障碍进行初步分析，并提出相应的政策建议，以期为政策制定提供有益的启示

第一，鼓励技术和商业创新，形成更多优质的市场供给。目前，我国居民对日常餐食、养老托育、家政服务的需求大部分仍通过家庭生产来满足，主要缘于市场供给不足，水平较低，效率不高。因此，未来应推动相关生产技术、组织方式、商业模式的创新，进一步提升市场生产的相对优势。例如，在食品餐饮领域，推动小微企业、个体工商户生产经营过程的数字化转型，引入数字化管理、数字化营销和数字化财务系统，帮助其提高运营效率；发展餐饮零售、智慧餐厅等新模式，促进提升预制菜、餐饮外卖等市场供给在居民一日三餐中的比重。在养老托育领域，探索发展"互联网+"等各类养老托育新业态，大力发展老年康复护理、婴幼儿照护等职业教育，补足市场人才供给短板。同时，强化政府保基本、兜底线的职能，尤其是加强对弱势群体和特殊群体的关怀。例如，加快构建独居老人、空巢老人、留守老人的关爱服务体系，建设公办、普惠的托幼服务机构等。

第二，深化户籍制度改革，优化公共服务和基础设施供给。人口城镇化是促进居民消费的强大动力。当人口从农村迁移至城市后，消费水平也随之提升。这源于在城市安家所需的住房、家装、汽车等消费，源于城市更好的就业和收入为消费提供的支撑，更在于城市促进了人口聚集，大大降低了市场生产的商品或服务进入家庭的交易成本，使得居民的家庭生产社会化程度更高。当前我国依然存在着制约人口自由迁移和流动的制度性障碍，尤其是户籍制度使得大量农民工群体无法形成在城市定居的稳定预期或平等享受各类基本公共服务的权利，他们的大量收入或者被投入到农村宅基地的建设中，或者成为应对未来风险的预防性储蓄，从而不利于居民消费的繁荣发展。对此，一方面，应当继续深化户籍制度改革，尤其是推动大城市、超大城市、特大城市的户籍制度改革，加快在城市长期稳定居住和就业人群的落户进程；另一方面，也要继续完善和健全社会保障体系，提升教育、养老、医疗等领域的公共服务和基础设施供给。这既能消除制约居民消费的障碍性因素，也有助于满足人民对美好生活的向往。

第三，优化国民收入分配结构，提升居民收入水平。居民的消费能力从根本上受限于可支配收入。与发达国家对比来看，目前我国居民实际收入水平依然较低。这与国家经济发展阶段有关。因此，要继续坚持改革开放和创新驱动，实现经济高质量发展。此外，我国居民收入较低也与国民收入分配中的结构性问题有关。首先是居民收入占国内生产总值的比重过低，并且这一问题长期没有得到改善。根据国家统计局数据测算，2019年我国居民收入占国内生产总值的比重为44.7%，而2020年美国为83.4%，印度为76.9%，德国为60.7%，全球平均水平大约在60%左右。其次是居民收入差距较大，这在各界已经形成共识。因此，解决国民收入分配结构中存在的这些问题，对于释放我国居民消费的潜力尤为关键。

从居民时间利用视角看如何扩大消费

周海伟　厉基巍

一、问题的提出

扩大内需、促进消费既是构建新发展格局的核心要求，也是实现我国经济持续稳定增长、增强发展活力和韧性的迫切需要。《中华人民共和国国民经济和社会发展第十四个五年规划和2035年远景目标纲要》进一步明确将“形成强大国内市场，构建新发展格局”作为重要发展任务，并提出“全面促进消费”等举措。另一方面，我国持续存在消费不足、居民消费率偏低等问题。如何扩大居民消费已成为政府、学者等社会各界关注的焦点。

互联网平台连接着亿万消费者，可直接感知国内消费市场的变化。近年来，大量商业实践经验显示，便利化正成为我国消费发展的新趋势之一。便利已成为我国一、二线城市消费者的核心诉求之一，外卖点餐、买菜到家、跑腿闪送、送药上门等即时配送业态蓬勃发展，相关市场规模持续增长。学界认为，消费便利不仅意味着消费者体力和精力付出的减少，也意味着时间的节约。在不少场景中，便利与否直接影响消费。事实上，时间成本已成为影响消费决策的重要因素，然而目前国内学者大多从经济、社会、制度等角度思考如何扩大消费，从时间利用视角展开的相关研究还较为少见。

国际上，将时间纳入传统消费分析框架的思考可追溯到20世纪60年代。在1965年发表的题为《时间分配理论》(A Theory of The Allocation of

Time）的论文中，诺贝尔经济学奖得主加里·贝克尔考察了理性人如何分配时间，并将这一要素纳入到各类非生产性活动（包括消费活动）的决策之中。贝克尔拓展了消费的概念，认为消费者不但通过消耗市场商品或服务直接获得效用，而且将时间与市场购买到的商品和服务相结合获得效用。例如，要从享受美味晚餐获得效用，消费者不仅需要支付食材或餐食费用，还需要投入相应的备餐和就餐时间。在欣赏戏剧或电影等消费体验中，时间显然也是重要的投入要素。因此，消费的成本不仅包括购买商品所支付的价格，也包括花费在消费相关活动上的时间价值。

贝克尔认为，消费者面临的总资源约束是将全部时间投入生产活动所能获得的最大货币收入，即“充分收入”（Full Income），理论上等于个人全部时间乘以特定的工资率。时间与货币收入可互相转化，理性人将通过合理分配非工作时间和工作时间实现效用最大化。换句话说，货币收入及相关消费是个人时间分配的一种中间产物，效用最大化不是通过配置货币获得最佳的市场商品或服务组合来实现，而是通过配置时间来实现。由此看来，时间和收入一样，是人们进行消费的必要条件。

人类将时间花在何处，不仅受生产力水平的制约，也反映着人类整体需求偏好的变化，可折射出人们生活理念和消费结构的变迁。鉴于此，本节分析了20世纪以来美国居民和近十年来中国居民时间利用的变化情况，由此印证消费变迁历史，将此作为思考居民消费变迁和发展趋势的线索，以期为促进消费、洞察消费趋势提供新的视角。本节对“时间与消费”两者关系的思考仍较为初步，人们时间利用的结构变化是否符合逻辑、在事实上如何影响居民消费的变迁，是一个值得进一步探索的有趣话题。

本节第二部分主要分析20世纪以来美国居民时间利用变化及相关消费现象。第三部分主要分析当前我国居民时间利用的特点及近10年来的变化趋势，兼论此期间我国社会和消费的变迁。第四部分基于个人时间利用变化趋势提出扩大居民消费的政策建议。

二、以美国为例看人类时间利用的长期变化趋势

本节主要分析近百余年来美国人投入到有酬工作、家庭生产[①]、闲暇等各类活动上的时间的变化趋势及其相关的消费现象，其中，与20世纪美国人时间利用相关的数据来自雷米（Ramey）等人的整理，21世纪以来美国人时间利用变化趋势主要基于美国劳工部提供的统计数据。[②]

（一）工作时间：凯恩斯的预测失效

经济发展和收入水平提高促使人们更多地追求精神享受而不仅仅是物质满足，对闲暇的需求也会越来越大。著名经济学家凯恩斯曾于20世纪30年代预测，一百年后人类的劳动生产率将大幅提高，必要工作时间将大幅减少。如每位职工只需每天工作3小时，每周工作15小时，闲暇时间将大幅增多。届时，如何有意义地度过大量闲暇时间将成为一个重要问题。

目前看来，凯恩斯的预言只对了一半。20世纪以来全球劳动生产率和经济产出实现了快速提升。以美国为例，1900—2005年间美国实际国内生产总值增长了约20倍，劳动生产率大幅提高，实际工资水平上涨了约9倍。每位劳动者的平均工作时间也大幅减少。1817年，社会主义者罗伯特·欧文提出了8小时工作制，并发明了“8小时劳动，8小时休闲，8个小时休息”的口号。到20世纪中期，这一制度已在各主要资本主义国家推广确立。“每周工作5天、休息2天”的双休制度也在20世纪逐步普及。两项制度使得劳动者工作时间大大减少。例如，1900年美国的制造业工人平均每周工作53～59小时，2005年只工作40小时，降幅为24.5～32.2%。但由于劳动参与率的提升，社会全体成员的平均工作时间并未相应地大幅下

① 家庭生产主要包括做饭、购物、洗衣服、清洁、修理、剪草坪、照顾小孩等家务劳动/家庭活动。

② 自2003年起，美国劳工部每年发布美国人时间利用调查的统计数据（American Time Use Study，一般简称为ATUS），最新数据已更新至2019年。

降，1900—2005年间14岁以上美国人的人均工作时间仅由27.7小时/周降至23.0小时/周，降幅为17.0%。这是因为人均工作时间等于社会总工时除以总人口，虽然每名劳动者的工作时间大幅减少，但20世纪以来美国女性劳动参与率大大提升抵消了部分影响，使得人均工作时间没有相应地大幅降低。

事实上，美国的历史经验表明，人类的时间利用结构变化较为缓慢。20世纪以来，所有美国人在各类活动中平均投入的时间变化幅度较小（见表3–2）。其中，最突出的变化是人均在校学习时间增加1.9小时/周，增幅达237.5%，这主要得益于美国人平均受教育年限的延长和高等教育的普及。这一趋势表明20世纪以来美国人对教育的重视程度大幅提升，其结果是居民教育消费支出和政府教育经费的持续增长。

表3–2　1900—2005年14岁以上美国人整体的时间利用结构（小时/天）①

年份	个人护理②	有酬工作	家庭生产	通勤交通	学校学习	闲暇	合计
1900	11.0	4.0	3.3	0.4	0.1	5.3	24.0
1910	11.0	4.1	3.2	0.4	0.2	5.2	24.0
1920	11.0	4.0	3.1	0.4	0.2	5.3	24.0
1930	11.0	3.5	3.2	0.4	0.2	5.6	24.0
1940	11.0	3.1	3.3	0.3	0.3	5.9	24.0
1950	11.0	3.2	3.5	0.3	0.3	5.8	24.0
1960	11.0	3.1	3.6	0.3	0.4	5.7	24.0
1970	11.0	2.9	3.3	0.3	0.5	6.0	24.0
1980	11.0	2.9	3.0	0.3	0.4	6.3	24.0
1990	11.0	3.3	3.1	0.4	0.4	5.9	24.0
2000	11.0	3.4	3.2	0.4	0.4	5.7	24.0
2005	11.0	3.3	3.2	0.4	0.4	5.8	24.0

数据来源：Ramey et al.（2009），笔者整理。

---

①表中数据反映的是各年龄段全体居民的平均情况。例如，表中“有酬工作”时间指的是所有就业者和非就业者在所有日期（工作日和节假日）中的日均工作时间，与一名典型职工工作日的平均工作时间有较大的差距。表中其他列数据类同。

②个人护理主要包括睡觉、休息、饮食、洗澡、洗漱等活动。

（二）闲暇时间：占比基本稳定，但一生累计的总闲暇时间大幅增长

个人总时间中闲暇的占比也并未像凯恩斯想象的那样大幅提升。1900—2005年间，闲暇时间占全部美国人一生总时间的比重稳定在1/4左右（见表3-3）。平均每名美国人的闲暇时间也仅由5.3小时/天增至5.8小时/天，增幅为10.0%。其中24～54岁劳动力人口的日均闲暇时间几乎没有变化，平均约为4.3小时。这是收入效应（实际收入水平的上升使得部分人对闲暇的需求增多）和替代效应（工资率上升提高了闲暇的机会成本，使得部分人倾向于增加工作而减少闲暇）基本抵消的结果。此外，经济发展使得就业越来越充分，减少了大量赋闲的剩余劳动力。

但美国人一生累计的总闲暇时间大幅增长。2005年出生的美国人预计一生累计的闲暇时间约为14.3万小时，较1900年出生的美国人增长了41.6%，这主要得益于美国人预期寿命的延长。20世纪以来，卫生条件和医疗技术的改善使得美国人的预期寿命由1900年的61.8岁增至2005年的77.6岁。

表3-3　不同年份出生的美国人一生的闲暇时间

出生年份	一生中平均每周的闲暇小时数	一生累计的闲暇时间（小时）	闲暇占一生总时间的比重	14岁时的预期寿命（年）
1890	39.3	95984	0.235	47.0
1900	40.7	101117	0.240	47.8
1910	41.5	105141	0.245	48.7
1920	42.5	111345	0.251	50.4
1930	42.5	113163	0.251	51.3
1940	42.2	118678	0.250	54.1
1950	42.5	125689	0.251	56.9
1960	42.3	128283	0.250	58.3
1970	42.0	128265	0.249	58.7
1980	42.6	135394	0.252	61.2
1990	42.9	139172	0.254	62.4
2000	43.1	142678	0.256	63.6

数据来源：Ramey et al.（2009），笔者整理。

（三）社会重大变迁下，不同性别和年龄居民的时间利用结构显著改变

1900—2005年间，美国人整体的时间利用情况变化较小，但分性别和年龄来看则存在几个突出的结构性变化。

首先，女性社会地位提高使得女性劳动参与率大大提升，两性的时间利用结构发生深刻变化。根据美国劳工部数据，1950—2000年间美国女性劳动参与率从大约35%增至75%，这使得女性有酬工作时间大幅增加而家庭生产时间大幅减少。1900—2005年间，美国14岁以上女性日均有酬工作时间由1.4小时大幅增至2.7小时，而日均家庭生产时间由6.1小时降至3.9小时。男性承担了更多的家务劳动，日均家庭生产时间由0.6小时大幅增加至2.3小时，但仍低少于女性。与此同时，男性有酬工作时间有所下降。

分年龄来看，14～24岁青少年和65岁以上老年人的时间利用情况变化最为显著。受禁止童工和教育年限延长等因素的影响，美国14～17岁青少年的日均工作时间减少了2.6小时（–86.0%），日均在学校学习时间增加了2.5小时（280.9%）。由于高等教育普及和受教育年限延长，全体18～24岁青年平均在校学习时间增长了8倍，由0.9小时/周增加至8.1小时/周。

退休制度的建立使得美国老年人的劳动参与率大大降低。1900—2005年间，美国65岁以上老年人每天的工作时间减少了2.2小时（–78.2%），闲暇时间增加了2.0小时（28.9%），其进行家庭生产的时间由每天3.1小时增至3.5小时。这一变化主要是因为老年男性的家庭生产时间大幅增长，由每天0.9小时增至2.8小时。

（四）21世纪以来，美国人对各类闲暇活动的偏好显著变化

按照工作、家庭活动、闲暇等大类活动来区分，美国人整体的时间利用结构变化较小。2003—2019年间，美国人用于个人护理的时间增幅为3.0%，闲暇和运动时间增幅为1.6%，工作相关的时间减少2.2%。但投入各小类活动的时间变化幅度较大。例如，美国人用于购买商品和服务的时

间减少了7.4%，这与电子商务的发展有一定关系；未归类的活动时间增加47.4%，这反映出美国人度过时间的活动类型变得更加多元化（见表3–4）。

表 3–4　2003—2019 年美国人一天时间利用结构总览（小时）

活动类型	2003年	2019年	2019年占比	期间变化幅度
全部时间	24.0	24.0	100.0%	–
个人护理[①]	9.3	9.6	40.1%	3.0%
吃喝饮食	1.2	1.2	4.9%	–2.5%
家庭活动	1.8	1.8	7.4%	–2.7%
购买商品和服务	0.8	0.8	3.1%	–7.4%
照顾和帮助家庭成员	0.6	0.5	2.0%	–12.5%
照顾和帮助非家庭成员	0.3	0.2	0.8%	–32.1%
工作及工作相关的活动	3.7	3.6	15.0%	–2.2%
教育活动	0.5	0.5	1.9%	–2.1%
机构、市民或宗教活动	0.3	0.3	1.3%	–6.3%
闲暇和运动	5.1	5.2	21.6%	1.6%
打电话及处理邮件	0.2	0.2	0.7%	–15.8%
其它未归类的活动	0.2	0.3	1.2%	47.4%

数据来源：美国劳工部。

有趣的是，过去20年来美国居民用于餐食准备及清理的时间增多了，由每天31.7分钟增至36.0分钟，增幅为13.2%。其中，日均做饭时间由24.0分钟增至28.3分钟，增长17.5%。美国人用于照顾和帮助家庭成员、非家庭成员的时间分别减少12.5%和32.1%，用于照料和陪伴宠物的时间却增长50%，由此也催生出全球最成熟、规模最庞大的宠物消费市场。

美国人最喜欢的闲暇活动是看电视（视频）。2003—2019年间，美国人平均每天看电视（视频）的时间增加了8.9%，达到2.8小时，占全部

①此处个人护理时间包括睡觉休息、洗漱打扮、健康护理的时间，不包括吃喝饮食的时间。

闲暇时间的54.1%（见表3–5），可见电视和视频是触达美国消费者的最佳媒介。美国人参加或举办社交活动的时间减少了40.0%，阅读时间减少了25.0%，但玩游戏、玩电脑的时间却分别增加了62.5%和30.8%，这与数字消费规模快速增长的态势高度吻合。

表3–5　2003—2019年美国人闲暇及运动的时间利用结构（小时/天）

活动类型	2013年	2019年	相对变化	2019年占比
闲暇与运动总时间	5.1	5.2	1.6%	100.0%
（1）社交、休憩与闲暇	4.6	4.6	2.0%	89.4%
社交与交流	0.79	0.64	–17.9%	12.3%
社交与交流（除社交活动）	0.69	0.59	–14.7%	11.2%
参加或举办社交活动	0.10	0.06	–40.0%	1.2%
放松与闲暇	3.7	3.9	6.8%	75.5%
看电视/视频	2.6	2.8	8.9%	54.1%
放松与思考	0.33	0.31	–6.1%	6.0%
玩游戏	0.16	0.26	62.5%	5.0%
玩电脑（除去玩游戏）	0.13	0.17	30.8%	3.3%
阅读（出于个人兴趣）	0.36	0.27	–25.0%	5.2%
艺术和娱乐活动（除去运动）	0.10	0.09	–20.0%	1.5%
（2）运动、锻炼和娱乐	0.33	0.34	3.0%	6.6%
运动、锻炼和娱乐	0.30	0.31	6.9%	6.0%
散步	0.04	0.06	50.0%	1.2%
体育赛事、娱乐项目	0.04	0.03	–25.0%	0.6%
（3）与运动和闲暇相关的交通	0.23	0.21	–8.7%	4.0%

数据来源：美国劳工部。

（五）时间利用质量有较大改善，闲暇时间的价值快速提升

20世纪以来，美国人的日均劳动时间并没有显著减少，度过这些时间的体验却显著改善了。大量的人不再需要忍受严寒酷暑，在肮脏、危险的

室外环境下从事繁重的体力劳动，相同工作时间内需要忍受的痛苦体验大幅减少。家用电器的普及降低了家务劳动所需的体力付出，使人们的生活质量大幅提升。人们每天享有的闲暇时间虽未大幅增加，但度过闲暇的方式增多了，使得闲暇时获得的体验更加丰富。换句话说，生产力的飞跃主要转变为人类生活水平的成倍提升，而不是工作时间的大幅减少。

从机会成本的角度看，闲暇时间的价格是人们为获取闲暇而放弃了的工资。20世纪以来美国人实际收入水平和工资率大幅提升，意味着闲暇的机会成本大幅提升。与此同时，人们拥有的闲暇时间依然有小幅增长，说明人们对闲暇的定价越来越高。闲暇价值的提升使得人们更倾向于用金钱换取时间，这尤其促进了各类服务型消费的发展。例如，母亲闲暇时间价值的提高会促使其尝试在做饭、照料婴儿等活动上节约更多时间，增加其购买预制食品、托幼服务的概率。

三、近年来我国居民时间利用结构的变化趋势

中国国家统计局分别于2008年和2018年进行过两次全国居民时间利用情况调查。下面主要基于该数据分析近年来我国居民时间利用结构的变化，并结合其他国家数据适时进行横向对比。

（一）我国居民闲暇时间较短，法定休假制度落实率和休假天数需提升

根据国家统计局公布的《2018年全国时间利用调查公报》，我国居民的一天主要由四类活动组成（见图3-13）。其中，睡觉休息时间占比38.8%，有酬劳动时间占比18.3%，个人自由支配时间占比16.4%，无酬劳动时间占比11.3%。除此之外，居民在其他活动中（学习、交通、用餐、个人卫生等）花费的时间占比为15.4%。

横向对比来看，我国居民的工作时间较长，2018年日均有酬劳动时间为4.4小时，较美国居民高出21.9%。居民闲暇时间较少，日均闲暇时间为

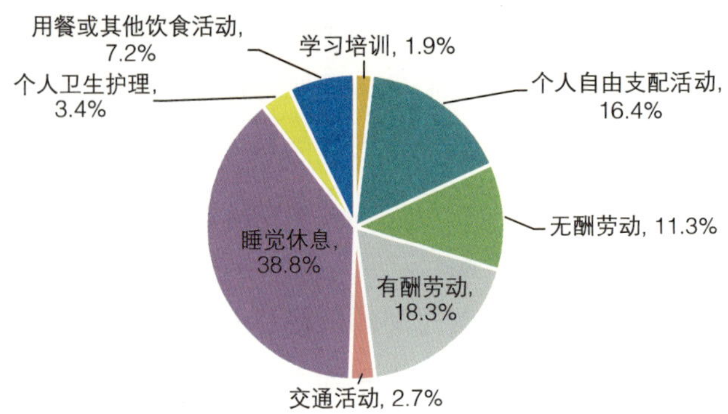

图 3–13 我国居民一天时间的构成

数据来源：国家统计局《2018年居民时间利用调查公报》。

3.9小时，显著少于欧美居民，也低于日本、韩国等东亚国家（见表3–6）。2017年中央电视台、国家统计局等联合发起的“中国经济生活大调查”结果显示，北京、上海、广州、深圳等一线城市居民每天闲暇时间更少，分别为2.25、2.14、2.04和1.94小时。

表 3–6 各国居民日均闲暇时间

国家/地区	数据年份	闲暇时间（小时/天）
比利时	2013	6.2
挪威	2010/2011	6.1
希腊	2013	5.9
德国	2012/2013	5.5
意大利	2013/2014	5.4
英国	2014/2015	5.1
新西兰	2009	5.0
法国	2009	4.9
韩国	2009	4.9
美国	2016	4.7
加拿大	2015	4.7
日本	2016	4.6

续 表

国家/地区	数据年份	闲暇时间（小时/天）
中国大陆	2018	3.9
中国大陆	2008	3.7

数据来源：OECD；中国国家统计局。

我国的法定休假天数也少于各发达经济体，主要原因是法定最低带薪年休假天数较少（见表3–7）。目前，我国每年法定公共假期天数为11天，在各主要经济体中处于中游水平，但法定最低带薪年休假天数仅为5天[①]，远低于欧美发达国家，也低于印度、巴西等发展中国家。

表 3–7 各主要经济体的法定休假天数

国家	法定最低年带薪休假天数	公共假期天数	法定休假天数
法国	25	11	36
西班牙	22	14	36
瑞典	25	11	36
英国	28	8	36
葡萄牙	22	12	34
意大利	20	12	32
希腊	20	11	31
新西兰	20	11	31
挪威	21	10	31
比利时	20	10	30
韩国	15	15	30
日本	10	19	29
荷兰	20	9	29
瑞士	20	9	29
澳大利亚	20	8	28

① 2008年起实施的《职工带薪休假条例》明确规定，职工累计工作已满1年不满10年的，年休假5天；已满10年不满20年的，年休假10天；已满20年的，年休假15天。

续 表

国家	法定最低年带薪休假天数	公共假期天数	法定休假天数
印度	12	15	27
土耳其	12	14	26
巴西	10	12	22
加拿大	10	9	19
泰国	6	13	19
菲律宾	5	12	17
中国	5	11	16
墨西哥	6	7	13

数据来源：经合组织数据库；国际劳工组织。

此外，我国休假制度落实率不高，导致居民实际休假天数更低，可享有的闲暇时间更少。例如，带薪年休假制度虽已推行多年，但对很多人来说依然只是一项纸上福利。根据中国社科院发布的《休闲绿皮书：2017—2018年中国休闲发展报告》，在一项对全国2552名在业者的调查中，有40.1%的受访者表示“没有带薪年休假”，“有带薪年休假，可以休，且可自主安排”的受访者仅占31.3%（见图3-14）。2020年人力资源和社会保障部网站数据显示，近三年来中国带薪休假落实率约为60%，仍有40%的职工无法正常享受带薪年休假制度。

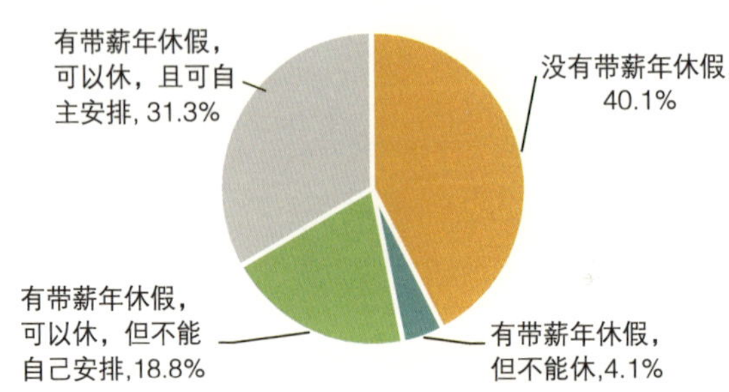

图 3-14 2552 名从业者享有带薪年休假的情况

数据来源：休闲绿皮书：2017—2018年中国休闲发展报告。

其他休假制度也存在执行不到位的问题。根据中国人民大学休闲经济研究中心“国家休假制度改革”相关调查数据，北京市居民有业群体周休制度、法定节假日制度、带薪休假制度落实率分别为79.2%、59.2%、62.9%，能全部享受休假天数的群体仅占34.2%。全国范围内能享受全部休假天数的群体占比更低。随着休闲需求越发旺盛，居民迫切需要更多的休闲时间。

（二）居民时间利用情况反映出我国的文化观念和社会变迁

居民时间利用情况受特定国家的文化和观念的影响。例如，2018年我国居民日均用餐时间为1.73小时，比美国高出46.9%，这与我国居民用餐活动承载了较多社会交往功能，而美国快餐文化发达有一定关系。此外，我国居民日均陪伴照料家人的时间为约53分钟，是美国人的1.8倍，反映出我国居民的家庭观念更强。

2008—2018年间，我国居民日均劳动时间（有酬劳动和无酬劳动时间的和）由7.9小时减少至7.1小时，降幅为10.5%。居民日均个人自由支配时间由3.7小时增至3.9小时，增幅为5.3%，这表明我国居民“工作—闲暇”的时间配比正在改善（见表3–8）。居民的闲暇时间一般用于休息、文化、体育、娱乐、旅游等各类活动，闲暇时间的增长暗示了居民对各类休闲消费和体验消费需求的增长，也反映出我国消费升级的趋势。

表3–8　2008—2018年我国居民时间利用结构的变化（小时/天）

活动类型	2008年	2018年	相对增幅
有酬劳动	5.2	4.4	–15.1%
睡觉休息	9.0	9.3	3.1%
用餐或其它饮食	1.7	1.7	4.0%
无酬劳动	2.7	2.7	–1.2%
其中：陪伴照料家人	0.4	0.9	130.4%
家务劳动	2.0	1.4	–29.5%
餐食准备和清理	1.1	N/A	N/A

续 表

活动类型	2008年	2018年	相对增幅
学习培训	0.5	0.5	–6.9%
个人自由支配时间	3.7	3.9	5.4%
其中：看电视	2.1	1.7	–20.6%
阅读书报期刊	0.2	0.2	–18.2%
健身锻炼	0.4	0.5	34.8%
社会交往	0.4	0.4	4.3%
其他休闲娱乐	0.7	1.2	75.6%
另：使用互联网①	0.2	2.7	1057.1%

数据来源：国家统计局。

居民时间利用结构的变化也折射出社会的深刻变迁。与美国人陪伴照料家人的时间大幅减少的趋势相反，2008—2018年间我国居民用于陪伴照料家人的时间翻了一倍多，这与近10来年我国老龄人口占比快速提升、家长越来越重视陪伴子女和家庭教育的趋势有关。与美国人做饭时间增长的趋势相反，2008—2018年间我国居民日均家务劳动时间由122分钟减少至86分钟，降幅达29.5%，这得益于家用电器的进一步普及使得家务劳动效率提升，以及餐饮外卖、家政服务等对部分家务劳动的替代。在闲暇时间的利用方面，我国居民看电视、阅读书报期刊的时间同样有所减少，健身锻炼、听音乐、玩游戏等其他休闲娱乐的时间增长较多。

（三）我国居民上网时间大幅增长，年轻群体依赖互联网的程度较高

截至2020年12月，我国网民规模为9.89亿，互联网普及率达70.4%。互联网的普及使得全体居民上网时间快速增长，由2008年的每天0.23小时上升至2018年的2.7小时，增长了10倍多。年轻群体更习惯在网络空间进行学习、社交、娱乐等各类活动，使用互联网的时间更长。2020年7月我

①使用互联网的时间按照其目的计入各类活动所花费的时间中，如购物、看电视等。

国“Z世代”①网民每天使用移动互联网的时间长达4.9小时，显著高于全体网民平均水平，年轻群体的网络在线时间在其个人全部时间已占据相当大的比例。但得益于家长和学校的管制，我国未成年人的上网时间得到有效控制。《2019年全国未成年人互联网使用情况研究报告》显示，我国未成年人群体的互联网普及率已达到93.1%，互联网已经成为未成年人认识世界、日常学习、休闲娱乐的重要平台。但我国未成年人上网时间不长，其中90%未成年人在工作日日均上网时间不超过2小时（见图3-15）。相较而言，2019年美国有17%的青少年（13～17岁）和14%的儿童（8～12岁）日均上网时间超过4个小时。

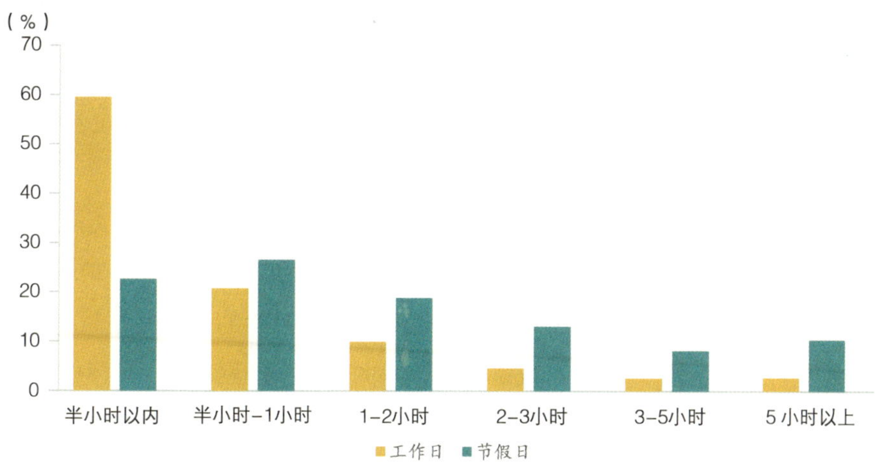

图3-15　我国未成年人日均上网时长

数据来源：2019年全国未成年互联网使用情况调查。

四、扩大消费的政策启示

（一）探索和调整带薪年休假制度，增加居民休假时间和自由度

增加居民闲暇时间是扩大居民消费的重要思路。当人们有足够的闲暇时，才有更多时间接受教育，从事文娱体育活动，培养兴趣爱好，促进

① 国际上指出生于1996—2010年之间的一代人，也被称为互联网原住民。

各类新兴消费的发展。大量研究表明，增加休假天数和落实双休制度对拉动我国居民休闲消费、旅游消费增长有显著的正向作用。然而，法定带薪年休假时间较少，法定节假日和带薪年休假制度落实不到位等因素使得我国居民休闲时间不充足、不均衡、不自由，不利于各类休闲消费的增长。例如，人们休假和出游的时间高度集中于法定节假日，尤其是“十一”“五一”等假期，不仅带来过度拥堵等问题，直接抑制了部分居民的出行意愿，也使得淡季时大量旅游资源闲置。

可支配收入与闲暇时间是人们进行消费的必要条件。随着我国人均国内生产总值和可支配收入的持续增长，闲暇时间不足将日益成为制约居民消费规模扩大的重要因素。建议我国政府探索和调整现有休假制度，增加法定带薪年休假天数，设定法定休假制度落实率目标，积极敦促企业落实带薪年休假和法定节假日休假制度。

（二）鼓励发展时间节约型消费，提升居民的闲暇体验

1900—2005年间美国人实际工资水平上涨约9倍，1978—2017年我国居民人均可支配收入增长约22.8倍。居民闲暇时间的价值越来越高使得各类“时间节约型”消费业态蓬勃发展。例如，互联网电商平台为消费者节省大量出行及搜寻购物信息的时间；便利店、社区生鲜店等线下零售业态通过充分深入社区节省消费者日常购物的时间；外卖点餐、买菜到家、跑腿闪送、送药上门等即时配送服务让消费者足不出户即可获得商品和服务。

时间成本已成为影响消费决策的重要因素，政策制定也应当充分尊重闲暇时间的价值。一方面，应继续鼓励便利店、社区零售、平台电商、即时配送等“时间节约型”消费业态发展，帮助人们获得更多闲暇时间；另一方面也要注重提升闲暇时间的质量，以开放心态包容和鼓励各类新兴消费、体验消费的发展，助力人们从闲暇时间中获得更多愉悦、新奇、多元的体验，满足人们对美好生活的新期待。

（三）引导居民合理分配线上线下时间，鼓励线上线下融合消费新模式

步入互联网时代后，居民将大量时间投入到线上网络空间。国家统计局数据显示，2008—2018年间我国居民日均上网时间由14分钟上升至162分钟，增长了10倍多。居民上网时间持续增长使得互联网逐渐成为居民消费的主要空间，这促进全社会交易效率的提升，使视频直播、数字影音、在线教育、电竞游戏、在线医疗等新兴数字消费快速发展。但同时也要看到，线上时间的增多挤压了居民线下活动时间，使得部分年轻群体过分沉迷网络，还部分挤压了线下消费的发展空间，因此，居民在线消费时间不宜无节制地增长。

一方面，应继续完善互联网基础设施，创新线上消费产品和服务供给，改善线上消费环境，加强数字消费领域的消费者权益保护等。另一方面，要引导居民合理分配线上线下时间。不宜仅强调纯线上消费，也要注重发展线下实体商业，尤其是必须在线下完成履约的各类服务消费和体验消费，鼓励发展线上线下融合的消费新模式。

（四）加强女性就业保障，充分释放女性消费潜力

20世纪美国人时间利用史最重要的结构性变化就是女性家务劳动时间的大幅减少，由日均6.1小时降至3.9小时，而有酬劳动时间大幅增加，由日均1.4小时增至2.7小时，又由于女性社会地位逐步改善，女性与男性的时薪差距也持续缩小。这股延续半个多世纪的趋势性力量使得美国女性的收入和消费能力大幅提高。我国也处于这股历史潮流之中，但目前我国女性日均家庭无酬劳动时间（3.8小时）依然远高于男性（1.5小时），而日均工作时间（3.6小时）低于男性（5.3小时）。随着越来越多的独立女性参与职场工作，减少家庭无酬劳动，女性的收入水平和消费能力还有较大提升空间，女性消费的崛起也将为我国消费市场规模带来持续的增长动能。为充分挖掘“她经济”的价值，要继续加强女性就业权益保障，减少职场性

别歧视，通过扩大女性就业提升女性消费能力。

（五）挖掘“银发经济”潜力，扩大老年休闲消费

2010—2020年间我国60岁以上人口数量由1.8亿增至2.6亿，占总人口的比重由13.7%提升至18.7%。在老龄化日渐加深的当下与未来，我国“银发经济”蕴含着巨大的发展潜力。老年人拥有的大量闲暇时间为老年休闲消费市场带来充足的想象空间。美国劳工部数据显示，65岁以上的美国人每周拥有约61.7小时闲暇时间，较其他年龄组高出50%以上。

我国许多老年人同样拥有大量闲暇时间，其收入来源较为多元，如退休工资、存款利息、投资红利及子女馈赠等。相当一部分老年人有能力、有意愿通过各类消费来提高自己的生活品质。在这一背景下，支持发展老年教育、老年文娱、老年旅游等休闲消费产业既是推动产业转型升级、拓展消费市场潜力的重要抓手，也是提升老年人晚年生活质量、满足其对美好生活的向往的有效实现途径。

世代更迭视角下日本消费社会变迁的经验及启示

周海伟　厉基巍

人是社会系统中最具活力的变量。随着时间的推移，中青年将逐渐步入老年，少年会成为未来社会的中流砥柱。由于不同世代人群的观念和价值观存在差异，其消费偏好、倾向不尽相同，世代更迭带来的主力消费人群变化常常会引发一个国家消费社会的变迁。

一、“世代”是区分不同人群、进而理解社会变迁的重要线索之一

人群世代（简称“世代”）是指某一区域内具有相近出生年代及成长背景的特定人群，同一世代在成长期间受到特定的社会、教育、政治、经济等因素的影响，往往表现出某些共性特征；而不同世代则在价值观、生活方式等方面表现出显著的代际差异。例如，在美国语境的社会学和大众文化研究中，“婴儿潮世代”（Baby Boomers）[①]常常被视为锐意进取、奋发有为、热心政治、推动美国社会变迁的一代人。微软创始人比尔·盖茨、亚马逊创始人杰夫·贝索斯等美国企业家都属于“婴儿潮世代”。而在日本，“婴儿潮世代”也被称为“团块世代”，推动了第二次世界大战后日本经济腾飞和文化繁荣，电影导演北野武、情歌王子小田和正、作家村上春树等都属于“团块世代”。

① 1946—1964年间美国人口出生率迎来明显高峰，期间共有7600多万婴儿出生，美国人口普查局将这一时间段内出生的美国人定义为“婴儿潮世代”。其占2020年美国总人口的21.5%，是推动美国社会变迁的一股重要力量。

世代这一概念为区分不同社会人群，分析代际差异提供了合适的分类口径。总结不同世代人群的特点有助于理解不同国家、不同时代的社会变化，也有利于分析生命阶段演进对人群观念的影响，进而理解不同阶段消费社会的变迁。

二、日本世代更迭与消费社会变迁的历史回顾

如美国作家马克·吐温所言：“历史不会简单地重复，但总是压着相同的韵脚”。尽管每个国家都有自身独特的历史渊源和现实国情，但其实现经济腾飞、社会转型、走向现代化的发展经验却有较多可相互借鉴之处。第二次世界大战结束以来，日本社会经济环境快速变化，使得不同世代人群观念各异，消费社会持续变迁，相关历史经验对我国有一定的借鉴意义。

（一）20世纪以来日本经历四个消费社会阶段

根据日本社会学者三浦展的研究，日本现代意义上的消费社会始于20世纪初期，大致可划分为四个阶段，每一个阶段的持续时间约为30年。日本各消费社会阶段有着不同的经济、社会和人口特征，其消费主题和倾向也表现出鲜明的差异（见表3-9）。

表 3-9　日本消费社会的四个阶段及其主要特征

时代划分	第一消费社会	第二消费社会	第三消费社会	第四消费社会
年份	1912—1941	1945—1974	1975—2004	2005—2034
社会背景	以东京、大阪等大城市为中心的中产阶级诞生	（1）二战结束后的经济复兴、经济高增长期至石油危机 （2）大量生产、大量消费 （3）全国1亿人口中产阶级化	（1）从石油危机到经济低速增长 （2）泡沫经济、金融破产、小泉改革 （3）社会各阶层收入差距拉大	（1）国际金融危机、两次大地震、经济长期不景气等因素导致收入减少 （2）人口减少导致消费市场萎缩
人口	人口增加	人口增加	人口微增	人口减少

续 表

时代划分	第一消费社会	第二消费社会	第三消费社会	第四消费社会
出生率	5%	5%→2%	2%→（1.3%～1.4%）	1.3%→1.4%
老年人比率	5%	5%～6%	6%～20%	20%～30%
国民价值观	整体重视国家	重视家庭	私有主义 重视个人	趋于共享 重视社会
消费取向	西洋化 大城市倾向	大量消费 大的就是好的 大城市倾向 美式倾向	个性化、多样化 差别化 品牌倾向 大城市倾向 欧式倾向	无品牌倾向 朴素倾向 休闲倾向 日本倾向 本土倾向
消费主题	文化时尚	每家一辆私家车 私人住宅 三大神器 3C	从量变到质变 每家数辆私家车 每人一辆私家车 每人数辆私家车	重视联系 几人一辆私家车 汽车分享 住宅分享

资料来源：三浦展《第四消费时代》。

注：表中的年代划分应理解为一种大致的划分，不同消费社会之间并非泾渭分明，其变化过程是缓慢而连续的。步入下个消费社会也并不意味着上一阶段的特征就完全消失了。例如，在第四消费社会期间，第一至第四消费社会每个时期的特征是多层重叠存在的。

（二）日本不同世代的消费观念各异，不同消费社会阶段各有特点

世代更迭带来的主流消费观念更新对推动日本消费社会的变迁产生了重要影响[①]：壮年期的“大正世代”及“昭和初代”是日本由第一消费社会进入第二消费社会的主要推动者，引领日本第三消费社会发展的是“新人类一代”和部分“婴儿潮一代”，“婴儿潮一代”子女和“新人类一代”子女则推动日本进入了第四消费社会（见表3-10）。换句话说，不同世代人群作为偏好各异的主力消费人群推动了日本第一到第四消费社会的变迁。

① 经济发展、收入提升、人口结构变化等因素也是促进日本消费社会变迁的重要动力。

表 3–10　日本各阶段消费社会与出生年代及主力消费人群的对应关系

	出生世代	主力消费人群
第一消费社会 1912—1941年	"大正世代" "昭和初代"	少数富人
第二消费社会 1945—1974年	"婴儿潮一代" "新人类一代"	"大正世代""昭和初代"（壮年时期） "婴儿潮一代"（少年和青年时期）
第三消费社会 1975—2004年	"婴儿潮一代"子女 "新人类一代"子女	"婴儿潮一代"（壮年时期） "新人类一代"（少年和青年时期）
第四消费社会 2005—2034年		"婴儿潮一代"子女 "新人类一代"子女

资料来源:《第四消费时代》，美团研究院整理。

注：在各个消费社会阶段都包含各个世代的消费者，本文主要关注在推动日本消费社会变迁方面发挥重要引领作用的典型世代人群。

1.“大正世代”及“昭和初代”推动日本进入“批量生产、大众消费”的第二消费社会

日本第一消费社会（1912—1941年）的主要推动者是少部分有消费能力的富人，特定世代人群的影响力较为微弱。由于国民普遍并不富裕，消费社会发展较为有限，主要集中在东京、大阪等大都市地区。

第二次世界大战结束后，“大正世代”及“昭和初代”推动日本进入了第二消费社会（1945—1974年），部分“青少年婴儿潮一代”也参与其中。“大正世代”及“昭和初代”出生于日本军国主义时期，信奉个人对国家的服从和奉献。随着日本战败，军国主义被否定，“经济大国”“消费即美德”等口号在日本国内盛行，工作和消费逐渐成为他们新的身份认同。他们年少成长时未能享受消费生活，随着国家经济增长才逐渐变得富有。大多数人都遵循“越大越好，越多越好”的原则进行消费，成为所谓的“均质化”消费者。他们并不太关注商品的个性、设计等，人人想要更大的房子和车子，想要过上一种“别人家有什么自己家也要有”的生活。

受此世代消费行为的影响，日本第二消费社会的特点集中体现为“批量生产、大量消费”，也被称作大众消费时代。彼时，以冰箱、洗衣机、

黑白电视机为代表的“三大神器”和以彩电、空调、汽车为代表的“新三大神器”相继被日本国内的消费者热烈追捧，各种批量生产的耐用消费品在普通日本家庭中快速普及，成为当时日本促进消费和经济增长的强大动力（见图3–16）。

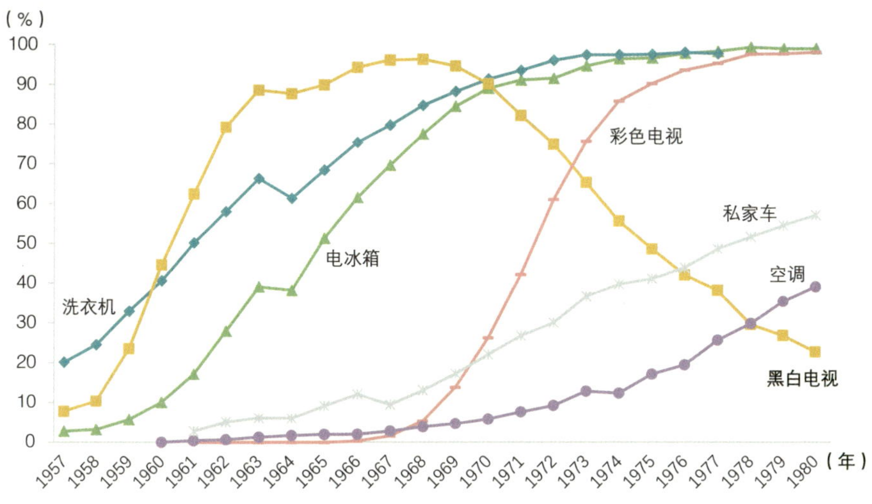

图 3–16　第二消费社会中日本家庭主要耐用消费品的普及率

资料来源：日本内阁府。

2.“婴儿潮”与“新人类一代”引领日本进入“个性化、品质化”的第三消费社会

日本“婴儿潮一代”和“新人类一代”出生于第二次世界大战后经济恢复、高速增长的年代，成年后的他们推动日本进入了第三消费社会（1975—2004年）。“婴儿潮一代”和“新人类一代”从小生活在物质日渐充裕的社会，自带单身贵族的气质，消费目的由物质的丰富转变为精神的满足。他们更多地关注生存的意义和人生的价值，积极培养兴趣、提高修养、进行体育运动，全方位享受消费生活。他们追求与众不同、独具风格的生活方式，认为整个人生都必须要有个性地度过。其不再选择千篇一律的批量生产产品，而是选择最符合自己感性、凸显个性的商品。对其而言，消费成为界定自我和凸显个性的方式。他们是“个性化”的消费者。

我国“90后”“95后”的成长过程同样也伴随着经济高速增长。随着物质逐渐充裕，他们更加注重精神满足和个性化消费，成长经历和消费观念与日本“新人类一代”较为相似。在此背景下，第三消费社会中日本消费领域的几点变化尤其值得我们关注。

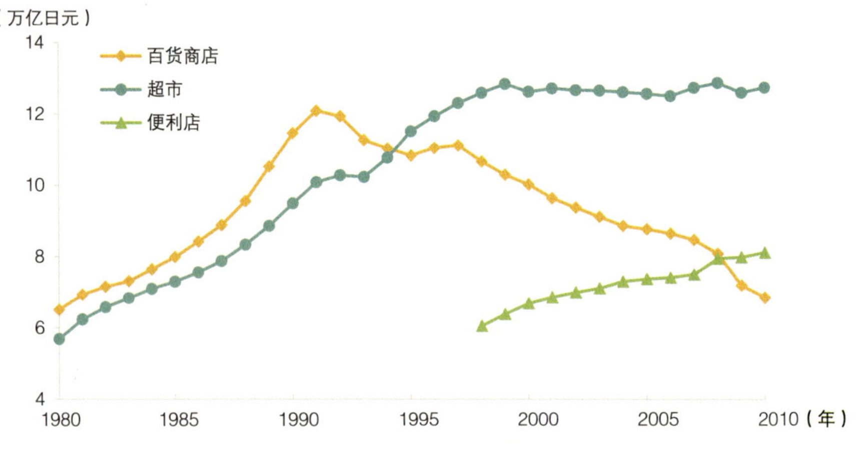

图 3-17　日本百货商店、超市和便利店的销售额

资料来源：Wind，日本内阁府。

第一，消费主体由家庭向个人转变。“新人类一代”未婚倾向增强，生育意愿低，离婚率上升，大量成为单身人群，日本家庭规模逐渐小型化。与以“家庭”为中心的消费者不同，他们以“个人”为单位进行消费，偏好轻薄短小的产品，一人食、迷你汽车、小家电、单身公寓等逐渐流行。从购物场所来看，大家庭更倾向于到百货商店和大型超市进行集中采购，而个人消费者则更习惯就近到微型便利店少量多次地购买日用品。消费主体由家庭向个人的转变推动了第三消费社会中日本零售业格局的变迁。百货商店的销售额逐渐萎缩，连锁超市销售额的增速放缓，便利店则快速发展（见图3–17）。

第二，服务消费占比超过商品消费。第三消费社会期间日本居民消费中服务消费支出的占比超过了商品消费支出的占比（见图3–18）。一方面，新一代消费者善于享受消费生活，习惯于用金钱换取便利和舒心，对各类服务消费的需求扩大。另一方面，大量独居的单身群体无法享受其他家庭成员无偿劳动提供的服务，也不掌握全部家庭劳动技能，因而，更多地从市场购买服务。例如，相较于自己买菜做饭费时费力又不经济，"新人类一代"养成了日常在外就餐的习惯，从购买生鲜食材的物质消费转变为餐饮外卖、外带的服务消费。

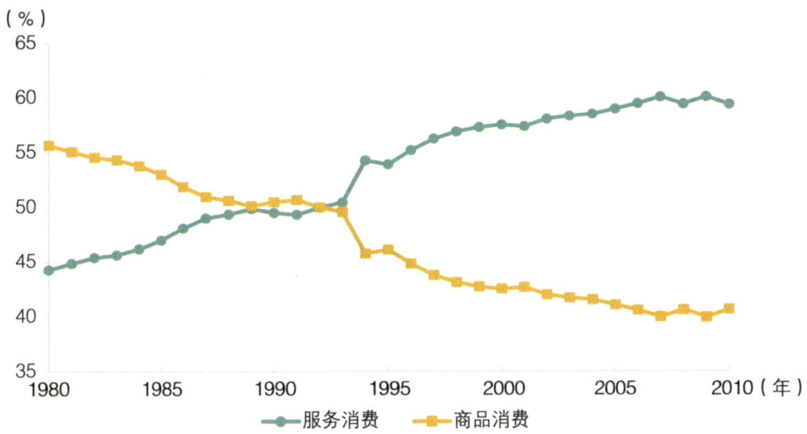

图 3–18 第三消费社会日本家庭总消费中服务消费占比超过商品消费

资料来源：Wind，日本内阁府。

在上述背景下，日本家庭餐厅、快餐店等餐饮业蓬勃发展，居民外出就餐率和食物外部化率[①]快速提升（见图3–19）。1975—1995年间，日本餐饮业市场规模从8.6万亿日元增至27.9万亿日元，占全部居民食品相关消费的比重由27.8%上升至37.3%。

第三，开始追求高品质消费。"婴儿潮一代"和"新人类一代"追求消费的个性化、品质化，成为主力消费人群的他们青睐国外名牌商品，追求高档消费，服装、食品、汽车等各个领域的消费全面升级。20世纪80和90年代，日本人是全球艺术品、钻石、游艇和赛马市场的主力消费人

① 在外就餐率指的是居民在外就餐消费（餐饮服务业市场规模）占全体居民食品相关消费总支出的比重。在此基础上，食物外部化率的分子还加入了其他食品零售市场规模，因而大于在外就餐率。

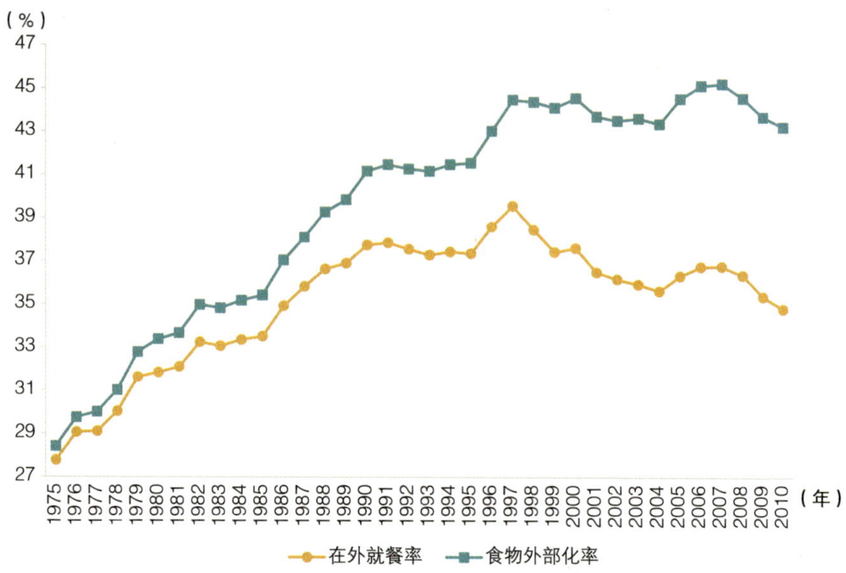

图 3–19　第三消费社会中日本在外就餐率和食物外部化率的变化

资料来源：日本饮食安心安全财团。

群，欧美高端服饰门店中众多名牌产品经常被日本消费者购买一空。数据显示，1995年日本奢侈品市场规模达978亿美元，占据全球68%的市场份额，市场消费人群达4900万人，人均消费1996美元，位居全球首位（见图3–20）。

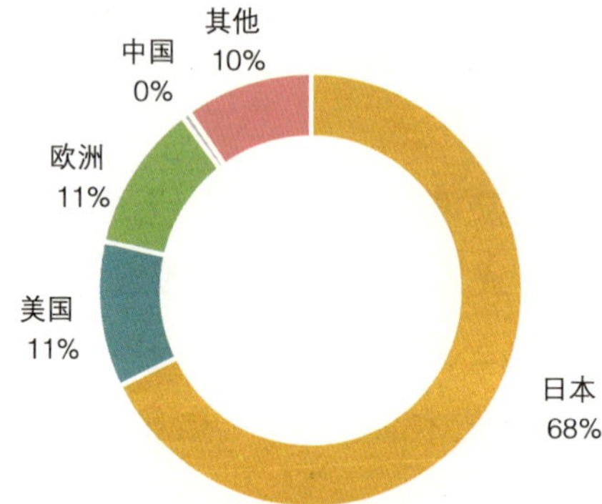

图 3–20　1995 年全球主要国家和地区奢侈品消费额的全球占比

资料来源：高盛，Euromoniter。

3.“婴儿潮一代”子女和“新人类一代”子女推动日本进入“注重共享、回归质朴”的第四消费时代

“婴儿潮一代”的子女和“新人类一代”的子女成年后，推动了日本第四消费社会的发展。这些消费者从小在强调差异和个性的第三消费社会中成长，其成年后不再能从私有、高级、个性化中找到相应的价值。消费主义和个人主义过度发展使得社会中的个体日渐孤立，他们也开始对物质和消费进行反思。他们不执着于物品是否为个人私有，以“能租借就租借，能共享则共享”“珍惜一直使用的东西，过简约的生活”的态度处理物质需求，消费观念整体回归质朴。与此同时，随着日本经济扩张时代的落幕，人们开始反思以现代化为目标的单向发展观念。一些新时代成长起来的年轻人不再认为“现在比过去更先进”“城市是先进的，乡下是落后的”，他们认为符合日本传统、体现地方和本土特色的商品更有价值。

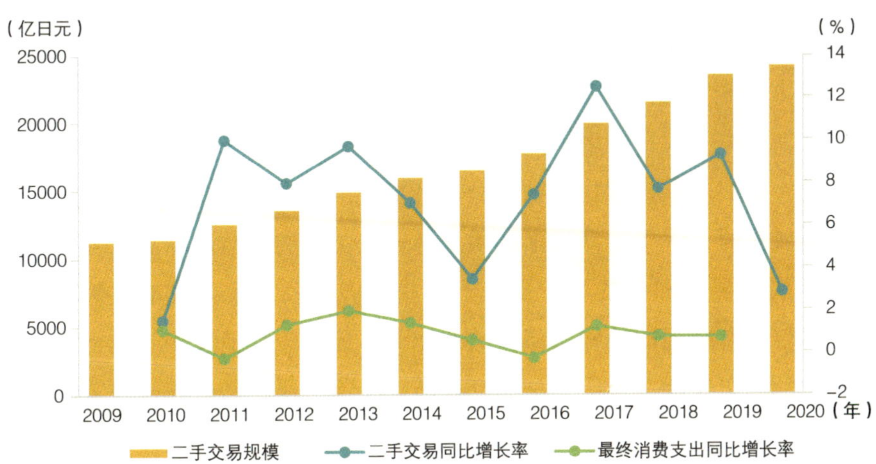

图 3–21　第四消费社会中日本二手交易规模增速远高于消费整体增速

资料来源：日本环境省，世界银行。

说明：图中二手交易规模不包括二手车和二手房。

受此影响，第四消费社会也表现出几大突出特点。第一，去私有化和共享主义倾向加强。例如，私有住宅销售量下降，驾照持有数和新车销售量快速下滑，合租公寓大受欢迎，穿旧衣、用旧物的年轻人有所增加，跳

蚤市场繁荣带来二手交易规模快速提升（见图3-21）。第二，简单和朴素成为消费潮流，名牌和高档消费总体呈下降态势，日本奢侈品市场持续萎缩，优衣库、无印良品等品牌的商品流行。第三，符合日本传统的设计更受欢迎，具有地区特色的工艺品变得更加流行，越来越多的人到乡下旅游、定居。

三、世代更迭视角下日本消费社会变迁的经验总结

（一）特定的经济社会状况塑造世代人群的消费观念

发展心理学认为，少年成长时期的生活经历对个人性格和思想观念的影响不可磨灭。人在少年成长阶段所处的社会秩序和经济状况会对其认知模式产生固有的、稳定的影响。正如法国社会学家哈布瓦赫所言："每一代人都被其时代的重大历史事件所塑造，而青春时期的集体记忆将影响其生命历程"。

不同时代特定的社会经济状况往往使得不同世代人群在认知模式、价值观等方面表现出差异性，最终形成不同的消费偏好和消费行为。例如，日本"新人类一代"大多出生于经济高速增长的时期，日本的人均收入不断提升。他们从孩提时代就被父母带着享受消费生活，物质倾向较强。他们走向成年时，学生运动日渐式微，年轻人关心的事情逐渐从社会、政治转向个人的生活和消费。正是由于这些经济社会背景，日本"新人类一代"不仅拥有较强的消费欲望和消费能力，还希望从消费中寻找自我，追求消费的高级化和个性化，全面享受消费生活。这一经验规律在美国各世代人群中也有集中的体现（见表3-11）。

表3-11　美国各个世代的消费偏好及其成长经历和社会背景

	消费观念与消费倾向	成长经历和社会背景
"沉默世代" 1930—1945年	①喜欢购买美国制造的产品（Made in USA） ②喜欢直邮信件、杂志、广告牌等传统营销方式，倾向于传统购物渠道	①经历了"大萧条"和"二战"，见证美国成为世界超级大国，大多是爱国主义者 ②受保守主义倾向影响较大，重视理性、自律、道德和荣誉感，喜欢正式和书面的语言

续 表

	消费观念与消费倾向	成长经历和社会背景
“婴儿潮” 1945—1964年	①重视产品或服务的独特优势和竞争力，喜欢高档餐厅、房车旅行、私人厨师、私人教练等高品质消费 ②重视面对面的服务，喜欢线下到店消费，线上消费时最重视客服体验	①同龄人非常多，惯于竞争，自我提升意愿较高，进取心强，追求卓越 ②在大家庭和大班级等集体中长大，更加重视人际关系，喜欢具有人情味的社交
“X世代” 1965—1980年	①从小肩负更多家庭责任，“X世代”追求便利舒心，依赖各种便利商品，喜欢“时间节约型”产品和设备 ②普遍更加愤世嫉俗、具有质疑精神，对消费主义营销的抵抗力强，注重实用性和性价比	①成长期间美国离婚率大幅上升，许多“X世代”在单亲家庭中长大，有的还要独自抚养弟弟妹妹 ②出生后就面临“冷战”的阴影，少年成长阶段美国经济陷入滞胀，深陷越战泥潭，左翼思潮盛行，嬉皮士文化盛行
“Y世代” “千禧一代” 1980—1995年	①注重公共利益，喜欢节能产品和绿色消费，愿意为其支付溢价 ②追求同辈认同和政治正确，喜欢传递“正确”价值观、立足全球树立远大图景的品牌	①出生成长于全球化时代，自视为“全球公民”，关注气候变化、环境保护等全球议题 ②美国女性劳动参与率大幅提升，两性差距缩小，社会更加注重对少数族裔、小众文化的尊重
“Z世代” 1996—2010年	①贡献了大量电子游戏、网络社交、数字影音等消费，乐于尝鲜，更愿意为小众科技/设计创新买单 ②储蓄意愿更高，信贷消费比上一代人更加节制	①移动互联网和各种移动设备快速普及，新兴科技产品和创新层出不穷 ②金融危机等经济困难时期的成长经历让“Z世代”的自信心较弱，更加追求安全和稳定

资料来源：笔者参考相关论文资料整理。

注：表中各世代的“消费观念与消费倾向”同“成长经历和社会背景”有一一对应关系。不同世代各有特点，但不宜据此进行标签化的理解。同一世代内部也存在巨大差异，不同世代之间也并非泾渭分明，例如年龄最小的“Y世代”人群和年龄最大的“Z世代”人群显然拥有较多共同点。

（二）主力消费人群的世代更迭推动消费社会变迁

个人的实际消费水平受所处生命阶段的影响，处于幼年、少年和老年期的个人消费水平较低，中青年消费者的实际消费水平较高，是社会的主力消费人群。随着时间的推移，如今的中青年将逐步进入老年，少年则会成为未来的主力消费人群。不同世代人群的消费需求各不相同，当新的一代替代上一代人成为主力消费人群时，其消费偏好的改变影响了全社会的消费结构，消费社会随即表现出新的时代特征（见图3–22）。

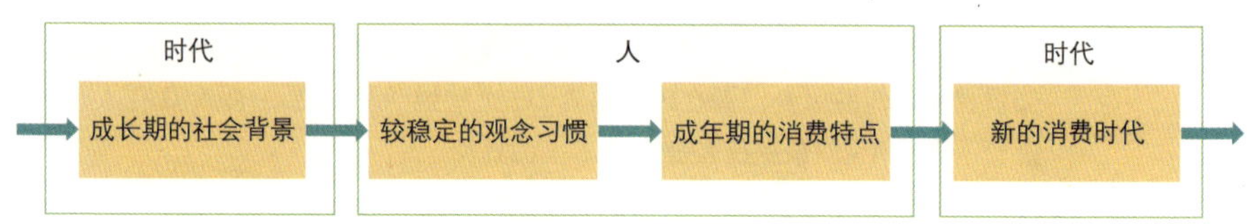

图3–22　世代更迭与消费社会变迁的关系简图

（三）消费社会变迁与国民收入水平提升、科技进步等因素息息相关

从世代更迭视角看消费社会的变迁不能脱离国民收入水平提升、科技进步带来供给变化等宏观背景。例如，第二次世界大战后日本进入“批量生产、大量消费”的第二消费社会，普通国民可以大量购置家电、汽车、住房，这既得益于当时日本经济高速增长带来的人均收入水平提升，也得益于技术革新提高了生产力水平，工业化和规模化生产降低了耐用消费品的成本等供给侧变化。随着收入水平的进一步提升，日本国民的消费需求也由物质丰富转向精神满足，进而在消费中追求个性表达。与此同时，这一时期的日本企业由批量生产向高端制造转型，技术的积累和精进使得企业有能力提供高品质、定制化的产品或服务，日本随即进入追求个性化、品质化消费的第三消费社会。

四、对我国消费社会发展的启示

（一）注重区域消费发展差距，推动居民消费持续升级

参照日本发展经验，我国整体已步入“个性化”“品质化”的第三消费社会。由于我国人口众多、幅员辽阔，未来有必要重视各地区消费发展阶段的差异，分层推动各地区居民消费升级。例如，北上广深等一线城市居民收入较高，未来可重点打造多样化、个性化的供给，发掘新兴消费、

体验消费等领域的消费潜力。三、四线城市居民物质需求基本得到满足，未来可着力推动消费朝着品牌化、品质化的方向升级，同时挖掘居民服务消费潜力。在更低线的城市或农村，居民收入水平较低，仍处于耐用消费品普及的第二消费社会阶段，未来可积极推动家电下乡、汽车下乡等项目，挖掘下沉市场消费潜力。

（二）重视年轻人群的消费潜力，支持相关新兴消费发展

日本消费社会的逐次演进源于新一代主力消费人群的兴起。如今的年轻消费者终将成为未来的主力消费人群，挖掘其消费潜力，有利于形成我国居民消费的未来增长点。对其而言，消费已不仅仅是对基本需求的满足，更是一种生活方式的追求。近年来，受益于年轻群体的消费活力，我国虚拟现实体验、付费自习室、宠物摄影、汉服体验等新兴消费快速发展，新兴消费市场已初具规模，成为促进消费市场扩容的重要动力。建议继续秉持包容审慎的监管理念，支持新兴消费业态的发展。

（三）顺应消费“本土化”潮流，积极培育国货品牌

日本“婴儿潮”和“新人类一代”的子女质疑和反思消费主义过度发展的生活方式，更加重视日本传统和地方文化，使得日本进入第四消费社会。目前我国也存在类似情况。近年来我国本土品牌的设计水平和产品质量不断提升，改善了消费者对国货的认知度和信任度。越来越多居民的消费观念回归质朴，不再盲目追求国外大牌，更加关注产品本身的质量，认为“国产未必不如洋货好”。此外，新一代年轻消费者伴随着我国综合国力不断增强成长起来，从小拥有更多的文化自信，也更倾向于支持国货发展。建议政府顺应消费“本土化”趋势，加强品牌基础研究，大力宣传自主品牌，提高国货品牌影响力和认知度，培育壮大一批品牌国货企业。

（四）关注消费主体由家庭转向个人的深刻影响

家庭规模小型化将导致消费主体由家庭向个人转变，对消费总量、消费结构、零售业态等产生深远影响。例如，住房、日用品、食品等商品消费在家庭成员间的共享减少，使得相关人均消费支出增加，可能有利于宏观社会消费总需求的增加。又如，个人化的消费者无法享受其他家庭成员无偿劳动提供的服务，不得不从市场购买，使得服务消费的占比提升。第七次全国人口普查数据显示，我国平均家庭户规模由2010年的3.1人降至2020年的2.6人，家庭规模小型化趋势明显，我国消费主体正由家庭转向个人，相关潜在影响值得深入研究。

（五）关注“Z世代”的消费特点及其对社会变迁的影响

只有捕捉下一世代主力消费人群的变化，才能准确理解未来消费社会的走向。在我国，“Z世代”人口总量约为2.5亿人，未来30年“Z世代”人口占我国总人口的比重将保持在17%以上。[①]他们在成长期间受到互联网、人工智能等新兴技术的持续影响，是我国第一批“互联网原住民”，也是第一批从小就融入全球化的中国人，具备开阔的全球视野。目前他们已表现出追求极致便利、热衷于体验消费等方面的特点，在数字内容创作、科技创新、国际交流等领域表现出很强的活力和创造力，预计未来他们将成为推动我国消费变迁和社会发展的重要力量。

---

① 参考国际惯例，此处将我国“Z世代”定义为出生于1996—2010年的人。2020年“Z世代”人口总量按照国家统计局公布的历年出生人口数计算，未来30年其占我国总人口的比重则来自联合国经济和社会事务部《世界人口展望2019》的估算。

理解我国“Z世代”　迎接消费新浪潮

周海伟　厉基巍

互联网的快速发展使人类的生活方式持续改变，作为“互联网原住民”的“Z世代”已逐步成长起来。从全球范围来看，“Z世代”一般指1990年代中后期到2010年代早期之间出生的一代人。他们是全球有史以来人口最多的一代人，2020年“Z世代”人口约为18.5亿人，占全球总人口的23.7%。展望未来，“Z世代”将成为推动各国社会发展的中流砥柱，其重要性不言而喻。本节对我国“Z世代”的人口学特征、成长环境和消费特点进行初步分析，希望为迎接未来的消费浪潮提供有益的启示。

一、我国“Z世代”的人口特征

关于如何界定我国“Z世代”的出生年份，目前各界仍有较多争议。本书参考全球较为通行的定义，将我国的“Z世代”定义为1996—2010年出生的人口，目前其年龄为11～25岁。

（一）人口总量大，多数人仍处于学生阶段

2020年我国“Z世代”人口总量约为2.53亿人，占总人口比重为17.6%。这一比例低于全球平均水平（见图3–23），主要与我国实行的计划生育政策等因素有关。2050年之前，“Z世代”人口占我国总人口的比重将保持在17%以上。

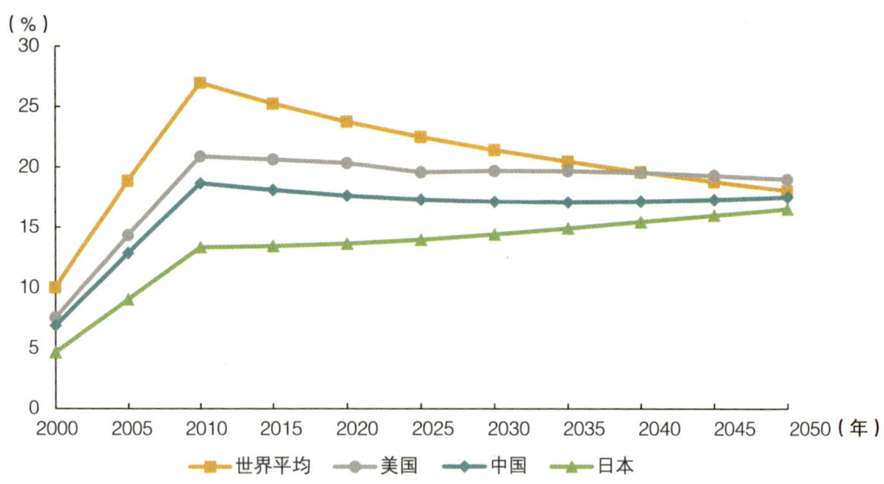

图 3-23　各国 Z 世代人口占总人口的比重

数据来源:《世界人口展望2019》,美团研究院整理。

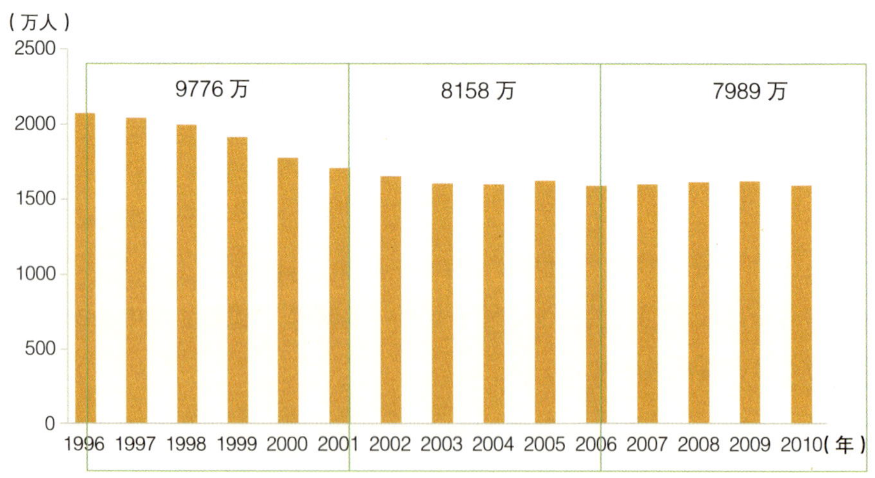

图 3-24　1996—2010 年间我国大陆地区历年出生人数

数据来源:国家统计局。

国家统计局数据显示,1996—2010年间大陆地区历年出生人口数呈"前高后低"的态势(见图3-24)。从年龄上看,我国"Z世代"中一半以上已经成年(18～25岁),有3/4以上处于中学或大学阶段(12～22岁)。

近年来，“Z世代”开始陆续步入职场，随着年龄和收入的增长，他们的消费潜力将持续释放，会成为下个10年里我国的主力消费人群之一。

（二）大多出生于低线城市或农村，大量集中在下沉市场

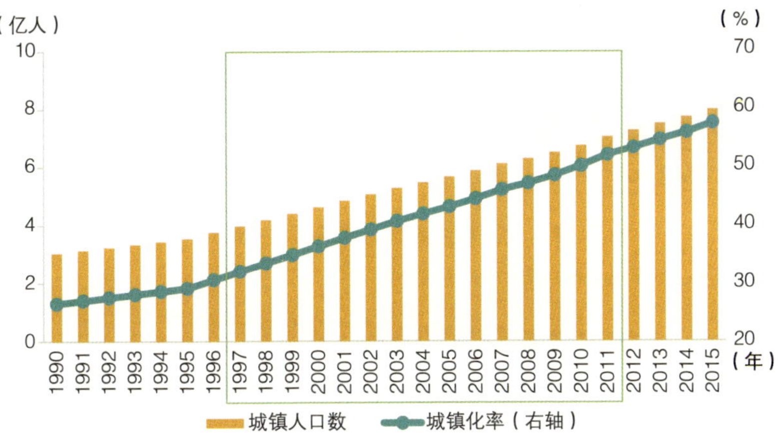

图 3-25 “Z世代”出生时期我国人口城镇化率加速上升

数据来源：国家统计局。

从地区分布看，大多数“Z世代”出生于低线城市或农村，主要源于农村人口基数更大①、人口出生率较高等因素。随着我国城镇化率的快速提升（见图3-25），不少“Z世代”在成长过程中随着家庭从农村迁移至城市。但目前仍有大量“Z世代”集中在下沉市场。根据青山资本的研究，“Z世代”中城镇人口与农村人口之比约为4∶6。在北京、上海、广东、浙江等省市，“Z世代”人口显著少于其他世代；而在西南、西北等地区，“Z世代”的人口占比更高。他们是中低线城市的“年轻购物达人”，也是“小镇青年”的主要组成部分，是推动下沉市场消费发展的重要力量。

① 1996—2010年期间，我国人口城镇化率由29.04%增至49.95%，意味着一半以上的人口为农村人口。

（三）性别失衡较为严重，男性远多于女性

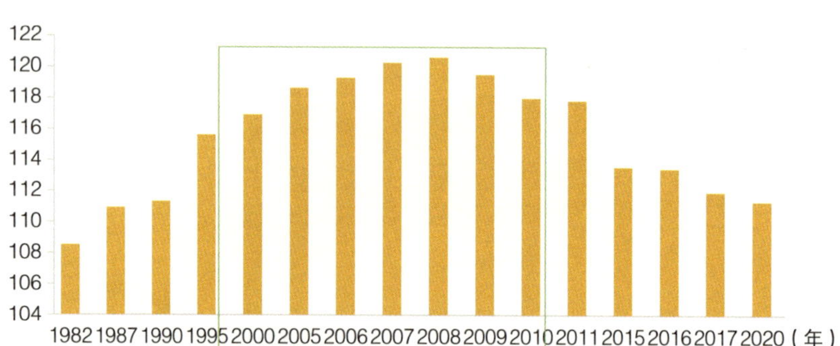

图 3-26 我国出生人口的性别比（女性 =100）

数据来源：国家统计局，联合国儿童基金会。①

"Z世代"是我国全年龄段男女比例失衡最严重的群体，根据2015年全国1%人口抽样调查数据估算，我国"Z世代"的男女性别比值达到117.9。20世纪80年代推行独生子女政策以来，我国出生人口男女性别比值开始偏高并持续上升②，从1982年的108.5上升到2005年的最高值118.6。近年来计划生育政策逐步放开，出生人口性别比又开始逐渐下降，2017年已降至111.9（见图3-26）。于是，1996—2010年成为我国出生人口男女性别比值最大的一个时期。"Z世代"的性别比例失衡将使得未来婚姻市场上男性过剩的现象更加严重，形成较大规模的单身群体，成为降低生育率、促进家庭规模小型化的重要因素。

二、认识"Z世代"的成长环境

心理学认为，童年和青春期所处的社会经济状况对人的认知模式会产

① 资料来源:1982、1990、2000和2010年的《中国人口普查资料》（分别于1985、1993、2002和2012年发布）；1987、1995、2005和2015年的《全国1%人口抽样调查资料》（分别于1988、1997、2007和2016年发布）；《中国妇女儿童状况统计资料》，2018年（2016—2017年数据）。联合国儿童基金会整理。

② 在没有干预措施的情况下，出生人口男女性别比值的正常区间应为103到107（以女婴为100）。

生固有、稳定的影响。改革开放40年多来，我国社会面貌持续换新，不同年代出生的人面对的成长环境大不相同。“Z世代”之所以表现出独特的个性特质和消费偏好，与其全新的成长环境及相关时代背景息息相关，有必要对其进行深入分析。

（一）第一代“互联网原住民”，与互联网发展无缝对接

提到“Z世代”的成长环境，就绕不开“互联网原住民”的身份，他们从一出生就和我国网络时代的发展无缝对接（见图3-27）。

最早一批“Z世代”出生于1996年。当他们度过婴幼儿期，形成有认知的完整记忆时，以门户资讯为主要内容的个人电脑互联网产业开始发展。当他们步入中小学产生社交需求时，QQ成为他们喜爱的网络即时通讯工具、社交和娱乐平台。随后兴起的网络文学、视频、游戏则给他们带来了丰富的休闲娱乐体验。当他们走向成年时，移动互联网飞速发展，深刻影响购物、出行、支付、传媒、本地生活服务等各个领域，改变了人们的生活方式。如果说上一代人通过调整已有的生活方式适应互联网时代，那么“Z世代”天然就习惯这种生活。他们不再“上网”，而是“活在网上”。

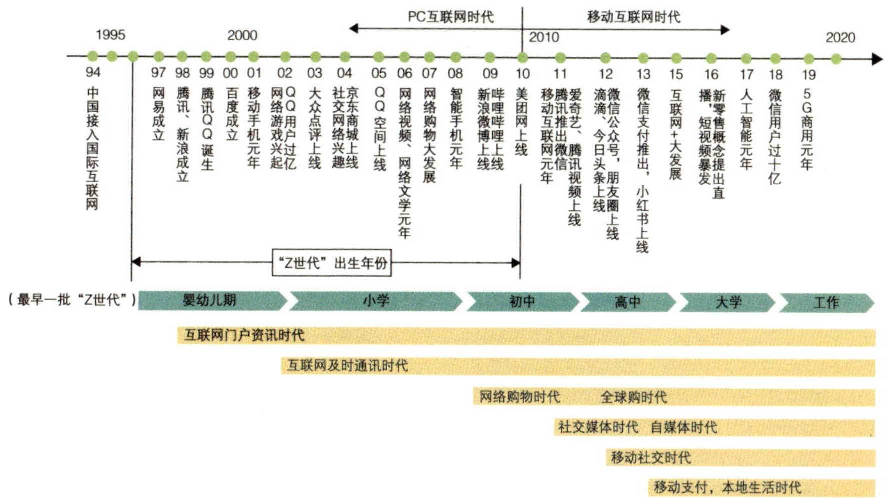

图3-27 我国“Z世代”的成长历程与互联网时代的演进无缝对接

资料来源：京东《90后人群消费白皮书》，笔者整理。

（二）享受国家经济发展红利，拥有更优越的物质条件

随着我国人口城镇化率快速提升，许多“Z世代”在成长过程中随父母从农村迁移至城市。与此同时，居民家庭收入水平快速提升（见图3-28），使得“Z世代”从小就拥有更好的物质条件，切身地感受到家庭生活质量的积极变化。

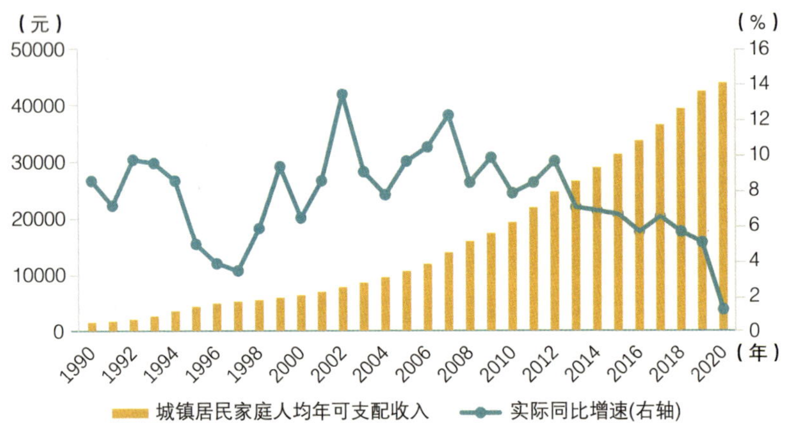

图 3-28　我国城镇居民人均可支配收入不断提升

数据来源：国家统计局。

表 3-12　不同世代少年儿童随身携带的零花钱

	“90后”（2005年）	“00后”（2015年）
没有	34.1%	28.1%
1 ~ 4.99元	39.8%	17.6%
5 ~ 9.99元	11.7%	16.3%
10 ~ 19.99元	8.8%	17.9%
20 ~ 49.99元	4.6%	12.7%
50 ~ 99.99元	0.6%	4.0%
100元以上	0.4%	3.5%

数据来源：“中国少年儿童发展状况”调查，其中“90后”数据来自2005年调查结果，“00后”数据来自2015年调查结果。

许多“Z世代”是独生子女。作为家中唯一的孩子，他们获得了父母更多的注意力和更慷慨的经济支持，从小有更高的自由度去享受消费生

活。调查数据显示，与“90后”相比，“00后”拥有零花钱的比例更高，零花钱数额也更大（见表3-12）。不仅如此，“Z世代”从小就广泛参与或影响了各类家庭消费决策（见图3-29）。从小生活在消费社会中，“Z世代”成为有钱花、会花钱、善于享受消费生活的一代人，是天然的消费者。

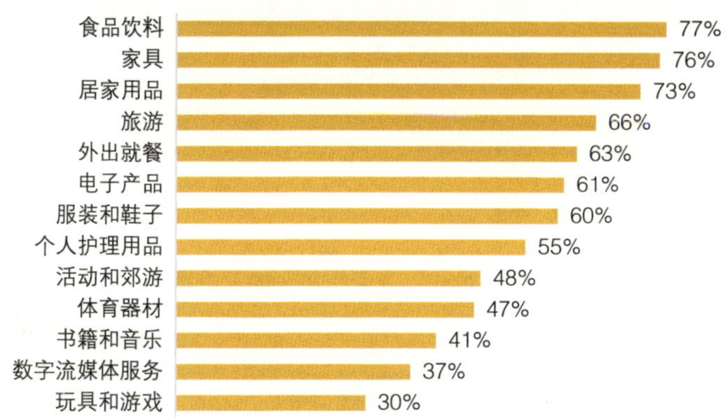

图3-29 “Z世代”从小对各类家庭支出有较为显著的影响力

数据来源：IBM.《独特的“Z世代”》；百分比表示认可该项的受访者占比，数据基于对全球15600名“Z世代”的调查。

（三）家庭成长环境更包容开放，受教育程度显著提高

与上一代人相比，更多“Z世代”在3～4人的小家庭中成长。2015年中国少年儿童发展状况调查数据显示，近六成“00后”生活在三口或四口之家。1982—2010年间，我国家庭户均人口规模由4.4人下降至3.1人。家庭规模小型化推动着家庭亲子关系的变化。在大家庭中，为维系大量成员和谐共处，就必须建立规范和长者权威。但随着家庭成员的减少，成员之间更可能彼此平等对待，父母与子女也几乎可以像朋友般平等相处。

“Z世代”成长的家庭环境更加开明和民主。调查数据显示，“00后”的父母中愿意听取孩子意见的有28.8%，相比“90后”的父母增加了9.7%；从未挨过打的“00后”有46.7%，比“90后”增加18.0%；从未遭受父母训斥或吓唬的有54.2%，比“90后”增加了8.0%（见图3-30）。更民主的家庭教养方式增强了亲子关系的亲和度和支持性。普遍而言，“Z世

代”从小能获得更多的理解和支持，更多地与父母对话，以更大的自由度追求个性，发展兴趣爱好，甚至主导自己的重大人生选择。

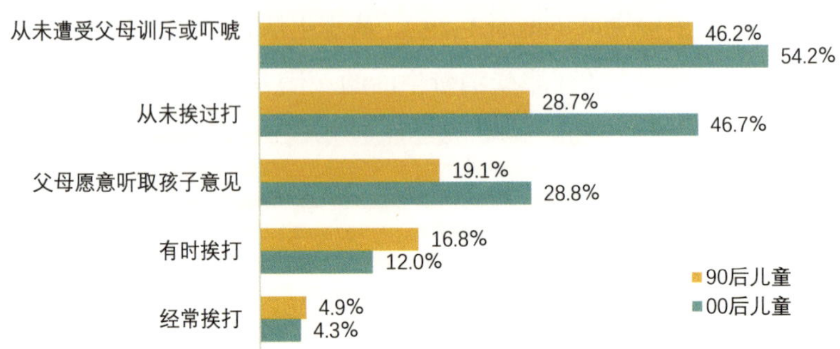

图 3–30 “Z 世代”享受更民主的家庭教养方式

数据来源：2005、2015 年“中国少年儿童发展状况”调查。

“Z世代”将成为中国受教育程度最高的一代人。1999年后我国高等教育大幅扩招，普通高校本科毕业生人数连年增长，由1998年的40.5万人大幅增至2020年的420.5万人（见图3–31）。最早一批的“Z世代”于2014年左右迈入大学（一般是18周岁上大学），同年我国18 ~ 22岁人口普通高校毛入学率已达到37.5%，远高于其父辈成年时期不足5%的水平，并且这一比例近年来仍在持续提升，2020年达到54.4%。按照这一趋势，每两个“Z

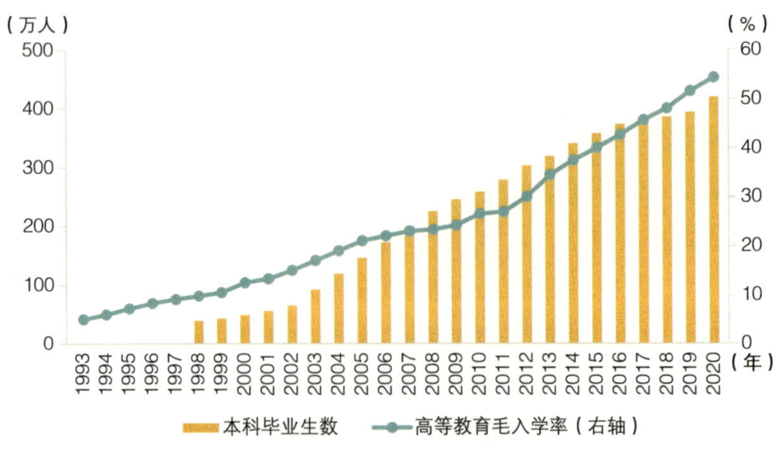

图 3–31 我国普通高校毛入学率与本科毕业生人数

数据来源：国家统计局，Wind。

世代”中将至少有一个会接受高等教育。更高的受教育程度往往意味着更丰富的知识、更高的技能和更开放多元的价值取向。

（四）在全球化世界中成长，见证我国综合实力的跃升

“Z世代”从小生活在融入全球化进程的中国，具备较为开阔的全球视野。20世纪90年代以来，我国融入全球化的步伐加快，先后加入世界贸易组织（WTO），深入实施“一带一路”倡议，推动“构建人类命运共同体”。在这样的时代中成长使得“Z世代”从小就对国际事务有更多感知。此外，互联网带来的资讯大发展和内容大爆发也让他们从小就得到了更多关于世界各国的知识。部分大城市中的“Z世代”甚至从小就有国外旅行或留学经历，对全球多元文化有更多亲身的体会。更高的受教育程度和互联网原住民的身份也为他们与全球各国的同龄人建立理解、有效沟通打下了基础。

“Z世代”成长过程中，我国综合国力快速上升，全球影响力日益增强。神州飞船载人升空，北京奥运成功举办，汶川大地震全民救援等重大历史事件塑造了这一代人的集体记忆，提升了民族凝聚力和民族自豪感。与此同时，学校里也洋溢着更多的爱国情怀。在这一背景下，“Z世代”对国家道路、主流价值观的认可度显著提升。

三、“Z世代”引领的消费新趋势

展望未来，“Z世代”将是下个10年消费市场增长的关键。只有捕捉下一世代主力消费人群的变化，才能准确理解未来消费社会的走向。目前，“Z世代”已经表现出许多鲜明的消费特点。结合对于他们成长经历及相关社会背景的分析，“Z世代”的部分消费倾向将保持稳定，今后有可能会引领全社会的消费趋势。

（一）消费全面线上化

随着互联网技术全面渗透，“Z世代”的生活越来越多地迁移至网上。

中国互联网络信息中心数据显示，2020年全国未成年人（大多是“Z世代”群体）互联网普及率达到94.9%，远高于同期70.4%的全国平均水平。市场调研数据显示，我国“Z世代”网民月均上网时间为174.9小时，比全体网民平均水平多出24.8%。

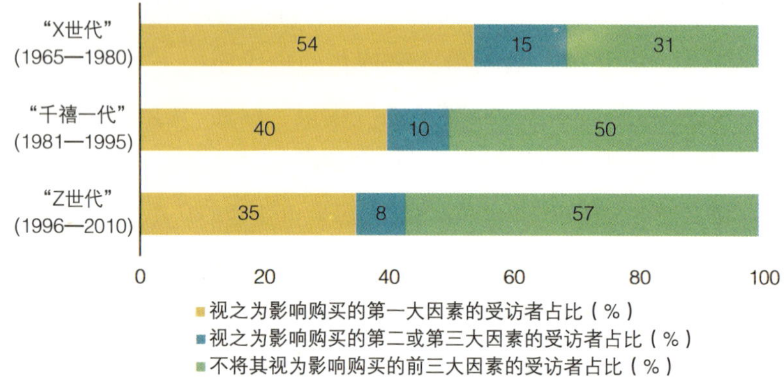

图 3-32　不同世代消费者对亲朋好友线下建议的重视程度

数据来源：麦肯锡.2019年中国“Z世代”调查（N=2947）。

时刻在线的生活方式使得“Z世代”消费行为全面线上化。在消费之前，“Z世代”习惯先在网络搜索相关信息，消费决策建立在充分透明的信息基础之上。购买美妆博主推荐的化妆品，依据关键意见领袖（KOL）的测评决定是否入手最新款的手机，观看旅游博主的视频决定是否前往某地旅行，已经是他们普遍的生活方式。麦肯锡对将近3000名中国消费者的调查显示，有55%的“Z世代”将品牌官方社交账号作为重要信息来源，44%的“Z世代”将网络博主、网红的意见作为影响购买的三大因素之一，这一比例高于“千禧一代”和“X世代”。与此同时，传统的线下口耳相传对中国“Z世代”购买决策的影响力日渐减弱（见图3-32）。

从购物渠道看，尽管“Z世代”也常逛实体门店，但实际下单更多是在线上。调研显示，我国一半的“05后”将线上作为首选购物渠道，另有3成则采用线上线下结合方式购物。“Z世代”也是数字影音、网络社交、娱乐游戏等纯线上消费的主力消费人群之一。“Z世代”乐于在线上分享消费体验，形成“电商晒单评价、主动分享、社交网络分享”的行为链。他们贡献了大量的网络评论。北师大调研数据显示，一半以上的“95后”“Z世代”消费者在收到网购商品后会晒出或者评论商品，有36%的人愿意向朋友分享线上商品和店铺，这比以往代际人群高出10%。

（二）为创新而买单

面对科技日新月异、创新层出不穷的时代，“Z世代”对未来科技进步速度的预期比以往世代更高。他们很小就开始关注5G、人工智能、无人驾驶、智能网联汽车等前沿技术。他们倾向于将创新视为理所应当，对科技的价值有着更高的认可。戴尔科技集团对全球12000多名“Z世代”的调查显示，中国82%的“Z世代”渴望使用尖端科技。具体到消费领域，他们喜欢尝鲜，积极地拥抱各类科技产品，更愿意为创新买单。例如，购买汽车时，他们比之前的世代更多地关注造型和设计的创新，认为车辆应该是一个具有“科技感”的智能空间。他们也是无人机、机器人、可穿戴设备、智能家居家电、高端数码产品等智能科技产品的重点潜在消费人群。

（三）热衷体验消费

在收入水平提高、闲暇时间增多等因素的推动下，人们的消费需求不仅仅在于拥有物品、获得服务，更多地转变为追求特定的体验，感受生活的多样性。例如，富裕人群会更多地听音乐会，看话剧，去高级餐厅用餐，出国领略异国风情，这其中的大部分支出本质是在购买体验。越来越多年轻的“Z世代”拥有这种消费观念，他们追求丰富的人生经历和生活感受，愿意为获得“不同的体验”而买单。

近年来，密室逃脱、剧本杀、狼人杀等推理体验类活动大受追捧，虚拟现实体验、轻极限运动体验馆等项目快速兴起，这都离不开“Z世代”消费者的推动。美团数据显示，“Z世代”消费者对剧本杀、密室逃脱、虚拟现实体验等的倾向性显著超过全年龄段用户的平均水平，也明显强于

26～30岁、30～40岁等主力消费人群（见图3-33）。尽管“Z世代”的整体收入水平还不高，他们却贡献了上述三类体验消费总金额的1/3。①在他们的整体消费支出中，体验消费显然占据着更大的比重，或者说，体验式消费能给他们带来更大的满足感。“Z世代”已经成为重视体验多于拥有物品的一代人。

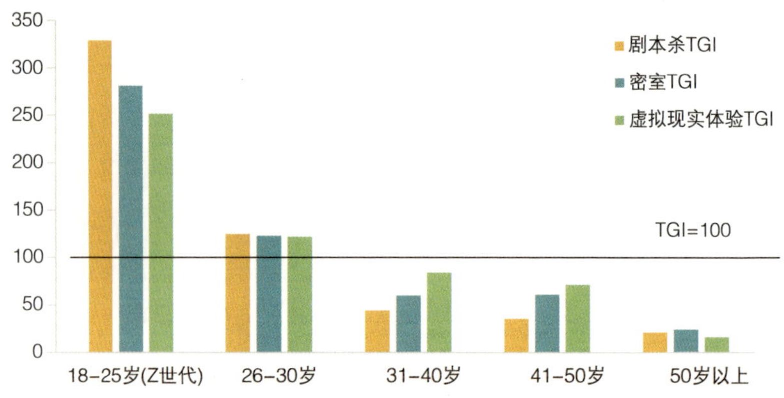

图 3-33　不同年龄群体对几种体验式消费的倾向性②

资料来源：美团数据。

（四）追求极致便利

互联网的发展给现代生活带来了前所未有的便利。近年来，基于位置服务（LBS）技术的各类到家服务业态蓬勃发展，更是使得人们在短至半小时的时间内就可以足不出户获得商品和服务。“Z世代”对此早已习惯，普遍追求极致便利的消费体验。

① 基于美团平台2021年上半年用户交易和消费数据计算，这里的“Z世代”仅考虑18～25岁的用户。

② TGI（Target Group Index，即目标群体指数），一般用于反映某一人群与整体人群对特定事物倾向性方面的差异。TGI=[目标群体中具有某一特征的群体所占比例/总体群体中具有相同特征的群体所占比例]*标准数100，TGI指数高于100代表该人群中具有某类特征的比例高于整体平均水平。例如，如果“Z世代”对密室逃脱的TGI为200，可理解为其常玩密室逃脱的人数占比是全体用户平均水平的两倍。图中数据基于2021年上半年美团全部用户的消费数据计算。

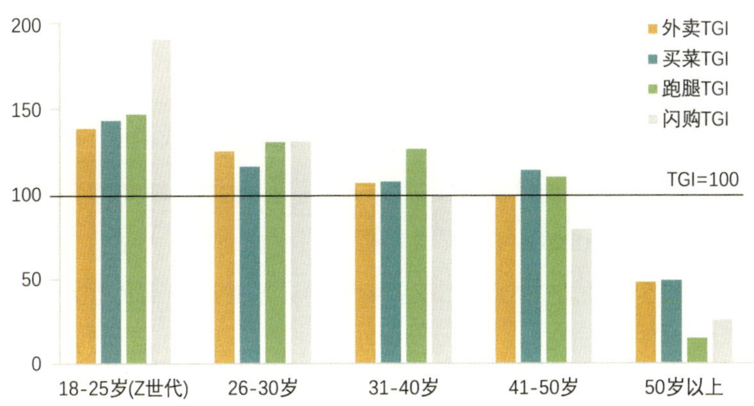

图 3-34　不同年龄群体对各类便利消费的倾向性

资料来源：美团数据。

追求极致便利在时间上体现为要求更快的速度。埃森哲调研数据显示，我国“Z世代”消费者比“80后”“90后”更看重网上购物的配送速度，其中一半以上希望能当天甚至半天就收到商品，也更愿意为快递配送支付额外的费用。美团数据显示，对于买菜到家、跑腿闪送、餐饮外卖等半小时级即时配送服务，“Z世代”也表现出比其他世代显著更高的倾向性（见图3-34）。对便利的追求也体现为付出更少的体力和精力，轻松享受生活。以一日三餐为例，比起自己外出买菜回家做饭，“Z世代”更偏爱点外卖。美团数据显示，“Z世代”点外卖的频次比全部用户的平均水平高出50.7%。[①]对于工作餐，他们也更倾向于前往便利店等场所购买各类简餐。便利蜂对全国1600余家门店进行调查发现，“Z世代”占所有热餐消费者的3成以上，并且其用户数量增速高于其他各年龄段消费者。

从未来趋势看，受晚婚晚育、少子化等趋势影响，“Z世代”中将出现更多单身群体或小家庭，这将使得更多原本可由其他家庭成员提供的服务不得不转变为由社会提供。另外，叠加工作忙、压力大、生活节奏快等因素，“Z世代”对各类到家便利服务的消费需求将持续增长。

① 基于2021年上半年美团外卖各年龄段的用户数、订单量等全量数据计算。

（五）偏好国货国潮

国际品牌曾经是舒适、现代化、高品质生活的标志，但这一现象正在逐步改变。从“李宁”“安踏”“回力”到“大白兔”“六神”，各个领域的国货品牌正受到年轻消费者的热捧。“Z世代”对国货国潮的偏好已成为引人注目的现象。2020年《中国青年报》对全国998名大学生展开的问卷调查显示，79.8%的受访大学生愿意支持国货。支持本土企业发展和升级（48.7%）和支持国货产品（50.8%）是促进他们支持国产品牌的原动力。

“Z世代”较强的民族自豪感和爱国情怀是他们偏好国货国潮的心理基础。更丰富的资讯、更开阔的眼界让“Z世代”不容易对国货产生偏见，更少地盲目追求国外大牌。另一方面，近年来国货的产品质量和设计水平快速改善，国货和本土品牌在消费者心中的认可度不断提高。国货企业凭着本土优势，可以更精细地捕捉国内消费者的需求变化并做出快速应对，迸发出强大的品类创新活力。上述因素都对国货流行的趋势构成持续支撑。

（六）圈层消费活跃

“Z世代”有着更开明的成长环境和更高的受教育程度，价值取向更加多元化。拥有特定兴趣爱好的年轻人通过社交网络寻找志同道合的伙伴，用自成一派的语言逻辑和体系建立社群，形成诸如电竞圈、“二次元”圈①、国风圈、模玩手办圈②、硬核科技圈等各类圈层，催生了众多细分消费市场。

当今时代，人人都可以通过互联网高效地涉猎不同的领域。对“Z世代”而言，领域的广度并不稀奇，对某个领域的深刻见解和成果更能代表

---

①“二次元”来源于日语，即“二维”。日本早期的动画、漫画、游戏都是以二维图像构成，通过这些载体创造的虚拟世界被动漫爱好者称为“二次元世界”，简称“二次元”。

② 模玩可以理解为模型、玩具的简称，如乐高、高达、变形金刚、芭比娃娃等以玩具性质为主的模型。手办泛指各种人形玩偶，狭义上指以陶瓷，粘土、树脂等材料为主的手工雕塑艺术品。艾媒数据显示，2021年我国潮流玩具市场规模将以30.4%的增速增至384.3亿元。

自己。因此，他们愿意在特定的领域投入大量金钱和精力，乐于为自己的兴趣爱好买单。如有人特别爱玩耳机，他会将大部分收入都用来购买耳机，在耳机上追求大牌、奢侈和高品质。而对其他商品品类，他们又非常注重性价比，擅长用各种工具比价。因此，有人用“局部不差钱，整体不够花”来形容这种消费结构。

活跃的圈层消费将会是一股稳定的趋势。从消费观念演变趋势看，随着消费社会的发展，人们会更多地凭心情和感觉挑选符合自身个性的商品，消费逐步成为界定自我、凸显个性的方式，必然使得消费内容多元化。从消费动机看，“悦己”已成为“Z世代”的普遍追求，多数人认同花钱是为了获得自身的幸福感——如果是让自己快乐的事情，即便多花一点钱也无所谓。

四、启发和建议

与以往世代相比，我国“Z世代”在全新的时代中成长，形成了崭新的消费观念和消费偏好。他们的成长将带来主力消费人群的世代更迭，最终将引起消费社会的广泛变迁。要更好地迎接未来的消费浪潮，深入理解“Z世代”已成为重要的一课。基于上述分析，我们得到几点启发和建议。

（一）消费领域内的创新正变得前所未有的重要

创新不仅带来新的产品和服务，也改变着人们购物、支付、娱乐等消费行为，从供需两个方面推动消费社会发展。如今，不仅生产者时刻强调创新发展，消费者对创新的期待也越来越高，更多人愿意为创新买单。面对将创新视为理所应当的“Z世代”消费者，企业必须持续进行科技或设计的创新，提供更丰富、更优质的产品和服务，占领年轻消费者的心智。鼓励创新也应作为消费政策制定的重要思路。既要支持科技产品的研发、应用和推广，拓展各类新兴技术的应用领域，也要注重科技创新对各消费领域的持续赋能。例如，继续完善数字消费基础设施建设，加快推动商贸流通、生活服务等消费领域的数字化转型。

（二）消费便利化的趋势将持续强化

面对快节奏、压力大的现代社会，人们愈发追求便利的生活。近年来，我国便利店、电商平台、外卖点餐、买菜到家、跑腿闪送等便利消费业态的发展也受益于此。“Z世代”对互联网时代中的各类便利服务习以为常，消费便利化的趋势有望持续强化。由于离消费者足够近，各类社区商业在节约消费者时间和精力方面具备优势，未来通过提升品质、拓宽品类丰富度可形成较大的市场空间。政府则可进一步推进便利服务基础设施，支持智能取餐柜、智能快递柜、智能自助服务系统等便利服务终端布局，打造城市“一刻钟生活服务圈”，满足人们对便利消费和美好生活的需求。

（三）注重消费体验，发展体验经济

美国著名未来学家阿尔文·托夫勒在《未来的冲击》一书中预言，人类社会在经历了农业经济、制造经济和服务经济之后将迎来体验经济的浪潮。2020年以来“元宇宙”概念持续火热，也反映了人们对希望在虚拟世界中丰富人生体验的期待。展望未来，消费体验愈发重要，体验经济的发展潜力巨大。此外，体验意味着人们投入时间，亲身参与，因此充足的闲暇时间也是发展体验经济的前提。管理部门可探索调整现有休假制度，敦促企业落实带薪年休假和法定节假日休假制度，保障劳动者休息休假的权利。

（四）加强本土品牌培育，持续提升国货品质

从欧洲、美国、日本的历史发展经验看，当一个国家或地区形成了规模庞大的中产阶层，这个国家或地区往往诞生出一批国际知名的消费品牌，目前我国正处于这一阶段，“Z世代”对国货国潮的偏好更是为本土品牌发展提供了良好契机。本土品牌应该持续提升产品的国际竞争力，吸

引更多高端设计、营销人才进入本土品牌企业，不断升级技术、改造工艺，提升产品质量和层次。另一方面，管理部门应加强对本土企业品牌的培育、推广和传播，提升中小本土品牌的知名度，鼓励老字号企业将传承与创新融合，促进品牌形象年轻化。进一步识别一批“小而美”、专注于细分市场的国货品牌，支持相关企业挖掘居民消费新需求，积极开拓新品类。

（五）鼓励发掘消费新品类，支持消费新业态发展

面向未来，“Z世代”追求新鲜体验、圈层消费活跃等特点将持续激发市场的创新潜能，催生出更多的新兴消费品类和消费业态。这些行业在初期的快速发展过程中可能形成一些潜在的问题，但整体而言，新兴消费业态的发展体现了市场的创新活力和人民对美好生活的追求，有利于我国消费增长和社会发展。管理部门应保持积极开放的心态，继续秉持包容审慎的监管理念，鼓励企业挖掘更多消费新品类，支持消费新业态发展。

全球人工智能伦理治理的发展特征与基本准则

刘婉莹　厉基巍　赫建营

人工智能正通过日渐强大的自动决策能力越来越多地取代人类决策，相应的，人们对其引发的伦理道德问题越发担心。全球人工智能伦理治理尚处于起步阶段，但行业已就一些基本准则达成共识。本节通过梳理全球2015—2020年间出台的118份关于人工智能伦理治理的政策文件，探索全球人工智能伦理治理的发展特征和发展趋势。

一、全球人工智能伦理治理尚处于起步阶段

人工智能以数据为驱动，通过自动决策技术影响和代替人类决策，逐渐对人类的伦理准则形成挑战。各国政府自2015年起纷纷将人工智能伦理治理纳入国家人工智能发展战略。美国将人工智能伦理治理列入《国家人工智能研究和发展战略规划》；欧盟委员会在《欧洲人工智能》中强调人工智能治理是人工智能生态体系的重要组成部分；英国在《人工智能发展的计划、能力与志向》中提到要制定国家层面的人工智能治理准则；日本提出要构建有效且安全的“AI-Ready社会”。但总体来看，国际社会的人工智能伦理治理工作尚处于起步阶段。

在学术研究领域，斯坦福大学以人为本智能研究所开展的统计分析发现，2015年以来，在提交给国际知名的人工智能会议的论文中，包含“伦理”相关关键词的论文标题数量显著增加，但总数仍然不多（见图3-35）。从2020年开始，伦理议题才被大家更频繁地讨论。如2020年神经信息处

理系统（NeurIPS）会议（世界上最大的人工智能研讨会之一）首次要求研究人员提交文章的同时，也要提交“广泛影响性”声明。

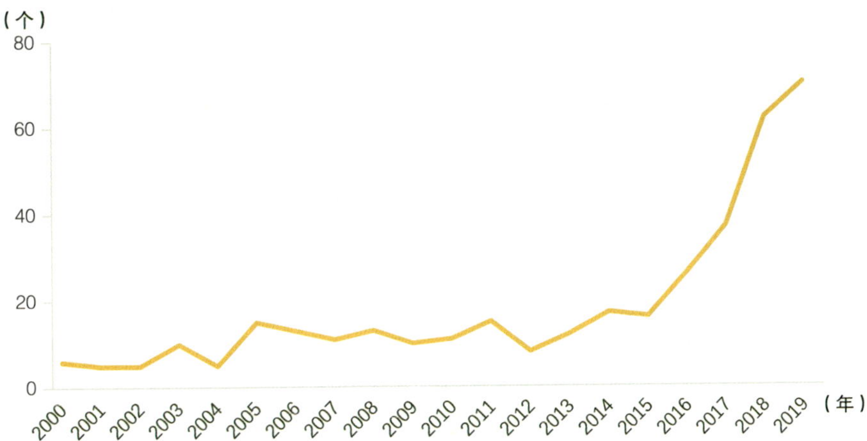

图 3-35 2000—2019 年国际上主要的人工智能会议上提及“伦理”的论文标题数量变化

资料来源：Prates et al., 2018 ①，斯坦福以人为本智能研究所（2021）。②

近年来，在实践领域，欧盟、日本、美国等各国政府，微软、思爱普、谷歌、软件营销部队、国际商用机器公司等大型企业，电气与电子工程师协会（IEEE）、国际计算机协会（ACM）等研究机构以及经济合作与发展组织、二十国集团等国际组织纷纷发布人工智能道德规范与人工智能伦理准则（见图3-36）。全球信息技术研究与顾问咨询公司高德纳公司（Gartner）于2020年发布报告③，总结了国际社会五大人工智能伦理准则，即透明、公平、安全可靠、负责任、以人为本。本节对全球2015—2020年间出台的118份关于人工智能伦理治理的政策文件进行分析后发现，在

① Prates，M.，Avelar，P.，& Lamb，L. C. On quantifying and understanding the role of ethics in AI research: A historical account of flagship conferences and journals [J]. arXiv preprint arXiv:1809.08328.，2018.

② 斯坦福以人为本智能研究院.人工智能指数2021年度报告[R].斯坦福以人为本智能研究院，2021。

③ Buytendikk F.，Sicular S.，Brethenoux E.，& Hare J. AI Ethics: Use 5 Common Guidelines as Your Starting Point [R].Gartner.2020.

以上5大准则方面大家已形成共识，除此之外，可持续发展也是国际社会人工智能伦理治理的基本准则之一（见图3-37）。

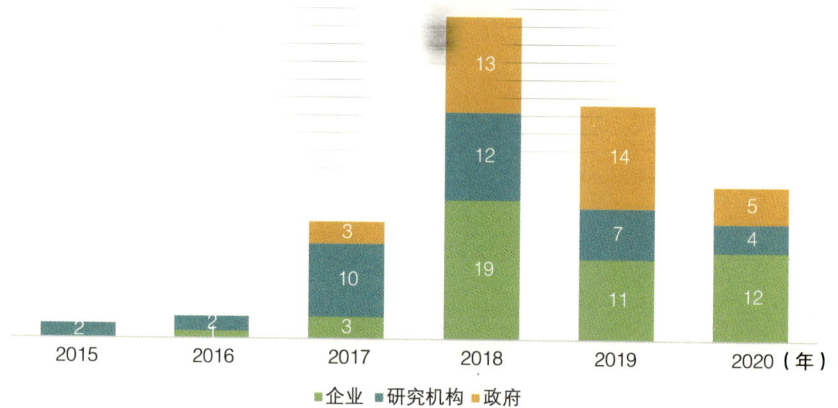

图3-36　2015—2020年按组织类型划分的人工智能伦理准则文件数量

资料来源：各国人工智能伦理治理准则文件总结。

二、全球人工智能伦理治理的六大基本准则

（一）透明

透明性是人工智能伦理治理的首要准则，几乎全部的规范文件都会提及这一点。人工智能深度嵌入人类决策的过程中，但其复杂性与专业性会加重人与智能系统之间的信息不对称，降低人类对人工智能的安全感、信赖感以及认同感，影响人类的知情权与主体地位。所以透明性原则要求人工智能要保证人类了解自主决策系统的工作原理，从而使结果可预测，进而保障人类的知情权。

第一，要保证用户使用过程的知情权。即要确保用户在知情的情况下与人工智能系统进行交互，并且了解人工智能在此过程中的功能。

第二，要保证最终决策结果可解释。虽然人工智能输出的结果往往不容易解释，但可通过对争议结果增加人工测试流程，对自动决策系统设置人工干预流程，加强反驳人工智能决策的假设，设置结果接受范围以及在

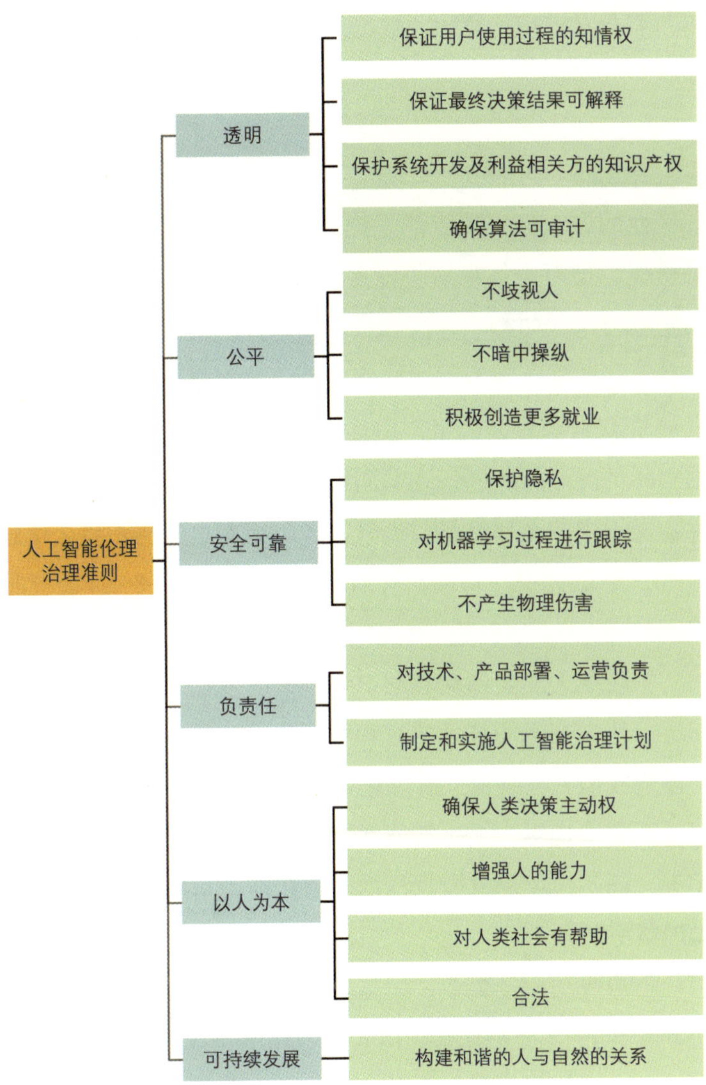

图 3–37　人工智能伦理治理准则

资料来源：各国人工智能伦理治理准则文件总结。

自动决策系统中设定过滤条件等方法来确保决策结果的可解释性。

第三，透明是有限度的。需保护人工智能系统开发方及利益相关方的知识产权。谨防过度公开引起的诈骗、滥用等风险，健全风险管理办法。

第四，需要对模型、算法、数据以及决策结果进行记录，以备第三方机构审计。

（二）公平

在公平性问题上，人工智能是把“双刃剑”。人工智能的输出结果可实现全局最优，但对个体而言可能并不“公平”。有时，人工智能会被刻意用来加剧不公平，如特定算法导致种族与性别歧视、大数据杀熟以及窃取个人信息等。此外，一些问题尚存在争议，如在金融领域，基于用户画像判断发放贷款是否有失公平。由此可见，是否“公平”有时很难定义，需要根据实际情况进行判断。在共同富裕背景下，相对于效率，公平在我国经济社会发展中的重要性日益提升，人工智能也应尽快将公平性作为约束条件引入目标函数中。目前，针对人工智能的“公平性”，已形成以下基本共识。

第一，不歧视人。美国麻省理工学院研究发现人工智能可能放大人类的偏好差异，所以在运用技术的过程中要追求实质性公平，避免对特殊的人群或个体造成偏见与歧视，避免让弱势群体处于更不利的地位。

第二，不暗中操纵。人工智能系统的出现，根本上是为了让人类生活变得更美好，而不应该用其数据抓取与分析能力进行不合理推荐，也不应造就“知识茧房”。

第三，会造成结构性失业，但也应积极创造更多就业。从机械臂、机器人到自动化生产，人工智能替代人类劳动的情况层出不穷。2019年初，布鲁金斯研究中心的研究报告指出，约3600万美国人面临被人工智能替代就业的危险。各国政府近年来纷纷出台相关规定，推动人工智能教育及人才培养。美国2018年发布《人工智能就业法案》，提出要营造终身学习和技能培训环境，应对人工智能对就业的挑战。英国2018年发布《英国发展人工智能的计划、意愿和能力》，提到要重视人工智能专业人才的培养，加强对公民的再培训。

（三）安全可靠

安全可靠是新技术普遍面临的伦理问题，核心是确保人工智能不对人类造成物理和心理上的伤害。

第一，隐私保护是人类建立与人工智能之间信任感的基础。一方面要确保技术的可靠性与稳定性，监控人工智能机器学习过程，防止系统被恶意攻击，使用户受到网络骚扰，信息泄露以及其他更严重的数字犯罪等；另一方面要合理搜集和使用数据，确保敏感数据加密且不用于其他目的。

第二，为保证系统不被恶意攻击，还需要对机器学习进行全程跟踪并不断测试，尤其是在发生异常情况时。

第三，当人工智能技术与机器人技术结合时，要确保可以无误差地预测风险，以确保机器与系统不会对人类造成物理伤害。

对安全可靠准则的监管已较成熟，尤其在数据治理方面。欧盟2018年通过《通用数据保护条例》，明确个人对自身数据的控制权。随后美国、日本、巴西、新加坡等国家也纷纷出台或修订有关个人数据保护法律。我国2021年11月1日正式生效的《个人信息保护法》，对个人信息的收集和使用进行了严格的规定，要求收集个人信息要“告知—同意”，且符合最小必要原则，并列举了用户的权益清单。

（四）负责任

人工智能基于数据和算法形成判断并做出选择，具有自动性但不具有自主性，具有行动能力但不具有行动意识、思维能力。人工智能本质上仍是人类为了达成某种目标而制造的工具，其是否具有主体地位仍存在争论。围绕人工智能的责任问题，实质仍是创造者的责任问题。当前，在大多数的治理准则中，建议利益相关者制定并实施人工智能治理计划，加深对责任主体的研究。

（五）以人为本

以人为本是人与人工智能关系的根本原则。要求人工智能的主要目的是为人类服务，支持人类的目标，促进人类社会繁荣，增加人类社会的福祉。

第一，要确保人类决策的自主权。虽然人工智能可以代替人做决策，但是最终人工智能需要受到人类控制。

第二，人工智能的定位是补充人类尚不完美的行动能力，任何只注重效率而侵犯人类权利的技术都是违反伦理的，不宜提倡和鼓励。

第三，人工智能应该对人类社会有帮助，并对人类社会的重大问题做出积极贡献。

第四，人工智能的使用必须要符合人类社会的基本准则，即合法。需要保证开发和使用的合法性，遵循当地法律规范。

（六）可持续发展

新冠肺炎疫情的暴发让社会更加关注人与自然的关系，人工智能的发展也要为此服务。可持续发展要求企业在人工智能的部署过程中考虑对全球生态变化以及生物多样性的影响；在人工智能的设计过程中以提高能源使用效率，减少生态足迹为目的。

三、我国人工智能伦理治理准则已与国际社会全面接轨

近年来，我国人工智能伦理治理体系不断完善。2017年，国务院发布《新一代人工智能发展规划》，明确提出人工智能治理“三步走”的战略目标：2020年部分领域的人工智能伦理规范和政策法规初步建立；2025年初步建立人工智能法律法规、伦理规范和政策体系；2030年建成更加完善的人工智能法律法规、伦理规范和政策体系。国家新一代人工智能治理专业委员会于2019年6月发布《新一代人工智能治理原则——发展负责任的人

工智能》，提出人工智能治理的框架和行动指南，强调发展负责可信的人工智能八项治理原则：和谐友好、公平公正、包容共享、尊重隐私、安全可控、共担责任、开放协作、敏捷治理；后又于2021年9月发布《新一代人工智能伦理规范》，深化治理原则，明确提出人工智能各类活动应遵循增进人类福祉、促进公平公正、保护隐私安全、确保可控可信、强化责任担当、提升伦理素养等六项基本伦理规范。整体来看我国的人工智能伦理准则已与国际社会接轨。

四、各国从算法治理领域开展人工智能治理实践

中央网信办等部门陆续出台多份涉及平台算法治理的相关法规和意见，标志着我国已进入算法集中治理期。从全球范围看，加强算法治理已成为各国强化对互联网平台监管的主要方向。总体看，全球算法治理主要在“提高算法透明度与可解释性”“加强算法问责”“赋予算法价值观”等三大方向上进行探索，其中欧盟算法治理最为积极，对算法涉及的不同主体均提出了原则和规定，形成了较完善的治理体系。

当前，欧盟算法治理大致呈现政府自上而下主导、强调以人为本等特点，推动算法透明和加强算法问责已成为欧盟追求算法公平的主要路径，赋予算法价值观也逐步成为欧盟倡议的方向。之后，欧盟进一步加强法规落实，增加对算法及人工智能应用的监管，监管范围也向司法等公共部门延伸，意图成为全球人工智能道德领域的领导者。

（一）欧盟算法治理的基本特征

算法作为计算机运行程序的一系列规则，是互联网平台发展的底层要素。欧盟算法治理伴随着对平台经济发展的规制不断演进，总体呈现出如下特征。

一是政府主导自上而下制定较为完备的法律规范，重点保障数据安全，赋予个体广泛的数据权利，包括知情权、访问更正权、删除权、解释

权等。数据是算法的基础，欧盟在个人数据保护上采取了较为严苛的举措，规制算法技术的不合理应用。2018年5月25日，欧盟实施《通用数据保护条例》(General Data Protection Regulation，简称GDPR)，对算法针对个人数据收集、检索、使用等处理行为进行严格规制，把基于算法技术而产生的大量数据分析、处理、决策行为，以及可能导致的算法偏见、算法歧视等危害后果纳入条例确立的框架体系的调整范围之内，并首次在立法中提出和创设了“算法解释权”，即当数据主体认为算法决策得出的结果与自己的预期不相符合时，有要求对算法设计以及运行进行解释的权利。2020年12月，欧盟公布《数字市场法案》和《数字服务法案》两份法律草案。《数字服务法》规定了平台打击非法内容、保护用户隐私安全、规范在线广告、推进算法公开的义务，界定了数字服务的范畴，从内容、商品和服务等维度明确在线平台的责任和义务，意在构建用户的基本权利保护机制，其中《数字市场法》聚焦大型平台，界定了“守门人”的概念和义务，促进数字市场尤其是平台有效竞争，以维护欧盟数字市场公平。

二是针对算法涉及的不同主体提出了原则和规定，形成比较完善的治理体系，重点规制算法应用最密集的人工智能（AI）。早在2015年1月，欧盟议会法律事务委员会（JURI）就决定成立专门研究机器人和人工智能发展相关法律问题的工作小组。2016年5月，欧盟议会法律事务委员会发布了《就机器人民事法律规则向欧盟委员会提出立法建议的报告草案》，呼吁欧盟委员会评估人工智能的影响，并在2017年1月正式就机器人民事立法提出了广泛的建议，提出制定《机器人宪章》。2017年5月，欧洲经济与社会委员会（EESC）发布了一份关于人工智能的意见，指出人工智能给伦理、安全、隐私等11个领域带来的机遇和挑战，倡议制定人工智能伦理规范，建立人工智能监控和认证的标准系统。2019年4月，欧盟发布了《可信人工智能伦理指南》，提出可信人工智能必须具备但不限于合法性、符合伦理及稳健性的特征。同时，欧盟发布了体现欧盟算法治理总体思路的《算法监管框架》，就算法及其在自动化决策系统中的应用快速增长提出了全面的监管框架，并就具体落实欧盟人工智能战略提出的“建立适当的伦理和法律框架”要求提出政策建议与规制路径。2020年2月，欧盟委员会发布《人工智能白皮书》，提出欧洲的人工智能战略旨在提高人工智能领域的创新能力，同时促进道德、可信赖人工智能技术在欧洲经济领域的应用。委员会没有在此阶段提供拟议的法规，而是提出了任何法规框架都必须涵盖的法律要求，以确保人工智能仍然值得信赖，并尊重欧盟的价值观和原则。2020年10月，欧洲议会发布了《人工智能和民事责任》的法律研究报告，建议官方对高风险的人工智能系统中收集、记录或存储的数据进行评估，促进改善此类数据的可追溯性和可审计性，推动人工智能立法进程，加强创新、道德标准和技术信任。

三是以算法透明和问责为主要手段追求算法公平。欧盟算法治理的框架重点阐明不公平算法产生的原因及可能导致的后果。在公平目标下，欧盟提出算法透明和问责制两大工具实现算法公平。透明是问责的基础，涉及数据、程序、目标、使用、影响和合规性，这意味着为公众、监管者、第三方提供更多的细节。问责制是指个人或组织对其活动承担责任、进行解释的法律和道义义务。同时强调了负责任研究与创新（Responsible Research and Innovation）在促进实现算法公平中的作用和意义。

（二）美国算法治理的基本特征

与欧盟自上而下、制定严苛的规制政策相比，科技巨头云集的美国长期以来坚持市场化的算法治理路径，尚未建立专门的算法规制体系，政策也较为宽松，呈现出较强的实用主义色彩，以最大程度激励企业科技创新。同时，美国公众及第三方机构对算法的审查力量较强，大型科技企业也积极吸纳社会力量参与算法治理，纽约、加州等地方州政府对算法治理更为积极，并在一些具体领域取得初步的成果。值得关注的是，近年来为应对宽松的监管政策在社会引发多起算法歧视、恶意推荐等负面舆情，美国政府加强算法监管的势头日益明显。

一是未构建独立的算法规制体系，在社会整体治理框架的基础上，针对算法治理问题作出延展性增补。在美国尚未出台特别措施处理相应算法问题时，如宪法等原则类法律不区分人工决策和算法自动化决策，适用于所有对传统歧视和算法歧视的判罚。比如，《美利坚合众国宪法第十四条修正案》中的平等保护条款规定，所有人民在法律之前均可得到同等的对待。该条款被广泛应用于判罚包括大数据分析和算法自动化决策在内的歧视性行为。美国《公平信用报告法》(FCRA)包含“不利行动告知”条款，规定“若某一信用评分被不利行动所采用，消费者报告使用人需为消费者提供包括评分范围、因素、时间、提供者等在内的书面或者电子版本的信用评分记录”。延申到算法时，可理解为“要求贷款方就对金融消费者不利的算法评分向其进行解释”。《怀孕歧视法》《就业年龄歧视法》以及《遗传信息非歧视法案》等也都曾被用于判定企业利用算法进行员工录取、绩效评估等行为是否违法。

二是算法治理主要追求算法问责和结果正义，呈现出较强的实用主义色彩。在美国，企业的算法应用受到政府、专业机构及公众的评估与监督，但法律不对算法内容做强制性公开要求。企业只需尽力避免算法应用过程中可能存在的潜在危害，并对算法所造成的不良后果负责。近年来，美国加强了对算法的问责，赋予受公共领域自动化决策影响的个体要求政府提供解释和证据的权利。但在法律环境中，企业的算法开发过程并未受到严重干预。

三是公众及第三方机构对算法监督审查力量较强，许多科技企业纷纷加强算法自治。不同于欧盟长期坚持针对互联网企业及算法的严格法律，为促进国内创新型企业发展，美国在前期采取了较为宽松的监管政策。在此环境下，美国的非政府组织在算法监督和改革领域拥有强大力量和丰富经验，是指引制定算法政策和原则的关键角色。一般而言，非政府组织一般通过两大手段推动算法治理：一是进行调查研究，揭露不合理算法应用，以提高公众算法伦理意识。二是直接致力于影响法律政策。算法领域的非政府组织主要包括一般类组织和针对类组织两大类型。前者关注某一广泛领域，偶尔就算法在该领域引发的不良现象进行揭露和监督，其代表机构包括美国公民自由联盟、非盈利新闻公司（ProPublica）以及社会司法组织（Upturn）。后者则专注于算法在各个领域的表现，代表机构包括纽约大学人工智能现代研究所（AI Now）、算法正义联盟以及人工智能伙伴关系。行业自律监管也在算法治理中发挥了重要角色。

四是美国地方政府算法治理更为积极，在一些具体领域已取得初步成果。作为联邦制国家，美国联邦政府暂无统一的涉及算法治理的立法，主要还是坚持市场化的治理路径，提升人工智能的国际竞争力，对算法的治理大量发生在州和地方政府一级。2017年，纽约市议会成为首家通过算法透明法案的地方立法机构。纽约市设置了"算法问责特别工作组"（Algorithmic Accountability Task Force），负责调查市政府使用算法的情况，并就如何加强纽约市算法应用的公共问责提出建议。继纽约之后，华盛顿州的两项法案（HB1655和SB5527）为政府采购和利用自动决策系统制定指导方针，以保护消费者，提高透明度和增强市场的可预测性。麻省、加州、纽约市等多个州和城市禁止政府和司法部门使用面部识别技术。此外，加州制定的《加州消费者隐私保护法案》（CCPA），赋予公民查询、了解其个人数据收集和使用情况的权利。

美团一直非常重视人工智能伦理治理工作。今后，美团一方面会持续加大在科技创新方面的投入，另一方面也将积极与政府部门、行业组织、科研机构等社会各界一道，共同探讨和推进人工智能伦理治理工作，让人工智能技术更好地服务经济社会发展。

参考文献

[1] 戴学锋. 迎接人均国内生产总值万美元时代的休闲度假旅游[EB/OL]. 网易, 2020-10-19.

[2] 郭亚军. 旅游者决策行为研究[D]. 西北大学, 2010.

[3] 戴斌. 回归日常生活场景 以民生视角思考旅游[N]. 中国旅游报, 2021-03-31(003).

[4] 美团研究院. 网红打卡地的网络评价、发展趋势与发展对策——以北京百家网红打卡地为例[R]. 2020-12-15.

[5] 曹宁, 明庆忠. "慢旅游" 开发的基本理念与开发路径探讨[J]. 旅游论坛, 2015, 8(01): 81-86.

[6] Dickinson JE. Slow travel: Issues for tourism and climate change [J].Joumal of Sustainable Tourism, 2011, 19(3): 281.

[7] 黄华, 朱喜钢, 赵宁曦. 慢城、慢旅游及其旅游规划运用[J]. 浙江农业科学, 2013, 4(06): 741-744+748.

[8] 张旗. 慢旅游视角下的游客体验空间研究[J]. 广西社会科学, 2015, 4(03): 75-79.

[9] 郭亚军. 旅游者决策行为研究[D]. 西北大学, 2010.

[10] 郭亚军, 张红芳. 旅游者决策行为研究[J]. 旅游科学, 2002, 4(04): 24-27.

[11] 刘涛, 袁祥飞. 我国服务消费增长的阶段定位和政策选择——基于代表性发达国家服务消费增长规律[J]. 经济纵横, 2019(02): 101-110.

[12] 张颖熙, 夏杰长. 服务消费结构升级的国际经验及其启示[J]. 重庆社会科学, 2011(11): 54-64.

[13] 戴学锋. 改革开放40年: 旅游业的市场化探索[J]. 旅游学刊, 2019, 34(02): 8-10.

[14] 刘德谦. 需求与关注度: 40年国内旅游发展的动力[J]. 旅游学刊, 2019, 34(02): 3-6.

[15] 戴斌.改革中蝶变 开放中成长——我国旅游业发展40年[J].前线，2019(05): 41-44.

[16] 刘志林，柴彦威，龚华.深圳市民休闲时间利用特征研究[J].人文地理，2000, 4(06): 73-78.

[17] 傅才武.论文化和旅游融合的内在逻辑[J].武汉大学学报(哲学社会科学版), 2020, 73(02): 89-100.

[18] 张朝枝，朱敏敏.文化和旅游融合：多层次关系内涵、挑战与践行路径[J].旅游学刊, 2020, 35(03): 62-71.

[19] Mac Cannell D. Staged authenticity: Arrangements of social spacein tourist settings[J]. American Journal of Sociology, 1973, 79(3) : 589-603.

[20] 张朝枝，马凌，王晓晓，于德珍.符号化的"原真"与遗产地商业化——基于乌镇、周庄的案例研究[J].旅游科学, 2008, 22(05): 59-66.

[21] 赵红梅，李庆雷.回望"真实性"(authenticity)(上)——一个旅游研究的热点[J].旅游学刊, 2012, 27(04): 11-20.

[22] 赵红梅，董培海.回望"真实性"(authenticity)(下)——一个旅游研究的热点[J].旅游学刊, 2012, 27(05): 13-22.

[23] 徐嵩龄.遗产原真性·旅游者价值观偏好·遗产旅游原真性[J].旅游学刊, 2008, 4(04): 35-42.

[24] Cohen E. Authenticity and commoditization in tourism[J]. Annals of Tourism Research, 1988, 15(3) : 371-386.

[25] 陈兴."虚拟真实"原则指导下的旅游体验塑造研究——基于人类学视角[J].旅游学刊, 2010, 25(11): 13-19.

[26] 马克思，恩格斯.德意志意识形态[M].北京：人民出版社, 1961.

[27] 杨仲元，卢松.交通发展对区域旅游空间结构的影响研究——以皖南旅游区为例[J].地理科学, 2013, 33(07): 806-814.

[28] 卞显红，王苏洁.交通系统在旅游目的地发展中的作用探析[J].安徽大学学报, 2003(06): 132-138.

[29] Kelley E J. The importance of convenience in consumer purchasing[J]. Journal of Marketing, 1958, 23(1) : 32-38.

[30] Yale L, Venkatesh A. Toward the construct of convenience in consumer research [J]. Advances in Consumer Research, 1986, 13 (1) : 403-408.

[31] Berry L L, Seiders K, Grewal D. Understanding service convenience [J]. Journal of Marketing, 2002, 66(3) : 1-17.

[32] 李飞，徐陶然.零售便利化的演进轨迹及规律研究——基于新中国成立70年来的历史考察[J].北京工商大学学报(社会科学版), 2020, 35(01): 1-11.

[33] 龚雪.产业融合背景下零售业演化与创新研究[D].西南财经大学，2014.

[34] 夏春玉.流通概论(第五版)[M].大连：东北财经大学出版社，2019.

[35] 夏杰长.城镇化对中国城乡居民服务消费影响的实证分析——基于2000—2011年省际面板数据[J].学习与探索，2014(1): 101-105.

[36] 詹鹏，宋蒙蒙，尹航.家庭规模小型化对家庭消费结构的影响——基于CFPS2014—2016年面板数据的研究[J].消费经济，2020, 36(05): 17-28.

[37] 江小涓.服务业增长：真实含义、多重影响和发展趋势[J].经济研究，2011, 46(04): 4-14+79.

[38] 逯进，刘璐，郭志仪.中国人口老龄化对产业结构的影响机制——基于协同效应和中介效应的实证分析[J].中国人口科学，2018(03): 15-25+126.

[39] 赵春燕.人口老龄化对区域产业结构升级的影响——基于面板门槛回归模型的研究[J].人口研究，2018, 42(05): 78-89.

[40] 卓乘风，邓峰.人口老龄化、区域创新与产业结构升级[J].人口与经济，2018(01): 48-60.

[41] 史锦梅.新零售：零售企业供给侧结构性改革的新业态——基于需求满足论的视角[J].当代经济管理，2018, 40(04): 1-7.

[42] 李玉霞，庄贵军，卢亭宇.传统零售企业从单渠道转型为全渠道的路径

和机理——基于永辉超市的纵向案例研究[J].北京工商大学学报(社会科学版), 2021, 36(01): 27-36.

[43] 联合国贸易和发展会议课题组.疫情与电子商务:全球回顾(COVID-19 and e-commerce: a global review)[R], 2021.

[44] 杨水根, 张川, 董晓雪.流通效率提升与消费扩容升级——基于2003—2018年中国省际面板数据的实证研究[J].消费经济, 2020, 36(04): 67-76.

[45] 张晓芹.面向新零售的即时物流:内涵、模式与发展路径[J].当代经济管理, 2019, 41(08): 21-26.

[46] 谢莉娟, 庄逸群.互联网和数字化情境中的零售新机制——马克思流通理论启示与案例分析[J].财贸经济, 2019, 40(03): 84-100.

[47] 王先庆.新发展格局下现代流通体系建设的战略重心与政策选择——关于现代流通体系理论探索的新框架[J].中国流通经济, 2020, 34(11): 18-32.

[48] 宋则.重温基本原理 增强实战能力——畅通经济循环 开创流通体系建设新局面的对策建议[J].财经智库, 2020, 5(06): 28-52+140-141.

[49] 苏涛永, 张亮亮, 单志汶.产业耦合、区域异质性与新零售组织场域[J].商业经济与管理, 2020(08): 5-21.

[50] 吴丹丹, 王红春, 董鸿鹏.城市物流网络研究综述[J].物流工程与管理, 2019, 41(02): 5-7.

[51] 曹新九.新零售标准化研究[J].标准科学, 2019(12): 76-80.

[52] 产业信息网. 2019年中国生鲜市场发展现状、市场竞争格局及未来发展趋势分析[EB/OL]. 2019-12-17.

[53] 农业农村部市场与信息化司 中国农业科学院农业信息研究所, 中国农业电子商务发展报告(2020)[M].北京:中国农业科学技术出版社, 2020.

[54] 杨青松.农产品流通模式研究[D].中国社会科学院研究生院, 2011.

[55] 赵晓飞, 李崇光.农产品流通渠道变革:演进规律、动力机制与发展趋势[J].管理世界, 2012(03): 81-95.

[56] 赵德起，沈秋彤.我国农村集体经济“产权-市场化-规模化-现代化”发展机制及实现路径[J].经济学家，2021(03): 112-120.

[57] 钟真，孔祥智.产业组织模式对农产品质量安全的影响：来自奶业的例证[J].管理世界，2012(01): 79-92.

[58] 李崇光 等著.中国农产品流通现代化研究[M].北京：学习出版社，2016-09.

[59] 东吴证券.深度分析——生鲜电商战事升级，路向何方 叮咚买菜VS每日优鲜VS社区团购[R]，2021-06-05.

[60] 胡冰川.中国农产品市场分析与政策评价[J].中国农村经济，2015(04): 4-13.

[61] 胡冰川，董晓霞.论鲜活农产品市场流通与价格决定——来自蔬菜市场的观察[J].商业经济与管理，2016(05): 37-46.

[62] 江小涓.江小涓学术自传[M].广东：广东经济出版社，2020.

[63] 孙枭雄，仝志辉.农产品交易中的“代办制”及其实践逻辑[J].中国农村观察，2021(02): 2-14.

[64] 高杰.中国农业产业化经营组织演进[M].北京：科学出版社，2017.

[65] 陆自荣.中国农业资本化的逻辑与限度——以马克思社会劳动的技术剩余为视角[J].中国农业大学学报(社会科学版)，2020, 37(03): 5-21.

[66] 毕马威.2021年中国便利店发展报告[R]，2021-05.

[67] 胡冰川.生鲜农产品的电子商务发展与趋势分析[J].农村金融研究，2013(08): 15-18.

[68] 冯其予.一刻钟便民生活圈如何勾画[EB/OL].经济日报：2021-07-05.

[69] 周丹，杨晓玉，郝俊峰.国外农产品流通模式借鉴[J].商业经济，2020(08): 99-101+117.

[70] 宗义湘，魏园园，沈金虎，杨东群，王华青.日本农业现代化历程及对中国现代农业建设的启示[J].农业经济，2011(04): 13-15.

[71] 李凤荣.日本农产品“地产地消”理论与实证研究[M].北京：中国社会科学出版社.2016.

[72] 刘欣，张琳. 日本农产品流通渠道持续变革推动效率提升[R]. 美团研究院调查研究报告.

[73] 周向阳，赵一夫.台湾生鲜农产品在大陆流通的模式与创新思考[J].台湾农业探索，2013(05): 22-25.

[74] 孟京生.关于借鉴台湾农产品流通先进经验完善大陆农产品流通体系的思考[J].商业经济，2011(12): 23-25+34.

[75] 郑娟，甘代明.福建省应借鉴台湾经验推进农产品批发市场发展[J].发展研究，2014(05): 64-72.

[76] 张益丰，孙运兴."空壳"合作社的形成与合作社异化的机理及纠偏研究[J].农业经济问题，2020(08): 103-114.

[77] 胡云锋，孙九林，张千力，韩月琪.中国农产品质量安全追溯体系建设现状和未来发展[J].中国工程科学，2018, 20(2): 57-62.

[78] 刘松涛，王林萍. 新《农协法》颁布后日本农协全面改革探析[R]. 现代日本经济，2018(1).

[79] 刘余，沈金虎，周应恒. 农协改革下日本集落营农组合的发展与组织化功能定位. 农村经济 2021(3).

[80] 李凤荣.日本农产品地产地销理论与实证研究[M].北京：中国社会科学出版社，2016.

[81] 日本农林水产省. 2017年食品流通段階別価格形成調査(青果物調査) https: //www.maff.go.jp/j/tokei/kouhyou/syokuhin_kakaku/attach/pdf/index-3.pdf.

[82] 兴业证券.商业贸易行业：生鲜行业深度报告2 日本生鲜小业态及到家业务的启示.

[83] Ironmonger, D. Household Production and the Household Economy[R]. Department of Economics, the University of Melboume, Research Paper, 2000.

[84] Goldschmidt-Clermont, L. and Pagnossin, E. Measures of Unrecorded

Economic Activities in Fourteen Countries[M]. UNDP Human Development Report Office, 1995.

[85] Bridgman, B., Dugan, A., and Lal. M, et al. Accounting for Household Production in the National Accounts, 1965–2010[J]. Survey of current Business, 2012, 92(5): 23-36.

[86] Dong, X., and An, X. Gender Patterns and Value of Unpaid Care Work: Findings from China's First Large - scale Time Use Survey[J]. Review of Income and Wealth, 2015, 61(3): 540-560.

[87] Ironmonger, D. Counting Outputs, Capital Inputs and Caring Labor: Estimating Gross Household Product[J]. Feminist Economics, 1996, 2(3): 37-64.

[88] 罗伯特 · 戈登. 美国增长的起落[M]. 北京: 中信出版集团, 2018.

[89] 于千千, 赵京桥. 改革开放四十年来中国餐饮业发展历程、成就与战略思考[J]. 商业经济研究, 2020(11): 5-8.

[90] 加里 · 斯坦利 · 贝克尔. 家庭论[M]. 北京: 商务印书馆, 2011.

[91] Klein Goldewijk, K., Beusen, A., and Janssen, P. Long-term Dynamic Modeling of Global Population and Built-up Area in a Spatially Explicit Way: HYDE 3.1[J]. The Holocene, 2010, 20(4): 565-573.

[92] Our World in Data. Long-run Perspective on Female Labor Force Participation Rates, 1890 to 2016[EB/OL]. https: //ourworldindata.org/female-labor-force-participation-key-facts, 2017-10-16/2021-7-30.

[93] Esteban Ortiz-Ospina and Max Roser. Marriages and Divorces[EB/OL]. https: //ourworldindata.org/marriages-and-divorces, 2020-10-16/2021-7-30.

[94] 陆铭. 大国大城: 当代中国的统一、发展与平衡[M]. 上海: 上海人民出版社, 2016.

[95] 白重恩, 钱震杰. 谁在挤占居民的收入——中国国民收入分配格局分析[J]. 中国社会科学, 2009, (5): 99-115, 206.

[96] 李迅雷. 从指标异常角度探讨共同富裕的路径[EB/OL]. https: //www.yicai.com/news/101152856.html, 2021-08-26/2021-12-01.

[97] 李实, 朱梦冰. 中国经济转型40年中居民收入差距的变动[J]. 管理世界, 2018, (12): 19-28.

[98] 王微. 坚持扩大内需这个战略基点 促进中国经济行稳致远[J]. 清华金融评论, 2021(04): 30-33.

[99] 方福前. 从消费率看中国消费潜力与实现路径[J]. 经济学家, 2020(08): 27-38.

[100] 李飞, 徐陶然. 零售便利化的演进轨迹及规律研究——基于新中国成立70年来的历史考察[J]. 北京工商大学学报(社会科学版), 2020, 35(01): 1-11.

[101] 李飞, 刘明葳, 吴俊杰. 沃尔玛和家乐福在华市场定位的比较研究[J]. 南开管理评论, 2005(03): 60-66.

[102] 尹世杰. 消费需求与经济增长[J]. 消费经济, 2004(05): 3-7.

[103] 方松海, 王为农, 黄汉权. 增加农民收入与扩大农村消费研究[J]. 管理世界, 2011(05): 66-80+187-188.

[104] 朱勤, 魏涛远. 中国人口老龄化与城镇化对未来居民消费的影响分析[J]. 人口研究, 2016, 40(06): 62-75.

[105] Becker G S. A Theory of Allocation of Time[J]. The Economic Journal, 1965, 75(299): 493-517.

[106] Ramey V A, Francis N. A century of work and leisure[J]. American Economic Journal: Macroeconomics, 2009, 1(2): 189-224.

[107] Keynes J M. Economic possibilities for our grandchildren[M]//Essays in persuasion. Palgrave Macmillan, London, 2010: 321-332.

[108] OECD. Time Use Database [EB/OL]. [2021-08-12]. https: //stats.oecd.org/Index.aspx?DataSetCode=TIME_USE.

[109] Ghosheh N. Working conditions laws report 2012: A global review[R].

Spain. International Labour Organization, 2013.

[110] 中国社会科学院旅游研究中心. 休闲绿皮书: 2017—2018年中国休闲发展报告[R]. 北京. 2018.

[111] 田童, 王琪延. 北京市职工带薪休假满意度研究[J]. 北京社会科学, 2019(02): 70-79.

[112] 人力资源社会保障部. 人力资源社会保障部对十三届全国人大三次会议第4298号建议的答复. [EB/OL]. (2020-08-24) [2021-08-13]. http: //www.mohrss.gov.cn/xxgk2020/fdzdgknr/zhgl/jytabl/jydf/202012/t20201223_406541.html.

[113] 中国互联网络信息中心. 第47次中国互联网络发展状况统计报告[R]. 北京. 2021.

[114] 艾瑞咨询. 数说Z世代: 2020年7月中国移动互联网流量月度分析报告[EB/OL]. (2020-08-28) [2021-08-12]. http: //report.iresearch.cn/report/2020 08/3642.shtml.

[115] YouGovAmerica. Teens use these social media platforms the most [EB/OL]. (2019-10-25)[2021-08-12]. https: //today.yougov.com/topics/lifestyle/articles-reports/2019/10/25/teens-social-media-use-online-survey-poll-youth.

[116] 张旭昆, 徐俊. 消费的闲暇时间约束模型与假日经济现象[J]. 经济评论, 2001(05): 45-48.

[117] 王琪延, 韦佳佳. 休假天数对旅游消费的影响研究[J]. 浙江大学学报(人文社会科学版), 2019, 49(02): 155-167.

[118] 卿前龙. 休闲服务的经济学分析[D]. 华南师范大学, 2005.

[119] Williams K C, Page R A. Marketing to the generations[J]. Journal of behavioral studies in business, 2011, 3(1): 37-53.

[120] Dimock M. Defining generations: Where Millennials end and Generation Z begins[J]. Pew Research Center, 2019, 17(1): 1-7.

[121] 三浦展. 第四消费时代[M]. 东方出版社, 2014.

[122] 莫里斯·哈布瓦赫, 哈布瓦赫, 毕然, 等. 论集体记忆[M]. 上海人民出版社, 2002.

[123] Wood S. Generation Z as consumers: trends and innovation[J]. Institute for Emerging Issues: NC State University, 2013, 119(9): 1-3.

[124] 敖成兵. Z世代消费理念的多元特质、现实成因及亚文化意义[J]. 中国青年研究, 2021(06): 100-106.

[125] 詹鹏、宋蒙蒙、尹航. 家庭规模小型化对家庭消费结构的影响——基于CFPS2014—2016年面板数据的研究[J]. 消费经济, 2020, v.36; No.207(05): 19-30.

[126] 青山资本. 2021年Z世代消费报告[R]. 青山资本. 2021.

[127] 联合国经济与社会事务部. 世界人口展望2019[R]. 2019-06.

[128] 麦肯锡. 中国消费者报告2021——洞悉中国消费者: 全球增长引擎[R]. 2020年11月.

[129] 青山资本. 青山资本2021年中消费报告——Z世代定义与特征[R]. 2021年7月.

[130] 张旭东, 孙宏艳, 赵霞. 从"90后"到"00后": 中国少年儿童发展状况调查报告[J]. 中国青年研究, 2017(02): 98-107.

[131] 共青团中央维护青少年权益部, 中国互联网络信息中心. 2020年全国未成年人互联网使用情况研究报告[R]. 2021-07.

[132] 中国互联网络信息中心. 第47次中国互联网络发展状况统计报告[R]. 2021-02.

[133] QuestMobile. 2020"Z世代"洞察报告[R]. 2021-01.

[134] 头豹研究院. 2021年05后消费圈层研究报告[R]. 2021-08.

[135] 北京师范大学新闻传播学院. 2020新青年新国货消费趋势报告[R]. 2020-06.

[136] 益普索, 哔哩哔哩. Z世代汽车观洞察报告2021[R]. 2021-09.

[137] 埃森哲. 全球95后消费者调研中国洞察[R]. 2017-12.

[138] 便利蜂."Z世代"热餐调研报告[R]. 2020-11.

[139] Prates, M., Avelar, P., & Lamb, L. C. On quantifying and understanding the role of ethics in AI research: A historical account of flagship conferences and journals [J]. arXiv preprint arXiv: 1809.08328., 2018.

[140] 斯坦福以人为本智能研究院.人工智能指数2021年度报告[R].斯坦福以人为本智能研究院. 2021.

[141] Buytendikk F., Sicular S., Brethenoux E., & Hare J. AI Ethics: Use 5 Common Guidelines as Your Starting Point. [R].Gartner.2020.

[142] Jobin, A., Ienca, M., & Vayena, E. The global landscape of AI ethics guidelines[J]. Nature Machine Intelligence, 2019, 1(9), 389-399.

[143] Fjeld, J., Achten, N., Hilligoss, H., Nagy, A., & Srikumar, M. Principled artificial intelligence: Mapping consensus in ethical and rights-based approaches to principles for AI[J]. Berkman Klein Center Research Publication, 2020-1.

[144] 中国信息通信研究院.全球人工智能治理体系报告[R]. 中国信息通信研究院. 2020.

[145] 国家人工智能标准化总体组.人工智能伦理风险分析报告[R].国家人工智能标准化总体组. 2019.